긴급 프로젝트 한반도 핵균형론

북한의 핵보유국화와 미중 패권경쟁

NUCLEAR

긴급 프로젝트

한반도 핵균형론

북한의 핵보유국화와 미중 패권경쟁

서언

지난 30년간 북한 핵문제에 천착하면서 힘들었던 것은 한국인들의 이중성이었다. 북한의 비밀 핵개발을 기필코 저지해야 한다고 목소리를 높이는 사람들이 있는가 하면 은근히 핵무기를 동경하는 사람들이 적지 않았다. 심지어 "통일되면 우리의 자산이 될 텐데"하는 반응도 있었다.

외세의 침략에 시달려온 한민족의 역사를 되돌아보면 어쩌면 당연한 현상인지도 모른다. 인류가 전쟁을 위해 무기를 만들어온 이래로 핵무기는 다른 어떤 무기 체제와도 비교할 수 없는 위력이 있다. 핵무기를 갖고 있는 한 그 어떤 상대도 무시할 수 없는 공포의 균형을 유지할 힘을 갖게 된다. 남북한을 막론하고 생존을 위한 '한방'으로 인식되는 핵무기를 갖기 위해 한때 경쟁적으로 비밀 핵개발 프로젝트를 추진하기도 했다.

그런데 남과 북은 묘한 갈림길의 역사를 걸어왔다. 그 길이 바로 북한의 핵개발 역사와 겹쳐진다. 이른바 북핵문제는 반(反) 제국주의 투쟁을 하다 해방 이후 한반도 북쪽을 장악한 김일성 집단이 또 다른 생존전략의 일환으로 추진한 '과업'에서 비롯됐다.

남한도 마찬가지였다. 1970년대 미국이 중국과의 전격적으로 화해한 뒤 주한미군 철수 움직임에 자주국방에 나서야 했던 박정희 대통령도 비밀리에 핵개발을 추진했다.

미국에 의해 남과 북은 서로 다른 선택을 하게 된다. 1979년 박정희의 사망으로 남한은 비밀 핵개발 프로젝트를 모두 중단했다. 미국은 대신 자국이 주도하는 세계 무역체제에 남한을 적극 개입시켰다.

남한과의 경제·사회적인 체제경쟁에서 뒤처지게 된 북한에게 1980년대 말 사회주의 진영의 붕괴와 최악의 고립위기를 불러왔다. 그럴수록 북한은 열세를 만회하고 생존을 담보할 '한 방'에 의존하게 됐다.

1980년대 중반까지 집념의 영역에 있던 북한의 비밀 핵개발은 1990년대 들어 현실의 문제로 부각돼 이른바 1차 핵 위기가 발생했다. 미국의 강력한 제동 속에 한때 북한의 핵개발 동결이 이뤄지기도 했지만 모두 허사였다. 30여년의 세월이 흐른 지금 북한은 사실상 세계에서 9번째 핵무기 보유국으로 부상했다. 그리고 2022년 9월 8일 드디어 핵무기 법제화를 통해 남한을 향해, 그리고 미국까지 위협하고 나섰다.

이로 인해 한국이 지난 30년간 추진했던 한반도 비핵화 시대는 사실상 종언을 고했다. 이제 남한은 북한의 핵공격 위협에 살아가야 하는 공포의 시대로 넘어가고 있다.

지난 30여 년간 취재현장에서 북한 핵문제에 천착해온 필자에게 끓어오르는 분노와 반성을 함께 고백하게 하는 오늘의 현실이다. 한반도 비핵화를 지고지선의 평화원칙으로 견지한 지난 30년의 허무한 실패에 분노했고, 그럼에도 한국이 제대로 대응할 수단이 없는 현실에 좌절해야 했다.

이제 어떻게 할 것인가. 북한이 핵무장국, 핵보유국으로 존재하게 된 오늘의 현실에서 우리가 나아갈 길은 무엇일까. 이제부터 한국인들이 걸어야할 '고난의 행군'의 길을 열어보려 한다. 그러자면 냉철한 현실인식부터 해야 한다. 북한이 왜 핵무장국이 됐는지, 그런 북한을 왜 그동안 방치했는지, 우리는 뭘 했는지를 되돌아봐야 한다.

이 글은 2023년 동국대 박사학위 논문 「북한의 핵보유국화와 미중 패권경쟁: 3차 북핵위기와 북미중 전략적 삼각관계」를 토대로 했다. 학술적인 차원에서 써야 하는 한계로 인해 독자들은 다소 지루하게 느껴질 수 있을 것이다. 하지만 자극적인 단어의 나열보다는 이성적이고 논리적 구조 속에서 현재의 상황을 이해하고 우리가 무엇을 해야 하는지를 고민하는 데는 도움이 될 것이라고 생각한다.

하지만 학술적인 형식의 글만을 내놓는 것은 독자들에 대한 예의가 아니라고 생각했다. 고민 끝에 필자가 2018년 '핵과 세계정치'라는 유튜브 코너를 통해 독자들과 만났던 기억을 되살려 핵에 대한 이해를 쉽게 전달하는 내용을 추가했다.

그래서 결과적으로 이 책은 두 개의 파트로 구성됐다. 앞부분과 결론 파트는 공포의 핵무기와 탄생과 핵무기를 가진 미국의 세계패권 장악 과정, 그리고 새로운 안보 패러다임의 필요성을 이해하기 쉽게 소개하고, 중간에는 북한이 핵보유국이 되는 구조적 원인을 미국과 중국 사이의 패권경쟁과의 연관성 속에서 들여다보는 내용으로 구성된다. 어찌 보면 성격이 다른 글의 콜라보 방식을 시도해본 것이다.

보잘 것 없는 글의 출판을 허락해준 '역사인'에게 사학도의 한 사람으로서 영광스런 감사의 인사를 드리며, 늦은 나이에 박사 과정을 마치고,

논문을 쓰도록 도와준 지도교수님들, 그리고 아내 최영윤과 두 딸 종민, 윤민에게도 고마움을 전한다.

2023년 6월

이우탁 씀

목차

제8장 | 긴급 프로젝트: '한반도 핵균형론'

제1장

공포의 핵무기:
서울 상공에서 북한 핵무기가 터지면?

1. 현실로 다가온 핵재앙의 공포

    2022년 9월의 어느 날. 필자는 눈을 의심하지 않을 수 없었다. 핵 위협 분석 사이트 '누크맵'의 공개 프로그램을 사용해 용산 대통령실 청사 상공 500m에서 10kt급 위력의 핵무기가 폭발하면 벌어질 피해를 자세하게 분석한 결과를 담은 기사가 버젓이 일간지에 실린 것이다.[01] 누크맵은 미 스티븐스 공대의 앨릭스 웰러스타인 교수가 개발한 프로그램으로, 주요 싱크탱크들이 핵무기 폭발 결과를 추정할 때 사용한다. 바로 며칠 전인 9월 8일 북한이 핵보유 법제화를 통해 '적대 세력 지휘부에 대한 즉각적인 자동 핵 타격' 방침을 명시한 것을 포착해 실제 이런 일이 일어나면 어떤 결과로 이어지는 지를 시뮬레이션해본 것이리라.

    그런데 얼마 되지 않아 또 유사한 기사가 등장했다. 기사 제목(서울 시청 상공 800m서 핵폭발땐… 시뮬레이션 해보니)[02]도 비슷했다.

---

01   민병권, "북한, 10kt 핵 공격 땐…"서울 상공 폭발시 최대 31만 명 사상.""『서울경제』, 2022년 9월 13일.

02   노석조, "서울 시청 상공 800m서 핵폭발땐… 시뮬레이션 해보니."『조선일보』. 2023년 3월 22일. 『조선일보』는, 2017년 9월 4일에도 "이런 핵무기가 서울서 터지

차이가 있다면 '800m 상공'임을 적시해서 최대 살상력을 낼 수 있는 20kt급 핵탄두가 폭발한 상황을 가정한 결과였다는 점이다.

독자들에게 소개하고 싶지 않지만 그 참상은 상상을 초월한다. 작년 기사의 경우 서울 용산 한복판에 최대 직경 3.85km 크기의 버섯 모양 구름이 5.79km 상공까지 치솟고 폭심지에는 반경 150m의 거대한 불덩어리(화구)가 형성됐다. 발원점 바로 밑의 지표에는 반경 80m(외경 기준)의 구덩이가 최대 20m 깊이로 생겼다. 서로 인접한 대통령실 청사, 국방부 겸 합참 청사 등 국가의 중추 시설들은 이 같은 초기 폭발 화염 등에 순식간에 삼켜지는 것으로 나타났다.

주변 민간 지역의 피해도 심각했다. 폭심지 주변의 반경 약 2.99km 내 지역 사람들은 강력한 열복사선에 노출돼 1~3도 화상을 입었다. 열복사선에 직접 노출되지 않아도 반경 1050m 이내 구역의 생물은 5Sv(시버트) 이상의 치명적 방사선에 노출된다. 이들 피폭자의 대다수가 나흘에서 한 달 사이에 사망하거나 치명적인 상태에 빠지는 것으로 예측됐다.

20kt 위력의 핵폭탄이 서울 상공 800m에서 폭발한다면 시청을 중심으로 용산구 대통령실(3.6km)이 포함된 반경 5.29km(87.8km²)가 핵폭발의 직접적 피해권에 들어가는 것으로 나타났다.

먼… 반경 2.5km내엔 모두 사망"제하 기사를 내보낸 적이 있다. 이때는 100kt급 핵무기가 서울 상공에서 폭발 한 경우를 상정했는데, 히로시마에 떨어진 원폭 15kt에 비해 피해 반경이 2.5배 넓게 서울 대부분의 지역이 파괴된다고 분석했다. 폭발이 일어난 곳의 반경 370m의 건물은 증발하여 2.5km 이내에 모든 물체가 불에 녹아 버린다. 생물은 모두 사망한다고 했다.

서울 상공 핵 폭발 시뮬레이션

15kt, 570m(1945년 히로시마)	10kt, 400m(2013년 5차 핵실험)
사망자: 11만 450명 부상자: 28만 350명 폭발 피해 반경: 4.44km 폭발 버섯 구름: 고도 6.58km 버섯 머리 지름: 4.58km	사망자: 7만 7670명 부상자: 26만 8590명 폭발 피해 반경: 4.26km 폭발 버섯 구름: 고도 5.79km 버섯 머리 지름: 3.85km

사망자는 11만 4610명, 부상자는 42만여 명으로 추정됐다. 용산 상공 800m에서 20kt 핵폭탄이 터지면 대통령실과 국방부, 합동참모본부가 지도상에서 없어지는 수준의 피해를 입는 것으로 나타났다.

도대체 이런 시뮬레이션을 왜 했을까. 언론은 여론을 먹고 살 수밖에 없다. 국민들이 북한의 핵무기를 얼마나 두려워하는지를 그대로 말해주는 것이라고 밖에 달리 설명할 방법이 없다.

그래서 유튜브에 들어가 '서울 핵공격'이라는 단어를 입력했더니 또 한 번 눈을 의심할 수밖에 없었다. '서울 광화문에 北핵폭탄이 떨어지고 보복하는 시뮬레이션'이라든지 '미 국방부의 충격적인 서울 상공 핵폭탄 폭발 시뮬레이션 영상' '북한이 핵 공격하면, 대한민국에서 위험한 곳 1순위' 등 정말 다양한 콘텐츠가 줄을 이었다.

북한은 2023년 3월 19일 평안북도 철산군에서 발사한 전술탄도미사일을 동해 목표 상공 800m에서 폭발시켜 핵탄두부의 핵폭발 조종장치와 기폭장치의 동작을 검증했다. 왜 '상공 800m'인가.

핵무기는 공격 목적과 표적에 따라 폭발 고도를 수백m에서 수십km

까지 다양하게 조정할 수 있는데, 이번 훈련처럼 고도 800m 정도에서 폭발시킬 경우 충격파와 열복사, 그리고 방사능 피해 등 지상 표적에 대한 파괴력이 최대화된다고 한다. 일본 히로시마와 나가사키에 떨어진 핵폭탄도 500~700m 상공에서 폭발했다.[03]

그러니까 북한의 이날 실험은 서울 용산 상공 800m 높이에서 핵무기가 폭발할 경우를 상정한 전술탄도미사일의 핵폭발조종장치 및 기폭장치 작동 시연이었다. 김정은 국무위원장과 '백두혈통'의 상징인 딸 주애가 이 장면을 지켜봤다. 김 위원장은 "핵을 보유하고 있는 국가라는 사실만을 가지고서는 전쟁을 억제할 수 없다"며 "실제 적에게 공격을 가할 수 있는 수단으로, 언제든 적이 두려워하게 신속 정확히 가동할 수 있는 핵 공격 태세를 완비해야 한다"고 말했다. 작년 핵무력 법제화를 통해 핵무력 보유를 과시했지만 이번에는 '핵공격 위협'을 노골적으로 하고 있는 것이다.

게다가 북한은 나흘 뒤인 3월 24일 핵무인수중공격정 '해일'까지 공개했는데, 이를 "수중핵전략무기"라고 규정했다. 그러면서 "은밀하게 작전수역으로 잠항하여 수중폭발로 초강력적인 방사능해일을 일으켜 적의 함선집단들과 주요작전항을 파괴소멸하는 것"이라고 설명했다. 또 다시 나흘 뒤인 3월 28일에는 전술핵탄두 '화산-31'까지 공개했다. 전술핵탄두 실물이나 모형, 사진을 공개한 것은 이번이 처음이었다. 노동신문이 공개한 사진 속 벽면 패널에는 '화산-31'로 명명한 전술핵탄두의 투발수단(탑재무기) 8종이 제시됐다. 이날 공개된 전술핵탄두의 직경은 40~50cm로 추

---

03 정우진, "'용산 상공 800m서 핵타격'… 막가는 北, 모의 훈련"『국민일보』, 2023년 3월 21일.

정되며 전체적으로 국방색에 앞부분만 붉게 도색한 형태다.

북한이 공개한 전술핵탄두가 실제로 작동하는 수준이라면 고체연료 추진 SRBM을 포함해 한국을 겨냥한 다양한 무기체계에 핵탄두를 실을 수 있게 되는 것이다. KN-23 북한판 이스칸데르 미사일은 물론 600mm 초대형 방사포, 장거리 순항미사일, 핵어뢰 '해일' 등에 모두 장착할 수 있는 수준이다.[04]

한마디로 지상과 공중, 나아가 수중에서도 불시에 핵 공격을 할 수 있음을 과시한 것이다. 대한민국의 수도 서울 상공은 물론이고 남한 전역이 북한 핵공격의 타깃이 되고 있음을 알 수 있다.

'서울 상공에서 북한의 핵무기가 폭발하면?'이라는 생각하기도 싫은 재앙이 이제 유튜브에서나 볼 수 있는데서 벗어나 현실의 공간에서 일어날 수 있다는 것을 말해주는 장면이다. 실제로 현재 북한의 핵무기 보유량은 최대 100기 정도로 추산되고 있고, 연구기관에 따라 약간 다르지만 오는 2027년에는 최대 200여 기에 달할 것으로 추정하기도 한다. 그렇다면 이제 우리는 무엇을 해야 할 것인가.

---

04 이우탁, "北 7차 핵실험 가능성과 소형화된 전술핵 위협 가시화", 『연합뉴스』, 2023년 3월 29일.

2. 미국에서는 이미 한반도 핵전쟁을 분석하고 있다

필자는 취재현장에서 이런 무서움을 체감한 적이 여러 차례 있었다. 특히 미국에서의 움직임이어서 그 충격이 컸다.

2019년 2월 16일 트럼프 미국 대통령은 백악관 로즈가든에서 미국 남부 국경선에 장벽을 설치하는 문제로 인해 국가비상사태를 선포하겠다고 언론 앞에서 연설을 한 뒤 갑자기 전임자인 버락 오바마를 지칭하더니 "나는 그가 북한과 전쟁을 벌였을 것이라 생각한다"고 말했다.

이게 무슨 얘기인지를 알려면 2018년 가을에 출간된 밥 우드워드의 책을 살펴봐야 한다. '공포(Fear), 트럼프의 백악관'이라는 책[05]의 내용에 저간의 맥락이 포함돼있다.

트럼프는 "오바마는 전쟁을 피할 수 있기를 열망했지만, 외과 수술식의 정밀 타격(surgical strike)을 통해 북한의 핵 위협을 제거할 수 있을지 결정해야 하는 순간이 왔다고 결심했다"고 전했다.

---

05 밥 우드워드. 『공포: 백악관의 트럼프(Fear: Trump in the White House)』. 서울: 딥인사이드, 2019.

2016년 9월 9일 북한이 5차 핵실험을 강행하자 그때까지 '전략적 인내'라는 정책의 굴레 속에서 북한 핵문제에 거리를 두던 오바마 미국 대통령은 더 이상 방치할 수 없다는 판단을 내렸다. 우드워드에 따르면 오바마는 그때 미국 국방부와 정보기관에 북한의 모든 핵무기와 관련 시설을 일거에 제거할 수 있는 방안에 관해 보고하라고 지시했다. 결과는 어땠을까.

미 정보기관과 국방부는 오바마의 지시를 받은 뒤 1개월 동안의 검토 작업을 거쳐 보고서를 제출했다. 이 보고서에 따르면 미국이 대북 군사 공격을 단행하면 북한의 '공개된' 핵 시설의 85%가량을 파괴할 수 있다는 결론을 내렸다고 우드워드가 전했다. 그렇지만 여기에는 북한이 지하 동굴 등에 감춰둔 핵폭탄 또는 관련 시설 등이 포함돼 있지 않았다. 아무리 정밀한 외과 수술적인 군사 공격을 가하더라도 북한이 가지고 있는 모든 핵무기와 핵 시설을 한꺼번에 파괴할 수는 없다는 결론인 것이다.

왜 일까. 아무리 세계 최강의 미국 정보기관이라고 하더라도 북한이 보유하고 있는 핵무기의 양은 물론이고 비밀 보관 장소 등을 낱낱이 파악하지 못했기 때문이다. 미국이 군사 공격을 감행해도 북한 핵무기와 핵 시설을 부분적으로 없애는데 그칠 것이며, 북한의 반격은 핵무기 공격으로 이어져 한반도에 핵재앙이 벌어질 가능성이 크다는 게 미국 정보기관의 판단이었다.

제임스 클래퍼 당시 국가정보국장(DNI)은 미국이 군사 작전을 동원하면 이는 완벽해야 한다고 판단했다고 한다. 미국이 군사 공격으로 북한의 핵무기를 일부 제거해도 북한이 단 1개의 핵폭탄이라도 한국에 떨어뜨리면 어떤 일이 벌어질 것인가를 고민했던 것이다.

미국 국방부는 북한의 핵무기 프로그램을 완벽하게 제거할 수 있는 유일한 방법은 미국이 대규모 지상군을 동원해 북한을 침공하는 길밖에 없다는 결론을 내렸다고 우드워드가 전했다. 그렇지만 미국이 지상군을 동원한 군사 작전을 전개하면 북한이 절대 가만있지 않을 것이고, 핵무기로 대응할 것으로 미 국방부가 예상했다. 우드워드는 "오바마로서 그런 상황은 생각할 수도 없는 일이었다"고 지적했다. 결국 오바마는 좌절감을 느끼고 대북 선제타격을 포기했다는게 우드워드의 관찰 내용이다.

여기서 우리는 한반도내 핵 재앙에 대해 미국 정부도 고도의 시뮬레이션을 통해 상황을 분석하고 있다는 것을 알 수 있다. 한반도 핵전쟁 시 나리오가 이제 상상의 영역에서만이 아니라 현실의 일로 다가오고 있음을 알 수 있다.

3. 루이스의 무시무시한 핵전쟁 소설

북한 핵문제를 들여다볼 때마다 만나게 되는 저명한 전문가인 제프리 루이스 박사는 2020년 갑자기 공포의 소설을 발간했다. 제목이 '가상소설: 미국에 대한 북한의 핵공격에 관한 2020 위원회 보고서(A Speculative Novel: The 2020 Commission Report on the North Korean Nuclear Attacks against The United States)[06]'이다.

당시는 북한의 김정은 위원장과 미국의 트럼프 대통령 사이의 역사적인 북미 정상회담을 전후해 한반도의 봄이 구가되던 때였다. 그러니까 이 소설은 미국과 북한 간의 비핵화 대화가 결국 실패로 돌아갈 것이고 끝내는 예상치 못한 민항기 폭발사고가 비극적인 핵재앙을 일으킬 것이라는 내용을 담고 있다.

구체적인 줄거리는 이렇다. 미북 비핵화 협상이 2019년 결렬된 뒤 양측의 갈등과 대립은 고조된다. 이런 가운데 2020년 3월 21일 오전 11시

---

06 Jeffrey Lewis, The 2020 Commission Report On The North Korean Nuclear Attacks Against The U.s.: A Speculative Novel Paperback - August 7, 2018 London: WH Allen, 2018.

10분 김해국제공항에서 에어버스 320 기종의 '에어부산 411편'이 이륙한다. 여객기에는 몽골의 자매학교로 수학여행을 가는 초등학생 100여 명을 비롯해 228명이 타고 있었다. 이들은 두 시간 남짓의 비행을 마치고 몽골 울란바토르에 착륙할 예정이었다.

'에어부산 411편'이 북한 서해안에서 40킬로미터 가량 떨어진 바다 위를 날아갈 때 공교롭게도 기상악화를 만나고 통신장비까지 고장 나는 일이 생긴다. 하필이면 이때 북한군은 적의 도발이라고 착각, 교신을 시도한다. 그러나 응답이 없자 요격미사일을 발사한다. 매년 3월 이뤄지는 한미연합훈련 '포어 이글'에 참가한 미국 공군기로 생각한 것이다. '에어부산 411편'의 승객, 특히 100명이 넘는 초등학생들까지 모두 북한군에 몰살당하자 전 세계가 분노한다.

김정은은 "미국 폭격기인 줄로 잘못 알았다"고 사과하고 넘어가도 국제사회가 이를 수용할 리 없는 상황에서 오히려 강수를 둔다. 북한 선전 매체를 통해 "우리의 최고 존엄을 위협하는 적의 도발을 짓부셨다"는 성명을 발표해 버린 것이다.

미국은 즉각 유엔 안전보장이사회를 긴급 소집했고, 한국도 비상사태에 돌입했다. 이때 한국 대통령은 문재인이었다. 분노에 가득 찬 문 대통령은 북한과의 전면전까지 각오하고 대북 보복계획을 승인한다. 한국군 미사일 사령부에서 김정은 일가가 있는 것으로 알려진 평양 주요 시설을 향해 '현무-2' 탄도미사일 6발을 쏜다.

그러자 김정은은 핵버튼을 눌러버린다. 김정은은 북한 전역에 흩어져 있는 9개의 기지에서 핵탄두를 탑재한 탄도미사일 54발을 발사한다. 서울에는 2발이 떨어졌고 부산, 대구, 도쿄, 요코하마 등도 목표가 됐다. 이 가운데 8발은 미군기지가 있는 오키나와, 괌을 공격했다. 미국 대도시와 트럼프 대통령이 소유한 마이애미 마라라고 리조트도 목표가 됐다.

그 결과 어떻게 됐을까. 루이스는 무시무시하게도 이 공격의 결과도 서술했다. 미국과 일본은 미사일 방어체계를 통해 상당수의 북한 탄도미사일을 요격했다. 그러나 오바마 당시 미국 정보당국이 분석한 것처럼 100%가 아니었다. 무려 사망자만 280만 명이었다. 부상자는 780만 명에 이른다. 한국에 배치돼 있는 '사드(THAAD)'는 서울 방어에는 무용지물이었다. 대륙간탄도미사일(ICBM)로 핵공격을 당한 미국도 수만 명의 사상자를 피할 수 없었다.

미국과 한국은 이런 김정은을 향해 무자비한 반격을 가한다. 결국 김정은 정권을 제거해 버리는 것으로 소설은 막을 내린다. 소설은 백서 형태로 구성돼 등장인물들의 회상 내용을 정리한 것으로 돼있지만 그 내용은 섬뜩하다.

핵전쟁 위협 측면에서 보면 한반도보다 더욱 긴박한 곳이 우크라이나이다. 잠시 눈을 돌려 우크라이나 상황을 살펴보자.

2022년 2월 24일 우크라이나를 침공한 러시아는 개전 1년이 넘도록 뚜렷한 전과를 올리지 못하고 오히려 미국을 비롯한 나토의 지원을 업은 우크라이나가 기세를 올리자 전황을 반전시키기 위해 핵무기 사용 위협을 계속하고 있다.

만일 러시아가 우크라이나에서 핵무기를 사용할 경우 이는 제2차 세계대전을 종식시키기 위해 일본 히로시마, 나가사키에 미군이 핵폭탄을 투하한 이후 첫 핵무기의 등장이 된다.

블라디미르 푸틴 러시아 대통령은 2023년 3월 25일 전격적으로 벨라루스에 전술핵을 배치했다고 선언했다. 러시아의 강력한 우방인 벨라루스는 우크라이나는 물론이고 나토 회원국인 폴란드·라트비아·리투아니아와 국경을 맞대고 있다. 지정학적 충격이 그만큼 크다는 것을 의미한다.

푸틴의 발언 중에서 눈길을 끄는 것은 전술핵무기를 지목한 점이다. 전술핵무기는 전략핵무기에 비해 사거리나 위력이 상대적으로 짧거나 작지만 제한된 군사적 표적을 제거하는데 주로 사용되며 전황을 뒤집을 상황이 될 때 유용하다.

푸틴은 이미 핵무기 운반 체계인 이스칸데르 미사일과 전술 핵무기를 탑재할 수 있는 항공기 10대를 벨라루스에 이미 주둔시켰다고 강조해 실제 핵공격에 나설 가능성을 강하게 던졌다.

러시아가 우크라이나 전장에서 전술핵무기를 실제로 투하할 경우 이는 곧바로 북한의 김정은을 자극하게 될 것이라는 점에서 주목된다. 당연히 북한의 전술핵무기의 위협에 고스란히 노출돼있는 한국의 위기감은 극에 달할 중대사안이다.

푸틴은 벨라루스에 전술 핵무기를 배치해도 러시아가 국제 핵무기 비확산 의무를 위반하는 것은 아니라는 점을 강조했다. 미국이 현재 나토 회원국인 독일과 벨기에, 이탈리아, 네덜란드, 튀르키예 등에 핵무기를 배치해두고 있는 점을 들어 벨라루스에 핵무기 배치한 것은 불가피한 '핵균형 조치'라고 강변한 것이다. 실제로 전술핵무기 배치는 핵확산금지조약(NPT)을 위반하지 않으면서 핵균형을 맞출 수 있는 방안으로 거론된다. 이 논리는 향후 북한의 핵위협에 맞서 미국의 전술핵무기를 한반도 남쪽에 재배치 방안이 부상하는 것과 연관해 앞으로도 주시해야 한다.

재밌는 것은 북한의 김여정이 푸틴 발언 1주일 후에 조선중앙통신을 통해 '무모한 핵망상은 자멸을 부른다'는 담화를 발표했다는 점이다. 김여정은 "젤렌스키가 미국의 핵무기 반입이요, 자체 핵개발이요 하면서 떠들어대고 있는 것은 자기 나라와 국민의 운명을 가지고 도박을 해서라도 어떻게 하나 자기의 잔명을 부지해보려는 매우 위험한 정치적 야욕의 발현"이라고 비난했다. 한국내에서 불고 있는 북핵위협에 대한 대응 움직임을 북한도 주시하고 있음을 잘 알수 있는 대목으로 평가된다.

핵무기를 보유한 북한을 마주한 이상 대한민국은 북한의 핵공격 앞에 그대로 노출되어 있다는 것이 만천하게 드러난 상황이다. 미국이 강력한 핵우산으로 북한 핵공격을 차단해주겠다고 하지만 한국인들은 여전히 '찢어진 핵우산'을 걱정한다.

급기야 대한민국 윤석열 대통령은 2023년 1월 11일 국방부 업무보고를 받는 자리에서 '북핵 위협이 더 심각해지면'이라는 단서를 달았지만 "전술핵을 배치하거나 자체 핵을 보유할 수도 있다"는 말을 했다. 윤석열 대통령의 '핵 발언'은 한국의 핵역사에 있어 큰 의미를 갖는다. 군통수권자 측면에서 보면 1970년대 박정희 대통령의 비밀 핵개발 프로젝트 추진 이후 무려 반세기 만의 중대 사안에 해당한다.

특히 그의 발언은 심상치 않은 한국 내 여론과 맞물려 파장을 낳았다. 최종현학술원이 한국갤럽에 의뢰해서 2022년 11~12월 1000명을 대상으로 면접 조사한 결과 한국의 독자 핵개발이 필요하다는 답변이 무려 76.6%에 달했다. 그리고 북한 비핵화는 불가능하다고 응답한 응답자도 77.6%에 달했다. 미국의 핵우산에 대한 불안감이 표출된 것은 물론이다. 유사시에 미국이 핵억지력을 사용할 것이란 응답은 48.7%에 그쳤다.

왜 이런 공포감이 밀려올까. 바로 핵무기의 위력 때문이다. 그렇다면 어떻게 해야 할까. 행동할 수 밖에 없는 현실이다.

인류는 왜 공포의 핵무기를 개발하게 됐으며, 핵무기 이후의 세계는 어찌 변화했는지, 그리고 핵무기는 왜 강대국만이 갖고 있는지, 아울러 북한은 어떻게 세계 최강 미국의 압박과 견제를 뚫고 사실상핵보유국이 됐는지, 이를 가능케 한 국제정치적인 구조적 원인은 무엇인지 등을 알아야 한다. 아는 만큼 보이는 법이다. 그것이 이 나라, 이 민족의 생존에 절실한 수단이라면 더더욱 그렇다. 핵과 한민족의 운명적 만남을 탐구해본다.

2022년 11월 28일~12월 16일 1천 명 1대1 면접조사

한국 핵개발 및 안보인식

한국의 독자적 핵 개발이 필요하다고 보는가

76.6%

한국이 핵개발 능력을 갖췄다고 보는가

72.4%

한국의 북핵 위협 대응전략에 대해 알고 있는가

38.4%

북한 핵관련

북한이 제7차 핵실험 강행할 것으로 생각되는가

78.6%

북한의 비핵화를 불가능하다고 생각하는가

77.6%

미국이 한반도 유사시 핵 억지력을 행사할 것으로 보는가

51.3%

* '어느 정도 그렇다', '매우 그렇다' 포함

자료: 최종현학술원, 한국갤럽.

제2장

핵과 세계패권

1. 인류최초의 핵실험, 신의 영역을 침범하다

1945년 7월 16일 월요일 오전 5시 30분, 새벽 여명이 동트는가 싶은 시각에 미국 뉴멕시코 공군기지 사막지대에서 태양이 폭발한 것과 같은 거대한 섬광이 대지를 대낮처럼 밝혔다. 곧이어 하늘이 갈라지는 듯한 날카로운 소리와 함께 버섯구름이 피워 올랐다.

지구상 최초의 핵실험은 이렇게 우리 인류에 다가왔다. 당시 이 핵실험을 실행한 미군부의 작전 암호명이 무엇일까. '트리니티(Trinity)'였다. 트리니티는 기독교의 삼위일체 즉 성부, 성자, 성령 등 세 위격을 뜻한다. 왜일까. 2차 세계대전을 끝내기 위해 미국은 핵무기 개발을 서둘렀다. 이를 위한 전체계획은 '맨해튼 프로젝트'로 불린다. 1944년 맨해튼 프로젝트를 총괄했던 로스앨러모스 연구소장 오펜하이머는 인류 최초의 핵폭발의 의미를 인식하고 있었다.[01]

삼위일체의 성스러운 의미를 담아서 미국은 자신들은 언제나 정의의

---

01 카이 버드, 마틴 셔윈, 『아메리칸 프로메테우스: 로버트 오펜하이머 평전』 최형섭 역(사이언스북스, 2010) p. 399.

트리니티로 명명된 인류 최초의 핵실험에 등장한 버섯구름
출처: https://en.wikipedia.org/wiki/Trinity_%28nuclear_test%29%23/media/File:Trinity_Detonation_T&B.jpg.

전쟁에 참여하고 있으며, 주님을 위해선 사탄의 나라인 적국에게 원자폭탄 투여도 전혀 문제가 될 게 없다는 논리로 무장하길 바랬을 것이다.

그러나 핵실험 프로젝트에 참여한 미국의 저명한 물리학자들은 원자폭탄의 구조와 거대한 버섯구름의 열량, X-선과 방사선, 충격파 등을 정밀하게 계산해보고는 지구를 불타는 별로 만들지나 않을까 번민의 밤을 보냈다고 한다. 핵실험과 핵무기가 비록 지구를 전부 태우지는 못했지만 일종의 '금단의 땅'에 들어선 것으로 이 과학자들은 생각했던 것이다. 신의 영역을 넘어버린 인류는 이 핵실험 이후 핵이 가져온 상상할 수 없는 무서운 공포와 위험 속에 살아가게 된다.

첫 핵실험을 했던 장소, 그 사막지대는 호르나다 델 무에르토(Jornada del Muerto)로 불리는데, 그 의미는 '죽은 자의 길'이란 뜻이라고 한다. 남다른 의미로 다가온다.

실제로 1945년 8월 6일 이른 아침 원자폭탄은 일본 히로시마에 투하된다. 히로시마는 산업도시이자 통신중심이었고, 일본 부대가 주둔하고 있었다. 눈 깜짝할 사이 엄청난 섬광과 폭발이 일어났다. 인근 온도가 4000도에 육박하고 사람들은 뼈도 남지 않고 그냥 녹았다. 이어 엄청난 열풍이 주변을 휩쓸었고, 얼마 지나지 않아 방사능을 가득 품은 검은 비가 쏟아졌다.

원폭 후 히로시마 중심가 7km 지역 내 모든 것들은 황폐해졌다. 기대했던 위력이었다. 히로시마에서만 군인 2만여 명, 민간인 10만여 명, 조선인 3만여 명 정도가 사망했다. 3일 후 미국은 나가사키에 한 발 더 투하했다. 최대 7만 명에 달하는 시민들이 한순간에 목숨을 잃었다. 플루토늄 폭탄 팻 맨의 위력은 21kt으로 히로시마에 터진 우라늄 재질의 16kt짜리 리틀보이보다 컸다. 미군의 조준 실패도 있었고 나가사키 지형 특성상 피해 규모가 적었지만 원자폭탄의 위력은 가히 가공할만한 것이었다. 일제는 더 이상 버티지 못하고 항복했다.[02]

일본 두 도시의 참상을 지켜본 맨해튼 프로젝트를 주도한 과학자들은 엄청난 죄책감에 시달린다. 자기가 만들어 낸 결과물이 실제로 수십

---

02 마이클 돕스 저, 홍희범 역 『1945-20세기를 뒤흔든 제2차 세계대전의 마지막 6개월』 (모던아카이브, 2018) pp. 492~493 529.

만 명을 한꺼번에 죽일 수 있다는 것에 엄청난 충격을 받았던 것이다. 오펜하이머는 자신이 만든 핵무기의 가공할 위력을 목도하고는 반핵주의자가 됐다. 평전에서 "나는 아직도 손에 묻은 뜨거운 피를 느낄 수 있다"고 했다.[03] 크리스토퍼 놀란 감독이 오펜하이머의 일대기를 다룰 '오펜하이머'를 개봉한다고 한다. 벌써부터 핵폭발 장면이 어찌 구현되는지가 관심사란다. 오펜하이머는 2차 대전 후 더 이상 전쟁 관련 연구를 수행하는 것을 거부했다. 미국 정부가 추진하던 수소폭탄 계획에 대해서도 부정적인 입장을 표명했다. 결국 그는 공산주의자로 몰리는 수모를 겪어야 했다.[04]

---

03 위의 책, pp. 905~929.

04 조너선 페터봄, 이상국 역 『천 개의 태양보다 밝은』·서해문집·2013년 12월 10일 출간, p. 160.

2. 미국과 독일, 일본의 핵개발 경쟁

사실 미국의 핵개발(맨해튼 프로젝트)은 독일 나치의 핵개발에 대한 대응으로 시작됐다.[05] 오스트리아 저널리스트 로베르트 융크는 자신의 저서 『천 개의 태양보다 밝은』에서 독일의 핵개발을 염려하는 과학자들의 마음을 다음과 같이 전한다. "1943년과 1944년의 몇 달 동안 우리의 가장 큰 염려는 연합군이 유럽으로 진격하기 전에 독일이 원자폭탄을 완성하지 않을까 하는 것이었다."[06]

이 책은 미국과 독일의 핵무기 개발 프로젝트를 다룬 간행물이다. 융크가 원자폭탄을 만들고 사용했던 사람들의 인터뷰를 바탕으로 원자폭탄의 탄생과 투하까지의 과정을 그렸다. 핵무기 개발을 둘러싼 1, 2차 세계대전의 역사를 당시 사람들의 목소리를 통해 생생하게 복원했다.[07]

---

05 2차 세계대전 당시 일본도 당연히 핵개발을 시도했다. 특히 나치 독일과의 긴밀한 협력 속에 진행됐으나 역시 완성 전에 미국으로부터 핵폭탄 공격을 받게 된다.

06 로베르트 융크 저, 이충호 역, 『천개의 태양보다 밝은 우리가 몰랐던 원자과학자들의 개인적 역사』(다산사이언스, 서울, 2018) p. 295.

07 1956년 처음 출간된 책은 세계적인 논쟁을 일으켰다. 그 이유는 유대인인 저자가

제1차 세계대전의 마지막 해인 1918년 실험에 성공해 이듬해 철학 잡지에 발표된 러더퍼드의 연구 결과로부터 이야기가 시작된다.

제2차 세계 대전 이전까지 연구 성과를 자유롭게 교환하며 국제적 동업자 관계를 유지했던 과학자들은, 전쟁이 일어나자 미국, 독일, 러시아 등으로 뿔뿔이 흩어져 핵무기 개발 프로젝트에 뛰어들었다.

이 가운데 우리는 한 사람의 생을 들여다볼 필요가 있다. 바로 천재 물리학자인 아인슈타인이다. 1896년 베크렐이 우라늄 염에서 방사선이 방출된다는 것을 우연히 처음 발견했다. 그후 마리 퀴리 피에르 퀴리가 방사성 원소, 라듐과 프로늄을 발견한 공로로 세 사람은 1905년 노벨 물리학상을 수상했다. 20세기 들어 30년간 물리학에서는 원자구조와 방사능의 비밀이 하나둘씩 급진적인 변화가 일어난다.

1938년 독일의 오토한과 슈트라스만이 우라늄 핵을 중성자로 때리자 두 개의 가벼운 방사성 동위원소 바리움(Ba)과 크립톤(Kr)이 만들어지면서 엄청난 에너지가 방출되는 것을 발견했다.

아인슈타인의 그 유명한 상대성이론이야말로 핵무기의 이론적 기초가 됐음은 널리 알려진 사실이다. 아인슈타인은 나치의 유대인 탄압을 피해 미국으로 망명하는데, 이것이 역사적으로 큰 분수령이 된다.

아인슈타인은 핵분열 발견 이듬해인 1939년 루즈벨트 미국 대통령에게 핵무기 개발을 권하는 편지를 썼다. 히틀러의 움직임이 심상치 않으니

하이젠베르크를 필두로 한 독일의 핵 과학자들을 인류애를 위해 핵폭탄 개발을 포기한 것으로, 미국 측 핵 과학자들은 승리를 위해 핵폭탄을 개발했다고 묘사했기 때문이다. 더불어 융크는 엄청난 인명피해가 일어날 것을 알면서도 전쟁의 승리를 위해 무기를 개발한 과학자들의 도덕성에 의문을 제기했다.

독일보다 먼저 핵폭탄을 개발해야 한다는 내용이었다. 이에 따라 1941년 미국의 핵폭탄 개발 프로젝트인 '맨해튼 프로젝트'가 시작된 것이다. 그 책임자는 캘리포니아 공대 교수인 당년 37세의 오펜하이머였다.

미국이 영국과 협력해 핵폭탄 개발에 뛰어들었다면 독일은 일제와 협력했다. 나치의 핵무기 개발설이 본격적으로 주목받은 것은 지난 2005년 독일의 역사학자 라니어 칼쉬가 그의 저서 '히틀러의 폭탄'(Hitler's Bomb)에서 나치가 1944년, 1955년 두 차례 핵실험을 했다고 주장하면서 다. 특히 지난 2018년 독일 제2TV 공영방송국 ZDF는 다큐멘터리 '히틀러의 핵폭탄을 찾아서'(The Search for Hitler's Atom Bomb)를 통해 관련 내용을 소개한 바 있다. 이 다큐는 2차세계대전 당시 작성된 러시아 및 미국 첩보 비밀문서의 내용을 인용, 나치가 핵무기 개발을 거의 완료했다는 의혹을 제기했다.

흥미로운 대목은 나치와 일제의 핵협력이다. 1941년 일본 육군 주도로 도쿄대 이화학 연구소, 42년에는 해군 주도로 교토제국대에서 원폭 개발에 착수했었다.

2015년 7월 26일 일본 언론매체가 보도한 바에 따르면, 1944년 10월 4일 일본 해군은 교토제국대학(당시 명칭)의 핵과학자 아라카쓰 분사쿠(荒勝文策) 교수에게 원자탄 개발을 의뢰했는데, 아라카쓰 교수와 도쿄계기제작소가 각각 작성한 우라늄농축 원심분리기 설계도면 두 점이 그 대학의 이전 방사성동위원소연구소에서 발견되었다고 한다. 설계도면에는 원심분리기 제작이 완성되는 날짜가 적혀있었는데, 일제 패망 나흘 뒤인 1945년 8월 19일이 완성 예정일이었다.

그들이 거의 완성해가던 원심분리기는 미국군의 공습으로 파괴되었다. 일제가 이 상황에서 몰래 한반도 북쪽 함흥에 있는 비료공장에서 비밀리에 핵개발 작업을 지속했다는 것도 흥미롭다.

일본을 점령한 미국은 일제의 원자탄 연구시설들을 파괴했고, 연구문서들을 압수하였다. 그 과정에서 미국은 일제의 핵탄개발기술이 어느 수준에 이르렀는지 정확히 알 수 있었다. 일제가 패망한 직후 일제의 원자탄개발사업을 폐지하기 위해 미국이 일본에 급파한 핵공학전문가집단의 일원으로 일제의 원자탄 개발사업을 현장에서 조사하였던 로버트 퍼먼(Robert R. Furman)은 2008년 미국 언론매체와 진행한 대담에서 1945년 8월 당시 일제의 원자탄 개발기술은 초기단계에 있었다고 증언한 바 있다.[08] 결국 미국과의 경쟁에서 패한 일본은 독일의 항복에도 버티다가 결국 원자탄 공격을 당하고 항복한다.

1944년 말 미국은 히틀러가 이미 1942년 핵폭탄 개발을 포기했다는 사실을 알아내고도 핵개발을 중단하지 않았다. 과학자들과는 달리 미국의 정치인들은 핵무기가 세계 지배를 위한 만능의 보검이 될 수 있다고 생각한 것이다.[09] 이 때문에 훗날 아인슈타인은 자신의 핵개발 청원을 크게 후회했다고 한다.

돌이켜보면 당시 국가의 경제력 등을 감안할 때 엄청난 재원과 인력

---

08 하지만 이런 심층정보를 모르는 몇몇 미국인 연구가들은 1945년 8월 12일 새벽 일제가 식민지조선의 흥남 앞바다에서 감행한 수중대폭발시험이 핵시험이었다고 주장하였는데, 그것은 고성능폭약을 터뜨린 고폭시험이었다.

09 당시 미국의 고민은 노르망디 상륙작전식 침공으로 일본 본토를 공격할 경우 미군 수십만 명이 죽을 수 있다는데 있었다 미군의 희생을 최소화하기 위해서라도 미국은 원자탄을 투하할 수 밖에 없는 상황이었다. 결국 1945년 6월 1일에 원자폭탄 투하 결정이 내려졌다. 독일이 항복한 지 한 달도 지나지 않은 시점이었다.

을 투입해야만 했던 핵개발 프로젝트를 감당할 나라는 미국뿐이었던 것도 사실이다. 1945년 7월 17일. 미국 트루먼 대통령이 '맨해튼 프로젝트'가 성공했다는 보고를 받았을 때 영국과 미국이 공동 비밀 프로젝트에 투입한 인원은 13만 명, 돈은 자그만치 20억 달러였다. 대부분의 재원은 미국이 담당했다. 미국은 영국 캐나다 등과 함께 엄청난 재원과 전문가들을 투입했다. 이는 2차 세계대전에서 큰 피해를 입지 않고, 산업 경쟁력을 유지한 덕택이기도 했다. 전쟁의 주무대였던 유럽의 경우 막대한 인적, 물적 손실로 허덕일 수밖에 없었다. 1939년 기준 미국의 GDP(국내총생산)은 8690억 달러에 달했다. 독일은 3890억 달러에 불과했고, 일본은 1840억 달러였다. (소련은 3660억 달러, 영국 2870억 달러, 프랑스 1990억 달러)

이처럼 어마어마한 재원이 투입된 맨해튼 프로젝트는 과학의 영역에 있던 핵분열을 무기로 만들어 정치의 영역으로 들어오게 했다. 그토록 많은 인력, 에너지, 자본을 투입해서 만든 폭탄을 과연 사용하지 않을 수 있었을까? 그리고 핵무기를 손에 쥔 미국은 2차 세계대전 이후 세계패권을 쥐게 되는 것이다.

3. 핵무기의 이해

　　너무 상식적인 얘기 같지만 핵무기는 한 개의 원자가 어떤 조건 하에
서 두 개의 원자로 나눠질 때(핵분열) 발생하는 엄청난 에너지를 이용한 폭
탄이다. 따라서 핵무기를 만들기 위해서는 핵분열성 물질이 있어야 한다.
그리고 이 물질을 폭발시키는 장치, 즉 핵폭발장치가 있어야 한다. 두 조
건이 갖춰졌다면 핵물질을 폭발장치를 이용해 제대로 터뜨릴 수 있는지
실험해야 한다.

　　핵실험까지 마치고 나서야 비로소 '핵을 보유했다'고 말할 수 있는 것
이다. 북한은 2006년 10월 9일 첫 핵실험을 한 뒤 지금까지 6차례나 실험
을 했고, '핵보유'를 선언했다.

　　마지막으로 핵보유를 한 상태에서 정말 위협적인 존재가 되려면 핵
무기를 실어 나를 수 있는 장치가 있어야 한다. '핵 투발장치'라고도 말한
다. 1945년 지구상 최초의 원자탄이 일본을 강타했을 때는 비행기에 실어
상공에서 터뜨렸지만 현대전에서는 상상할 수 없는 일이다. 바로 여기서
등장하는 것이 미사일이다.

　　그렇다면 핵분열성 물질은 무엇이 있을까? 우선 플루토늄과(科)와 우

라늄과가 있다고 생각하길 바란다. 우라늄은 자연에서 얻어질 수 있다. 북한이 세계에 드문 우라늄 광산을 보유하고 있음은 잘 알려진 일이다. 플루토늄은 우라늄을 원자로에서 태우고 난 뒤에 추출할 수 있다.

인류가 핵무기를 경험한 것은 1945년 8월 6일과 8월 9일이었다. 제2차 세계 대전을 끝내기 위해 미국은 일본 히로시마와 나가사키에 핵폭탄을 투하했다. 두 곳에 떨어뜨린 핵폭탄은 각각 다른 종류였다. 히로시마에 떨어진 것은 우라늄 폭탄이었고, 나가사키에 떨어진 것이 플루토늄 폭탄이었다.

우라늄탄(히로시마)의 경우 고농축우라늄 64.1kg이 사용됐고, 중량은 4.04t이었다. 플루토늄탄(나가사키)의 경우 6.2kg의 플루토늄이 사용됐으며 중량은 4.67t이었다. 당시 미국의 핵 개발에 참여한 과학자들은 3개의 핵폭탄을 만들었다. 그 중 하나는 실험용으로 사용하고, 실전에 사용된 나머지 2개 가운데 하나는 홀쭉하고 긴 외형이어서 별명이 '리틀 보이(little boy)'였고, 다른 하나는 뚱뚱하고 큰 외형을 따 '팻 맨(fat man)'이라고 한다.

최초의 핵폭탄 리틀보이, 길이 3m에 무게 4톤이 넘는 이 폭탄을 실어 목표지점까지 운반할 수 있는 것은 당시로서는 폭격기에 실어 목표지점에 떨어뜨리는 방법밖에 없었다. 미국 공군이 동원된 이유다.

이런 외형이 나오는 것은 플루토늄과 우라늄 핵폭탄을 만드는 공정과 밀접한 관련이 있다. 우라늄이나 플루토늄이라 해서 모두 핵무기의 원료가 되는 것은 아니다. 핵분열성 물질은 우라늄 235와 플루토늄 239가 필요하다.

먼저 우라늄 235는 어떻게 나오는가? 앞서 언급한대로 우라늄은 자

미국이 일본 나가사키 상공에 원자폭탄을 투하한 지 사흘 뒤인 1945년 8월 9일 버섯 구름이
피어오르는 모습
출처: 연합뉴스.

연에 존재하는 원소이다. 우라늄을 캐내면 그 안에 우라늄 238, 우라늄 235, 우라늄 234 등 여러 동위원소가 섞여 있다. 그 가운데 238이 99.3%이고 235는 0.7%에 불과하다. 인류에게는 핵분열성 물질 235가 이렇게 적게 있는 것이 정말 다행인지 모른다.

그런데 인류란 존재는 이 위험한 물질을 기어코 모아서 핵폭탄을 만들었다. 모으는 방법은 사실 간단하다. 광산에서 캐낸 우라늄을 이물질과 분리해서 정련 공장으로 보내면 거기에 우라늄 광석을 분쇄해 화학적 처리를 통해 마지막 불순물을 제거한다.

이 상태가 노란색 떡 같아 보이는데 이를 옐로우 케이크(Yellow Cake)라고 한다. 이 정도면 순도 75% 이상의 천연 우라늄이다. 그런데 이 정도도 부족하다. 해서 순도를 더 높이기 위해 우라늄에 불소를 혼합해 완전히 분말 형태로 만들어서 우라늄 순도 99.5%짜리를 만든다. 이게 바로 '6불화우라늄(UF6)'을 말한다. 이는 우라늄U에 불소F 원자 6개가 붙어있는 화합물이다.

옐로 케이크는 섭씨 80~90도의 열만 가해도 기체가 되기 때문에 우라늄 농축을 하기에 가장 좋은 물질로 알려져 있다. 기체상태의 UF6를 원심분리기에 넣어 돌리면 핵분열을 일으키는 우라늄 235와 핵 분열하지 않는 우라늄 238이 분리된다. 마치 세탁기를 돌리면 무거운 것이 밖으로 나가는 원리와 같다. 계속 세탁기를 돌려 235의 순도를 높이는 게 농축이라고 보면 된다.

천연 우라늄에서 0.7%에 불과했던 우라늄 235는 이런 과정을 반복해 농축도가 점점 높아진다. 아주 낮게, 그러니까 3~5% 정도로 농축할 경우에는 핵무기를 만들 수 없고, 그냥 원자력발전소용으로 쓰인다. 다시 말해

전력생산 등에 쓰일 수 있다. 따라서 평화적 핵 이용이나 전쟁을 위한 핵 활용이란 그야말로 종이 한 장 차이라고 해도 과언이 아니다.

문제는 우라늄 농축을 하는데, 그것도 고농축으로 하는 데는 높은 수준의 공장시설과 상당한 전력, 그리고 까다로운 제조기술이 필요하다는 것이다.

우라늄 농축 방법에는 기체확산법과 기체원심분리법, 레이저법, 노즐 분리법 등 여러 가지가 있는데 앞의 두 개가 대표적이다.

두 가지 방법 모두 우라늄 분말을 가열하고 기체 상태로 만드는 데까지는 같다. 기체확산법은 이 우라늄 기체를 235만 통과할 수 있는 미세한 구멍에 수천 번 넣는 것을 반복해 무기급 고농축을 만드는 방식인데 2차 대전 당시 미국이 사용했던 방식이다. 그런데 이것을 하기 위해서는 엄청난 전력이 필요하다고 한다. 미국은 2차 대전 당시 캐나다가 사용한 전력의 총량보다 많은 전력을 동원해 핵폭탄을 만들었다고 한다.

원심분리법은 최근의 방식이라고 보면 된다. 기체상태의 우라늄을 원심분리기에 넣어 고속으로 회전시키는 것이다. 나중에 계속 언급되겠지만 파키스탄에서 북한이 원심분리기를 몰래 들여왔느냐 아니냐가 문제가 되는 것이 바로 이 때문이다.

원심분리법은 당연히 기체확산법보다 전력이 덜 들어가지만 고도의 기술이 필요하다. 좋은 원심분리기 1개를 만드는 데만 20만 달러 정도가 들어간다고 한다. 그리고 핵폭탄 하나를 만들 수 있는 20kg의 고농축 우라늄을 추출하려면 이런 원심분리기가 1천 200개나 필요하다고 한다. 북한은 사실 원자력을 이용해 전력을 생산하려 한다면 천연 우라늄을 그냥 사용하면 된다. 그런데도 우라늄을 농축하고, 이를 위해 원심분리기를 들여왔다면 그 목적이 무엇인지 자명하게 되는 것이다.

무기급 농축 우라늄이나 플루토늄을 갖고 있을 경우 얼마나 갖고 있어야 핵폭탄의 위력을 실제로 지닐 수 있을까. 흔히 임계질량이라고 부른다.

플루토늄이 비교적 큰 원자로나 재처리 시설이 필요한데 반해 농축 우라늄은 비밀리에 만들 수 있는 특징이 있다. 특히 우라늄은 일반 환경에서도 방사선 노출이 거의 없다고 한다. 실제로 핵무기를 만들 수 있는 농축 우라늄의 경우 적은 양을 갖고 일반 상태에서 이동이 가능하다고 한다. 바로 이게 우라늄핵무기의 무서움이다. 미국이 왜 북한의 고농축 우라늄(HEU) 또는 우라늄 농축계획을 무서워하는지를 알 수 있을 것이다. 미국에게 이스라엘은 남의 나라 일이 아니다. 유대인들이 미국의 핵심을 장악하고 있다는 것은 잘 알려진 일이다. 만일 북한이 제조한 고농축 우라늄이 중동의 한 국가나 특히 알카에다 같은 테러 조직의 수중에 들어간다면 이는 이스라엘을 하루아침에 날려버릴 수 있음을 뜻한다. 무슨 일이 있어도 미국은 이런 참상을 막아야 한다.

제3장

공포의 핵균형, '아이러니'한 평화

1. 미국, 그리고 강대국들의 핵독점

원자탄의 개발은 2차 대전 이후 세계를 누가 제패하고 끌고 가는지를 결정하는 중대 변수였다. 핵무기의 위력을 확인한 세계 각국은 경쟁적으로 핵무기를 갖고 싶어 했다. 핵무기를 갖고 있으면 어느 나라도 파멸을 각오하지 않고는 핵무기로 공격할 수 없다는 것을 잘 알고 있기 때문이다.

바로 이 공포의 균형(balance of terror)은 상호확증파괴(mutual assured destruction. MAD)로 설명된다. 즉 적이 핵 공격을 가할 경우 적의 공격 미사일 등이 도달하기 전에 또는 도달한 후 생존해 있는 보복력을 이용해 상대편도 전멸시키는 보복 핵 전략이 정립된다.

공멸의 핵전쟁을 예방하기 위해 핵보유국 사이에 '핵억지(nuclear deterrence)' 개념이 등장했다.[01] 특히 상대방에 상호 핵억지에서 가장 중

---

01 억지(또는 억제. deterrence)와 강제(compellence)의 차이는 군사력 사용의 수동성과 적극성을 기준으로 구분할 수 있다. 이 책에서는 편의상 억지와 억제를 함께 사용한다. 그리고 억지와 혼동될 수 있는 개념으로는 방어(defense)가 있는데, 방어는 정복당하지 않을 군사력 양성을 통한 공격행위의 분쇄행위이며, 억지는 보복

요하게 자리 잡은 것은 1차 공격능력(first-strike capacity)과 2차 공격능력(second-strike capacity)이다.

1차 공격능력은 적의 핵 보복능력을 무력화시키기 위한 타격 능력이며, 2차 공격능력은 1차 공격에서 살아남아 상대방에게 감내할 수 없는 피해를 가할 수 있는 핵전력이다. 서로가 1차 공격으로 상대를 완전히 무력화시킬 수 없는 상황에서 보복으로도 상호 공멸이 가능한 상황을 염두에 둔 전략, 바로 MAD 전략을 의미한다. MAD 전략 하에서는 서로가 충분한 핵전력을 갖춘 경우의 억지는 서로를 단념시키는 것으로만 성립 가능하다고 본다. 1차 공격에 성공하더라도 각 핵보유국은 2차 공격 능력의 방호를 위한 태세를 갖추고 있을 것이기 때문에 선제공격자 또한 핵공격의 참화를 피할 수 없게 된다.[02]

핵무기가 갖는 공포의 균형은 아이러니하게도 인류에게 평화를 선사했다. 자칫 모두 공멸할 수 있다는 두려움으로 인해 1, 2차 세계대전 같은 대규모 전쟁을 벌일 수 없게 된 것이다. 20세기 전반 세계적인 대규모 전쟁에 의한 사망자가 1억 명이었던 데 비해 핵시대가 도래한 20세기 후반의 전사자는 2000만 명에 불과(?)했다는 통계 수치도 있다. 그리고 핵무기가 실전에 사용된 것은 1945년 히로시마와 나가사키에 대한 핵공격 이후 전무하다.

의 위협을 통한 방지라는 점에서 차이가 있다. 최용환, "북한의 대미 비대칭 억지·강압 전략: 핵과 미사일 사례를 중심으로," 서강대학교 정치외교학과 박사학위논문, 2003, p. 40.

02 임수호, "북한의 대미 실존적 억지·강제의 이론적 기반," 『전략연구』 제40호(한국전략문제연구소, 2007), p. 94.

억지(Deterrence)

단순억지 (S.Deterrence)	한 국가가 다른국가에 대해 일방적으로 가하는 억지 예) 냉전초기 미국의 핵무기 이용 소련의 군사적 도발 억지
상호억지 (M.Deterrence)	양자간에 작동하는 억지로 서로가 상대의 초전공격에서 생존하여 반격할 수 있는 제2격능력이 있는 경우 작동 예) 미·소의 핵무기 보유, 상호확증파괴 전략
확장억지 (E.Deterrence)	자신의 핵공격 능력을 이용하여 동맹국을 보호 동맹국 들에 대한 핵우산 제공 예) 미국의 한국, 일본에 대한 확장억지력 제공

2. 핵확산의 기폭제: 중국의 핵실험 성공

핵무기를 갖고 있는 나라와 갖고 있지 않은 나라는 국가의 전략적 위상이 달랐다.

1945년 세계 최초 핵실험의 성공과 핵무기 투하를 통해 미국은 독점적 핵 지위를 통해 세계적 헤게모니 장악에 성공했다. 핵의 일방적 우위를 바탕으로 미국은 대량보복(Massive Retaliation) 전략을 공고히 했다. 미국은 철저하게 핵개발 노하우를 다른 나라들이 획득하지 못하도록 했다.

그러나 미국의 핵독점 체제는 소련이 1949년 핵실험에 성공하면서 깨지고 만다. 미국도 핵 보복을 감수해야 하는 상황이 된 것이다. 냉전의 양축인 미국과 소련은 핵보유국(nuclear weapons states)이라는 차별된 국가지위를 누렸다. 이도 잠시뿐, 1952년 영국이 미국의 반대를 무릅쓰고 핵실험에 성공하면서 강대국 사이에 핵개발 경쟁이 일었다.03 프랑스(1960년), 그리고 중국(1964년)이 핵실험에 성공했다.

앞의 네 나라는 2차 세계대전 말기부터 핵무기 개발에 참여한 국가들

---

03 조성렬, 『전략공간의 국제정치』 (서울: 서강대학교출판부, 2017), pp. 44~45.

이었다. 따라서 시간의 문제일 뿐 미국의 방해에도 불구하고 가까운 시일 내에 핵무기를 만들 것으로 예상됐었다. 게다가 서방국가들이었다.

이런 의미에서 중국의 핵개발은 핵확산 역사에서 중대한 사건이었다.

중국 핵개발은 언제부터 구체화됐을까. 물론 1945년 히로시마, 나가사키에 떨어진 핵폭탄 2발로 일본군국주의가 단번에 항복한 장면을 목격한 마오쩌둥의 뇌리에 핵무기가 각인됐다.

마오쩌둥은 1946년 인도 총리 네루를 만났을 때는 "중국 인구가 얼만데"라며 미국의 원자폭탄을 '종이호랑이'로 비유했을 정도로 미국의 핵위협도 대수롭지 않게 여겼고, 자국의 핵 개발에도 큰 관심을 두지 않았다고 한다. 하지만 한국전쟁을 거치면서 중국 지도부의 생각은 바뀌었다. 미국의 핵 위협에 맞서기 위해서는 핵무장이 불가피하다는 인식이 자라나기 시작한 것이다. 마오쩌둥은 한국전쟁 참전 결정을 내렸던 1950년 10월 "우리가 원자폭탄을 가질 때 비로소 전쟁광이 우리의 정당하고 이성적인 요구에 귀를 기울이게 될 것"이라고 말했다.

실제로 1953년 11월에 작성된 미국 합참 문서에 따르면, 당시 미국의 목표는 핵 공격을 통해 "한반도와 극동에서 중국의 추가적인 도발 능력을 제거"하는데 맞춰졌다. 또한 이듬해 1월 NSC는 인도차이나 전략을 승인하게 되는데, 한반도에서와 마찬가지로 중국이 이 지역에 군사적으로 개입하면, 개입과 직접 관련이 있는 중국의 군사력을 파괴하기 위해 해공군 작전에 돌입한다는 것이었다. 이와 관련해 미국의 전략공군사령부(SAC)의 르메이(Curtis E. LeMay) 사령관은 "한반도에는 전략적 목표물이 없지만, 중국, 만주, 러시아 동남부 등에 몇 개의 핵폭탄을 투하할 수 있다"고 엄포를 놓았다.

한국전쟁이 끝난 다음해인 1954년 베이징에서 열린 중·소 정상회담에서 마오쩌둥은 후루시초프에게 핵무기 개발 지원을 요청했다.[04] 미국의 끊임없는 핵위협에 시달리고 있던 중국의 사정을 감안해 소련이 적극적으로 대응해달란 요구였다. 하지만 후루시초프는 거절한다. 핵우산 제공을 하는 소련의 역량을 믿어달란 것이었다. 또 핵개발 때 투입되는 재원의 규모가 어마어마하다는 점을 들어 중국까지 핵개발에 나서지 말라는 조언도 곁들인다. 소련의 의도는 어찌보면 간단했다. 미국과 소련, 그리고 영국으로 국한되는 핵무기 독점적 우위를 지키고 싶었던 것이다.

하지만 영국에 이어 프랑스까지 핵실험에 성공하고 핵무장에 나서자 중국은 더 이상 소련에 의지하지 않고 독자적인 핵개발에 나선다. 1955년 1월 마오쩌둥은 극비 진행된 중국 공산당 중앙서기처 확대회의에서 핵개발 착수를 결정했다.

소련도 영국에 이어 프랑스까지 핵개발에 성공하자 더 이상 중국의 간청을 뿌리치기 어려운 처지에 몰린다. 특히 스탈린 사후 소련 내에서 후루시초프 파와 스탈린 파가 대립할 때 중국이 후루시초프를 지지한 것이 주효했다.

이에 1957년 12월 소련은 중국과 핵 전문가 상호파견과 공동개발협력을 골자로 한 양국 간 신기술협정을 맺는다. 여전히 소련은 소극적이었다. 특히 중소 분쟁의 발발로 소련은 아예 핵개발 지원을 중단했다.

미국의 움직임도 있었다. 1960년대 들어 중국의 핵 개발 움직임을 예의주시했던 미국은 중국이 핵보유 문턱에 접근하자 대응책 마련에 부심

---

04 조성렬, 앞의책(2017), pp. 212~213.

했다. 케네디 행정부는 "중공이 핵무기를 손에 넣으면 세계 정치를 뒤흔들 것이기 때문에 미국과 서방 국가들에게는 결코 받아들일 수 없다"고 여겼다. '중국 핵문제 해결'은 케네디 행정부의 외교정책의 최대 숙제로 부상했다. 일각에서는 중국 핵시설에 대한 선제공격론이 제기되기도 했지만, 초점은 외교적 해결로 맞춰졌다. 중국에 가장 큰 영향력을 갖고 있는 나라, 즉 소련 역할론이 부상했다. 소련으로 해리슨 국무차관을 보냈다.

중국의 핵개발이 가속화되자 대만의 로비도 치열해졌다. 장제스 총통은 아들인 장칭궈를 워싱턴으로 보내 중국에 대한 무력 사용을 요청했다. 그러나 케네디 행정부는 무력 공격이 중국과 소련을 밀착시킬 것이라며 난색을 표했다.

결국 중국은 1964년 10월 신장위구르 자치구 지역에서 고농축우라늄을 이용해 첫 번째 핵실험을 실시했다. 여기서 그치지 않았다. 1966년 두 차례의 중폭핵분열탄 핵실험을 거쳐 1967년 12월 제5차 핵실험에서 수소폭탄의 실험에까지 성공했다. 32개월 만에 이뤄진 원자폭탄(핵분열) → 수소폭탄(핵융합)은 핵보유국 가운데 최단기간에 통과한 기록이다.[05]

중국은 자국의 핵무기 개발이 미·소 양대 초강대국의 패권에 대항하기 위한 것이며 자위를 위한 핵은 허용돼야 한다는 논리를 펼쳤다. 중국에 이어 인도와 파키스탄, 그리고 그 이후 중동국가와 남아공, 북한 등이 핵개발에 나선 논리를 제공한 셈이다.

---

05 조성렬, 앞의 책, p. 213.

마오쩌둥은 김일성의 핵개발을 말렸다

재미있는 얘기 한 대목을 소개한다. 애초에 중국은 소련이 중국의 핵개발을 반대한 논리를 그대로 동원해 북한의 핵개발에 반대하거나 소극적이었다.

1964년 10월 중국의 첫 핵실험 성공 직후 김일성은 중국을 방문한다. 마이니치 신문의 보도에 따르면06 마오쩌둥은 베이징을 찾은 김일성에게 "중국은 인구도 많고 나라도 크다. 체면이 필요하다. 그래서 핵실험을 했다. 북한은 그럴 필요가 있나"라고 했다고 한다. 마오쩌둥은 핵실험 책임자까지 불러서 김일성이 보는 앞에서 "이번 핵실험에 들어간 돈이 얼마냐"고 물었다. 이 책임자는 20억 달러라고 수치를 거론했다. 이는 당시 같은 해 열린 도쿄올림픽 전체 예산(28억달러)의 3분의 2가 넘는 큰 돈이었다.

하지만 생존을 위한 한방의 위력은 너무나 매력적이었다. 김일성은 결국 중국이 그랬던 것처럼 생존을 위한 '한(恨)의 핵개발'에 매진한다.

---

06 2016년 1월 12일 보도 내용. 마이니치 신문은 북한의 3차 핵실험 직후인 2013년 2월 노동당 내부 강연회에서 한 당간부가 청중에서 마오쩌둥과 김일성의 대화내용을 소개하면서 "마오 주석이 살아있었다면 북한이 핵개발을 환영하지 않았을 것"이라고 말하면서 "(하지만) 중국도 핵미사일을 개발해 군사력을 강화한 뒤 경제발전에 힘썼다"며 "우리가 핵과 위성 로켓을 가지는 게 경제 건설과 인민 생활 향상에 유리한 정세를 만들어 낸다"고 말했다고 보도했다.

3. NPT 핵과점 체제, 후발국가들의 도전과 비애

5대 핵보유국들은 자신들만의 과점체제를 유지하기 위한 틀을 만들어낸다. 1968년 탄생하여 1970년 발효한 핵확산금지조약(NPT) 체제가 그것이다. NPT는 당초 25년이면 목표를 달성할 것으로 생각했지만 1995년 회원국들의 합의에 의해 레짐의 연장이 결의됐다.

NPT는 회원국을 1967년 기준 5대 핵보유국, 그리고 나머지 모든 핵비보유국으로 분리해 각각의 의무를 규정했다. 그 내용은 매우 이상했다. 핵보유국은 핵비보유국에 핵무기와 그 부품 및 제조기술을 제공하지 않을 의무만 가진 반면에 핵비보유국은 핵보유국으로부터 핵무기나 그 제조기술을 이전받지 못할 뿐 아니라(제2조), 자체적인 핵무기 개발로 할 수 없도록 했다. 또 이를 검증하기 위해 IAEA와 안전조치협정(Safeguard Agreement)을 체결하고 빈번한 핵사찰을 받아야 한다(제3조). 이를 위반할 경우 제재를 받게 되어있다.

불평등한 협정이었지만 창립 당시 43개국이었던 회원국들이 현재는

핵확산금지조약(NPT) 가입국 현황

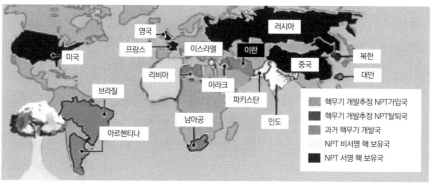

출처: 연합뉴스.

189개국으로 불어났다.[07]

　강대국들의 압박에 시달리는 약소국들은 "우리도 한방을 갖자"는 염원을 감출 수 없었다.

　게다가 NPT 협정은 작심하고 이를 어기면서 핵개발을 시도할 경우 실효적으로 이를 강제할 수 있는 통제장치는 없는 것이 가장 큰 구멍이었다.[08] 그래서 NPT체제는 후발 핵개발국가들의 도전을 받아왔다. 특히 인도와 파키스탄, 이스라엘, 쿠바 등 4개국은 처음부터 NPT에 가입하지 않

07　박기덕·이상현,『북핵문제와 한반도 평화체제』(성남: 세종연구소, 2008), p. 11. 북한의 지위가 NPT 회원국 인지 여부는 여전히 논란거리다.

08　박민·원재천·전은주, "핵확산금지조약(NPT) 실효성 강화를 위한 국제법적 고찰-NPT 제10조 및 탈퇴국의 의무와 책임을 중심으로,"『국제법학회논총』제66권 1호(대한국제법학회, 2021), pp. 71~95.

았다. 그 자체가 강력한 핵개발의 의지를 드러낸 것이었다. 후발 핵개발 국가들의 공통적인 동기는 자국 주변의 주적으로부터 핵억지력을 확보하는 것이다.

사실 핵무기 개발을 위한 기술적 변수는 1970년 이후에는 크게 문제가 되지 않았다. 마이어(Stephen M. Meyer)는 핵무기 개발 동인에 대해 기술적 역량(기술이론)과 그것을 요구하는 정치·군사적 상황(동기이론)이 결합될 때 추진된다고 했다. 따라서 핵개발을 포기시키려면 동기의 해소에 중점을 둘 것을 강조했다.[09]

윌리엄 포터(William C. Potter)는 1982년 한 국가의 핵무장에 영향을 미치는 동인들을 분석하면서 기술적인 면에서 핵무장 능력을 구비한 국가들은 결국 핵무장을 시도하게 된다고 했다. 즉, 한 국가가 기술적 요인을 확보하고 나면, 상황적 변수는 촉진요인으로 작용하며 유인요인이 억지요인보다 더 강할 경우 핵무장을 결정한다는 것이다.[10]

1945년 미국에 의해 첫 핵실험이 성공할 때부터 1991년 냉전체제 붕괴 전까지의 시대를 제1차 핵시대로, 그리고 그 이후의 시대를 2차 핵시대로 구분한다.

후발국가들 관점에서 봤을 때는 1970년대와 1990년대라는 시기적인 구분이 가능하다. 1970년대 시도됐던 후발국가들의 비밀 핵개발 도전은

---

09 Stephan M. Meyer, *The Dynamics of Nuclear Proliferation* (Chicago: University of Chicago Press, 1984), pp. 9~16.

10 William C. Potter, Nuclear Power and Nonproliferation: An Interdisciplinary Perspective, 국방대학원 역, 『핵개발과 핵확산 금지정책』 (서울: 국방대학교 대학원, 1983), pp. 150~171.

대부분 미국에 의해 좌절되는데 그 아픔은 여전히 전설처럼 전해져오고 있다. 한국은 물론이고 일본, 대만도 예외는 아니었다.

NPT 서명국 가운데 조약 정신을 위배하고 비밀리에 핵 프로그램을 추구해 왔거나 추구하는 것으로 의심받은 사례로 1991년 걸프전 이전 사담 후세인 이라크 정권, 그리고 북한, 이란, 리비아, 시리아 등이 이에 포함된다.

1988년 핵 프로그램을 자진 중단한 아르헨티나와 브라질은 민주정권이 전임 군사정권 때부터 추진해 온 핵 프로그램을 중단했다. 남아공의 경우 비밀리에 소수의 핵탄두를 개발했으나 1991년 NPT에 가입한 후 자발적으로 핵무기를 포기했다. 또 옛 소련에서 독립한 신생국 우크라이나, 벨라루스, 카자흐스탄은 소련 해체 후 국제사회의 신뢰를 얻기 위해 소련 시절 자국에 배치됐던 핵무기를 자진 반납했다.

2차 핵시대를 상징하는 국가들이 바로 인도, 파키스탄, 이스라엘이다. 아예 NPT에 서명하지 않은 채 핵개발에 성공했기 때문에 NPT 체제 내에서 적절한 제동을 걸 수도 없었다. 다만 미국과 유엔 시스템을 통한 제재가 가해졌지만 끝내 막지 못했다. 이제 이 세 나라는 '사실상 핵보유국'으로 인정받고 있다. 2차 핵시대가 이어지는 가운데 어떤 나라가 그 뒤를 이을 것인지가 관심사가 됐다. 현재로서는 북한과 이란이 '후보(?)국'이다. 새로운 핵보유국의 등장으로 인해 국제 핵질서가 유지될 것이냐, 대혼란을 일으킬 것이냐를 주제로 한 낙관론자와 비관론자 간 시각이 다르다.

비관론을 대표한 세이건(Scott D. Sagan)은 신흥 핵보유국들이 적대국가와 인접해있고 정치적으로도 불안한 체제를 유지하는 국가들이라 핵전

쟁의 위험성을 높인다고 우려했다.[11] 그래서 그는 후발 핵개발국가들의 동인을 자세히 분석했다.[12]

반면 낙관론을 강조한 왈츠(Kenneth Waltz)는 수평적 핵확산이 이뤄지더라도 반드시 불안정을 초래할 것으로 겁먹을 필요는 없다고 주장했다. 오히려 P5 국가들처럼 합리적으로 핵을 운용하면 전쟁의 발발을 어렵게 한다고 설명했다.[13] 또 왈츠는 소규모의 핵전력을 가진 국가라도 핵무기를 다량 보유한 핵무력 국가를 억지(최소억지)할 수 있다고 했다. 핵억지력의 새로운 진화다. 또 무정부적 국제체제에서 자위를 위해 핵무기를 추구할 경우 누구도 이를 막을 수 없다고 강조했다.

2차 핵시대의 핵확산이 비관적인지, 낙관적인지를 떠나 중요한 것은 이미 새로운 핵확산 시대가 도래한 것이며, 세계는 북한을 주목하고 있다는 점이다. 북한은 핵확산 역사에서 매우 특이한 국가이다. 비핵화 협상을 진행하면서도 끝내 핵능력을 완성했다. 또 이스라엘과 인도, 파키스탄 등 과거 사실상 핵보유국이 된 나라와 달리 2020년대 미국과 중국이 패권경쟁을 벌이는 시기에 핵보유국이 되려는 행보를 하는 시기적 차별성도 있다. 특이한 북한의 사례는 향후 핵비확산 체제의 미래와도 직결된 사안으로 학계의 관심이 매우 높다.

---

11 Scott D. Segan, "Perils of Proliferation, Organization Theory, Deterence Theory and the Spread of Nuclear Proliferation," *International Security*, 18-4(1994). pp. 71~72.

12 Scott D. Sagan, "Why Do States Build Nuclear Weapons?: Three Models in Search of a Bomb," *International Security*, 21-3(1996), pp. 54~86.

13 Kenneth Waltz, "The Spread of Nuclear Weapons: More Maybe Better," *Addelphi Paper*, 91-4(2012), p. 5.

이로 인해 북한의 핵개발 의도와 목적에 대한 담론이 이어져 왔다.[14] 담론의 흐름을 보면 시기적 특징이 있다. 대략 제2차 세계대전 종식 이후 냉전체제 붕괴 이전까지(김일성 시대), 그리고 북한의 핵개발 착수이후 제네바 합의와 이후 2003~2008년 6자회담과 그 이후까지(김정일 시대), 핵무력 완성으로 질주한 현재까지(김정은 시대)로 구분해 북한의 핵전략에 대한 탐구가 진행됐다.

한국 일본 대만의 핵개발은 왜 좌절했나

같은 민족이 살고 있는 한반도 남쪽에서는 핵개발 시도가 없었을까. 결론부터 말하면 한국도 한 때 '자주국방'의 기치를 내걸고 핵무기를 만들려는 꿈을 키웠던 적이 있었다. 그런 정서가 잘 녹아들어 있는 책이 소설 『무궁화꽃이 피었습니다』이다. 물론 실패한 역사다. 특히 비밀 핵개발 프로젝트를 밀어붙인 박정희 전 대통령은 1979년 측근인 김재규 중앙정보부장의 총탄에 의해 세상을 떠난다. 이 과정에서 미국 중앙정보국(CIA)가 개입됐을 것이라는 의혹이 아직도 회자된다. 그리고 많은 언론에서 그 이면의 얘기를 상세히 파헤치고 있다.[15]

---

14 핵담론은 속성이 불분명한 개념이다. 흔히 핵담론은 구체적 정책방향에 대한 핵담론과 일반적 정책필요성에 대한 핵담론 두 가지 종류로 나누어 볼 수 있다. 북한 핵문제에 있어서의 담론의 사전적 의미 등은 국제정치이론적 함의(행위자인 북한 정권의 말의 의미)를 추적한 구갑우의 연구를 기본 개념으로 삼는다. 구갑우, "제2차 북미 핵협상의 담론적 기원: 2002년 10월 3일~11월 26일, 말의 공방과 담론의 생태계," 『한국과 국제정치』 제30권 4호(극동문제연구소, 2014), pp. 198~201.

15 대표적인 기사로 다음이 있다. 강양구, "'무궁화꽃이 피었습니다'는 어떻게 파괴됐나", 『프레시안』, 2004년 9월3일. 이 기사에는 『월간조선』 2003년 8월호를 인용해 오원철 당시 청와대 제2경제수석(중화학 공업 및 방위산업 담당)이 박정희 대

1970년대 중반부터 박정희 정권이 핵무기 개발을 위해 핵심기술 도입을 시도하는 과정에서 미국과 겪은 갈등은 매우 흥미진진하다. 미국은 박정희의 비밀 핵개발 프로젝트를 막기 위해 모든 수단을 동원했다. 하지만 박 대통령은 핵무기 개발 계획을 포기하지 않았다. 미국의 눈을 피해 핵연료 재처리 시설을 확보하는 사업은 1976년 1월 말 '화학처리 대체사업'으로 바뀌었고, 서울에서 멀리 떨어진 대덕에 개발을 위한 별도의 공단을 1976년 12월 만들었다.

외교부가 30년이 지난 외교문서를 공개하고 있는데 필자는 몇 년 전 그 문서에서 박정희 정권과 카터 미 행정부와의 갈등의 속사정을 적나라하게 본 적이 있다. 박정희 사후 등장한 전두환 정권은 미국에 핵무기 개발계획의 포기를 약속했다. 대신 전력 생산을 위한 원자력 발전에 치중한다. 현재 우리나라에는 원자력발전소가 여러 개 가동 중이다. 그래서 우리도 항상 핵 개발의 가능성을 의심 받는다. 물론 국제원자력기구(IAEA)가 철저하게 감시한다. 울진에 있는 원자로에 직접 가보니 원자로나 냉각시설 등에 IAEA라는 명기가 선명한 봉쇄장치가 곳곳에 붙어 있었다. 물론 폐쇄 카메라로 모든 작업 장면이 찍혀 제네바에 있는 IAEA에 모두 보고 있다.

1990년대 이후 북한 핵문제가 불거질 때마다 원자력 과학자들과 깊은 얘기를 하곤 했는데 이들은 "북한 핵무기는 통일되면 우리 것 아니냐?"는 농담을 자주 건네곤 했다. 단순하게 말하면 한국과 북한의 차이는 어쩌면 단순하다. 철저히 폐쇄돼 있는 북한 사회의 특성상 북한은 비밀리에 핵 개발을 추진할 수 있었지만 한국은 그렇지 못했다는 점이다.

일본은 샌프란시스코 조약 체결 이후 철저하게 미일 동맹의 하부구조로 존재한다.

통령에게 보고한 A4용지 9장 분량의 〈원자 핵연료 개발 계획〉이라는 비밀 계획서 내용이 나온다. 이 계획서는 핵무기의 종류 및 우리의 개발 방향, 핵무기의 비교, 플루토늄 생산 과정, 우리나라의 핵물질 보유를 위한 개발 방향 등의 목차로 구성됐으며, 결론적으로 "과대한 투자를 요하지 않고 약간의 기술도입과 국내 기술개발로 생산이 가능한 플루토늄탄을 택하는 것이 타당하다"며 "1980년대 초 고순도 플루토늄탄을 완성할 것"을 담고 있다.

핵개발은 꿈에도 못 꾸고 미국의 핵우산 속에 경제재건에 주력한다. 그렇다고 핵야망을 완전히 버린 것은 아니었다.

1급 전범으로 마땅히 사형을 당했어야 하지만, 미국이 사형집행 직전에 극적으로 살려주어 전후 일본을 미국의 요구대로 재건하는 임무를 맡긴 기시 노부스케(岸 信介) 일본 총리는 1957년에 "현행 헌법 아래서도 자위를 위한 핵보유는 용인된다"고 하면서 핵야망을 드러냈다. 그는 "자위를 위해 핵을 보유하는 것은 합헌"이라고 말했다.

일본이나 그 뒤의 후원국인 미국이 의식한 상대 적국은 당연 중국이었다. 1961년 11월, 이케다 하야토 총리는 일본을 방문한 딘 러스크 미 국무장관에게 "내각 안에 핵무장론자가 있다"고 말했다.16 회담에서 러스크 국무장관은 중국이 1~2년 안에 핵시험을 할 수 있다고 말했는데, 그 말을 들은 이케다 총리는 중국의 과학수준과 경제수준을 보면, 핵시험은 불가능하지 않지만 (실전에 사용될) 핵무기를 만드는 것은 먼 미래의 일이라고 생각한다고 말했다.

그러나 이는 오판이었다. 1964년 10월 16일 반서방진영에서는 최초로 중국이 신장 위구르의 사막지대에서 농축 우라늄 핵실험에 성공했다. 바로 그날은 도쿄 올림픽이 열리던 기간이었다. 일본이 강력히 반발한 것은 말할 것도 없다.

일본은 다급했다. 1964년 12월 사토 에이사쿠 총리는 에드윈 라이샤워 주일 미 대사에게 "타인이 핵을 가지면 자신도 가져야 한다는 건 상식"이라고 말했다. 사토 총리는 기시 노부스케 총리의 동생이다.

일본의 핵야망이 꿈틀거리자 미국은 그것을 억제하기 위해 '핵우산' 공약을 확인해 주어야 했다. 1965년 6월 미국 군비관리군축국에서 '일본의 핵무기 분야에 관한 전망'이라는 45쪽 비밀보고서가 작성됐다. 이 문서는 2004년 5월 10일 비밀해제 됐다. 골자를 보면 다음과 같다.

- 1971년이면 핵실험이 가능하다.

16　2014년 7월 24일 일본의 〈NHK〉가 기밀해제된 일본 외교문서를 토대로 보도한 내용이다.

- 1971년까지 연간 30개의 핵무기를 제조할 능력이 있다.
- 1975년까지 핵무기 탑재 대륙간 탄도미사일(ICBM)을 연간 100기 개발할 수 있다

미국은 1969년 11월 19일 워싱턴에서 진행된 미일정상회담에서 일본과 핵밀약을 체결했다. 일본은 미국의 핵우산 확약에 비핵 3원칙으로 호응한다. 1967년 12월 사토 총리는 일본 국회 답변 중에 이른바 '비핵3원칙'이라는 것을 언급하면서 일본은 핵무기를 보유하지 않고, 반입하지 않고, 만들지 않겠다고 선언했다.

그럼에도 현재 일본은 핵무기를 보유하고 있지는 않지만 핵무기를 보유할 수 있는 이른바 '잠재적 핵능력'은 완벽하게 갖춘 나라로 분류된다.
일본은 원자로에 사용되는 농축우라늄을 만들 수 있는 원심분리기와 연(年) 800t에 달하는 사용후핵연료(spent fuel) 재처리 능력을 갖고 있다. 또 우라늄 핵폭탄과 플루토늄 핵폭탄을 만들 수 있는 모든 기초 시설을 갖고 있다. 일본은 NPT체제가 인정하고 있는 5대 핵보유국 이외에 세계에서 유일하게 플루토늄 생산을 위한 재처리가 허용된 나라이다
지난 2011년 9월 일본 내각부 보고에 따르면 현재 일본은 국내에 6.7t, 영국과 프랑스의 재처리공장에 맡긴 23.3t 등 모두 30t의 플루토늄을 보유하고 있다. 무기급인 고순도(90% 이상) 플루토늄을 기준으로 계산한다면, 일본은 현재 나가사키에 투하됐던 핵폭탄과 동급의 핵폭탄을 약 10,000개를 만들 수 있는 플루토늄을 보유하고 있다.
일본은 또 다른 핵무기 원료인 농축우라늄도 2011년 기준 1200~1400㎏을 보유하고 있다. 현재 일본이 보유한 농축우라늄 모두가 고농축우라늄인 것은 아니다. 그러나 핵무기 제조에 있어서 고급기술을 보유하고 있는 일본의 경우, 50% 내외의 중간단계 농축우라늄만으로도 얼마든지 핵무기를 만들 수 있다. 일본은 이러한 농축우라늄을 만드는 대규모 농축시설을 2개나 운영해오면서 농축분야의 최고기술을 보유하고 있다.
탄도미사일 분야에서도 일본은 최고 수준의 기술과 능력을 보유하고 있다. 일본은

지구 저궤도에 16t짜리 인공위성을 올려놓을 수 있는 능력을 갖추고 있다. 일본은 '평화'라는 미명하에 핵무장에 필요한 모든 능력을 조용히 구비해 놓았다.

북한의 핵무장이 완성된 현재 일본 내에서도 한국 만큼이나 자체 핵무장 주장이 봇물을 이루고 있다. 얼마 전 사망한 아베 신조 전 총리는 관방 부장관이던 2002년 5월 13일, 와세다 대학교 공개강연에서 "일본이 원자탄을 갖는 건 헌법상 아무 문제가 없다"면서 "결심하면 1주일 이내에 핵무기를 가질 수 있다"고 말한 적이 있다.

대만의 경우도 슬픈 영화와 같은 핵개발 좌절사가 있다. 대만의 핵개발 좌절 스토리를 풀어헤치면 장편소설로도 부족하다.

1964년 10월 16일 중국이 핵실험에 성공하자 장제스는 경악했다. 절치부심하던 본토 수복은커녕 대만의 안위를 걱정해야 하는 처지로 몰렸다. 그래서 1967년부터 추진한 프로젝트가 '신주계획(新竹計畫)'이다. 미국 등에서 공부하던 대만 출신 과학자들이 대거 참여했다. 마치 한국의 대덕단지 같은 과학기술의 요람이 신주과학산업단지(HSP)였다. 대만의 비밀 핵개발은 묘하게도 박정희가 죽은 1979년에 큰 진전을 이뤘다. 1979년 7월, 대만 제1기 원전 진산(金山)이 상업운용을 시작했다. 2년 후 제2기 원전 궈성(國聖)도 터빈을 돌리기 시작하는 등 대만 원자력 공업은 진일보했다. 원전 상업운용은 핵무기의 원료 확보가 기술적으로 가능함을 의미했다.

미국은 대만의 핵 개발 계획을 주시하면서도 방관하는 자세를 유지했다. 장제스의 아들인 장징궈 총통도 미국을 두려워했다. 철저하게 '핵의 평화적 이용' 원칙을 지키는 노력을 과시했다. 그러나 대만 군부는 중산과학연구원을 발판으로 비밀 핵개발 프로젝트에 박차를 가했다. 1987년 대만 국방부의 판단으로 최장 1~2년, 최단 3~6개월 내 전술 핵무기 개발이 가능한 수준에 도달했다. 주펑기지에서 행한 고폭 실험은 모두 성공했다.

그러자 미국 CIA가 움직였다. 1988년 1월 중산과학연구원에서 핵개발 프로젝트를 책임지던 장셴이(張憲義)일가를 미국으로 몰래 데려가 대만의 비밀 핵개발 프로젝트를 의회 청문회에서 폭로하도록 했다. 장셴이 포섭 과정에 주요 인물로 등장하는 이가 바로 미국재대협회 타이베이 주재 대표인 제임스 릴리(훗날 주한 미국대사 재임)였다. 중국 칭다오(青島) 태생인 릴리는 한국과 대만, 일본 등에서 CIA 공작원으로 활약했다.

장셴이의 극비 도미로 인해 대만은 핵개발 프로젝트를 포기해야 했다. 오죽했으면 장셴이 도주 사건을 알게된 장기 와병 중이던 장징궈는 충격과 분노를 이기지 못하고 1988년 1월 13일 토혈(吐血) 후 숨을 거뒀다고 한다. 한국에서나 대만에서나 미국 CIA가 등장하는게 우연의 일치일까.

왜 '한반도 핵균형론'인가

1. 북한의 핵보유국화를 초래한 원인은?

　　지난 30년간 세계 최강 미국은 북한의 핵개발을 막기 위해 온갖 노력을 다했지만 북한은 끝내 핵무력 완성이라는 목표를 사실상 달성했다. 미국은 북한의 핵개발을 막지 못한 것일까, 아니면 막지 않은 것일까.

　　미국과 소련, 영국, 프랑스, 그리고 중국을 마지막으로 핵무기를 보유한 강대국들은 그들만의 핵과점 체제인 NPT 체제를 구축하고 다른 나라들은 핵무기를 갖지 못하게 했다. 후발 핵개발국들은 비밀리에 핵무기 개발을 추진했지만 인도와 파키스탄, 그리고 이스라엘을 제외하고는 대부분 미국의 압박 속에 꿈을 이루지 못했다. 이제 북한이 새로운 핵보유국의 꿈을 꾸고 있다. 북한이 '사실상 핵보유국'이 된다는 것은 같은 한반도에 사는 우리에게 어떤 의미일까.

　　흔히 '핵에는 핵으로 대응할 수밖에 없다'고 한다. 한국정부가 지난 30년간 금과옥조처럼 견지해온 '한반도 비핵화' 정책은 이제 종언을 고한 것일까. 물론 미국의 핵우산이라는 억지체제가 가동한다고 하지만 대한민국의 안전을 온전히 지켜낼 수 있을까. 게다가 북한은 이미 미 본토까지 사정권에 둘 수 있는 핵미사일 개발까지 거의 성공한 상황이다. 이렇게 보면 현재 한국의 안보는 한국전 이후 최대의 전환기에 진입했다고 봐야 한다.

북한이 핵무력을 완성한 상황에서 한국도 기존의 한반도 비핵화 정책과 다른 안보 패러다임을 모색해야 한다는 문제의식을 가져야 할 때다. 이를 위해서는 현실에 대한 냉철한 분석이 선행돼야 한다.

북한이 핵무력 완성을 실현할 수 있었던 구조적 원인은 과연 무엇일까. 미국과 중국 관계의 역동성에서 찾아야 한다고 본다. 미국과 중국 관계는 북한 핵문제가 불거지고 현재에 이르는 지난 30년간 매우 극적인 변화의 흐름을 보였다.

탈냉전 이후 미국은 유일한 초강대국으로 부상해 국제질서를 주도했고, 중국도 어느 시점까지 대체로 순응했다. 2001년 세계무역기구(WTO) 가입에서 보듯 미국이 주도하는 국제경제체제에 적극 참여했다. 하지만 중국의 국력이 급성장하면서 미중 관계의 기본축이 바뀐다. 미중 양국은 이제 세계 패권을 놓고 한판 대결을 벌이는 숙명의 경쟁을 하게 됐다.

미국과 중국의 전략경쟁은 2017년 트럼프 미국 대통령의 등장 이후 더욱 가열됐다. 양국은 전방위적으로 충돌하면서 과거 미국과 소련이 맞붙었던 냉전과 같은 대결을 펼치고 있다.

미·중 패권경쟁은 북한의 핵보유국화를 현실화하는 '구조적 환경'으로 작용한다는 것을 전략적 삼각관계의 변화상으로 검증해보는 것은 이 시점에서 시의성이 있다.

국제질서 지배국(미국)과 도전국(중국)의 관계로 바뀌면 필연적으로 전쟁과 같은 치열한 경쟁을 벌인다. 실제 미국과 중국 사이에는 현재 안보는 물론이고 경제, 무역, 산업기술과 문화에 이르기까지 전방위적 충돌이 벌어지고 있다.

미국과 중국 사이에 놓인 중견국이나 약소국들은 지배국에 편승하기도 하고 도전국의 현상변경 시도에 동조하기도 한다. 특히 역사상 발견되는 세력전이 과정을 보면 동맹이 미치는 영향이 매우 컸다.[01] 도전국은 지배국에 맞서기 위해 주변 동맹국과 힘을 합치려고, 반대로 지배국은 도전국을 압박해 굴복시키는데 동맹국들을 줄 세울 수 있다. 북한으로서는 지배국(미국)과 도전국(중국) 사이에서 지배국에 편승하느냐, 도전국의 현상변경에 가세하느냐는 선택을 할 수 있는 상황이 된 것이다.

미국은 세계 지배국의 위상에 도전장을 내민 중국을 견제하는 모든 수단을 동원하는데, 북한 핵 문제도 예외가 아니다. 물론 미국은 북한의 핵보유를 인정할 수 없으며, 한반도 비핵화라는 정책 목표 달성을 포기하지 않는다고 공언하고 있다. 그럼에도 미국은 북한핵의 위협을 활용해 중국을 압박하는 새로운 경향을 노출한다.

더 나아가 미국으로서는 중국과 국경을 맞대고 있는 북한을 이른바 '중국 포위전선'에 가세시킬 수 있다면 이를 마다하지 않을 것이다. 베트남과 몽골 및 중앙아시아 국가들과의 관계개선을 서둘렀다. 또 전통적인 동맹인 한국, 일본과는 더욱 동맹의 축을 강화하는데 집중했다. 만일 북한이 북중동맹의 약화를 감수하고 미국에 편승하는 선택을 한다면 이는 미국으로서는 동아시아에서의 세력균형이라는 측면에서 중국에 확실히 우위에 서는 일이 될 것이다.

---

01 Woosang Kim, "Power, Alliance, and Major Wars, 1816~1975," *The Journal of Conflict Resolution*. 33-2 (1989), p. 256.

패권도전국인 중국에게 미국의 새로운 북핵 접근은 큰 도전이다. 중국은 동아시아 세력균형이라는 측면에서 유일하게 남아있는 동맹인 북한과의 관계가 약화될 경우 치명적인 타격을 받을 수밖에 없다. 어떤 일이 있어도 북한이 중국을 방기하고 미국에 접근하는 상황을 용납할 수 없기 때문이다.

이런 중국의 위기의식은 북한이 핵무력 고도화에 주력할 때 과거처럼 미국이 주도하는 대북 제재에 동참하지 않는 결과를 초래했다. 북한과의 관계를 강화하는 게 급선무인 중국으로서는 더 이상 북한 핵문제를 과거의 비확산 이슈로 취급할 수 없다. 오히려 미국에 맞서 세계패권 경쟁을 벌이기 위한 '세력균형'의 시각에서 북한 핵문제를 규정하게 된다. 이 상황에서 완성된 북한의 핵무기를 문제 삼기보다는 미국에 대항하는데 북한과 연대하는 것이 중국에게 급선무가 되는 것이다.

3차 북핵 위기 시기에서 북·미·중 전략적 삼국관계의 속성을 가장 잘 표출한 무대가 싱가포르와 하노이에서 두 차례 열린 북미 정상회담이었다. 북한의 미국에의 편승 가능성, 그리고 미국의 북한 견인 의도, 아울러 북한의 후원자 역할을 한 중국의 모습이 여실히 드러났다.

북한이 영변 핵시설 폐기를 제안하면서 제재 해제 요구를 하는 등 더 높은 상위의 정치적 담판을 제안을 하자[02] 미국은 북한이 받을 수 없는 역제안을 해 결국 회담을 결렬시켰다. 그리고는 북한의 배후에 '중국이 있

---

02 나호선·차창훈, "제재이론과 대북제재 효과에 대한 비판적 검토: 피제재국의 대응을 중심으로." 『동북아연구』 35-1(2020), pp. 43~85.

다'는 식으로 중국을 공격했다.[03]

하노이 북미 정상회담에서 미국이 끝내 파국을 선택한 것은 미국의 전략과 깊은 관련이 있다는 게 본 연구의 인식이다. 트럼프 대통령은 싱가포르 회담 이후 김정은의 태도 변화로 2차 북미회담 개최마저 불투명해질 때마다 "시진핑(習近平) 중국 국가주석이 김 위원장에게 영향을 미쳤을 수 있다"고 말하는 등 줄곧 중국 배후론을 제기했다.[04] 미국의 가장 중요한 상대는 이제 중국이었다. 그리고 하노이 노딜 다음날 트럼프는 중국에 대해 무역 압박을 강화했다.[05]

트럼프에 이어 등장한 바이든 대통령은 한국과 일본 등 핵심동맹국들과 함께 하는 '통합 억제' 전략으로 패권도전국 중국을 압박한다. 그리고 중국 압박을 위해 북한 핵무력의 위협을 활용하는 전술도 구사한다.[06]

3차 북핵 위기의 이런 변화된 속성은 전략적 삼각관계 유형의 변화로 입증할 것이다. 특히 과거 제1, 2차 북핵 위기 때에는 볼 수 없는 새로운 양상이 펼쳐진다. 이런 국면에서 북한은 '핵보유국화'의 길로 나아가는 유리한 상황에 놓이게 된다.

미·중관계의 변화 속에서 북한은 새로운 핵전략을 구사한다. 양국 간

---

03 신범철, "2018~2019 비핵화 프로세스를 통해 본 북한의 전략적 의도 분석." 『전략연구』 26-2(2019), pp. 37~76.

04 『중앙선데이』, 2018년 5월 19일 (트럼프 "김정은, 시진핑 만난 뒤 강경 모드" 중국 배후 의심).

05 이윤영, "트럼프 "중국에 美농산품에 대한 관세 즉각 없애라 요구"",『연합뉴스』, 2019년 3월 2일.

06 이우탁, "미중 전략경쟁과 북.미.중 전략적 삼각관계의 변화-제3차 북핵위기를 중심으로." 『북한학연구』 제17권 1호(2021), pp. 179~181.

충돌 속에 과거처럼 북한의 핵능력 고도화를 통제할 장치가 작동하지 않는 가운데 '사실상 핵보유국'이 되기 위한 전략 행보를 하는 것이다. 지난 30년의 북한 핵의 관점에서 볼 때도 극적인 변화의 과정이다. 세계적 냉전체제의 붕괴 이후 생존을 위해 핵개발에 뛰어든 북한은 1990년대와 2000년대에 걸친 1차, 2차 핵위기를 맞아 미국의 강력한 견제와 압박을 받았으나 이를 뚫고 기어이 사실상 핵보유국 수준의 핵무력을 갖게 됐다.

1980년대 말 냉전체제의 붕괴 이후 체제생존을 위해 핵개발에 뛰어든 북한으로서는 1차, 2차 핵위기 때 이루지 못했거나 유보할 수밖에 없었던 전략적 국가목표를 달성할 공간을 찾은 것이다. 이제 북한은 '핵보유국화'의 길로 나아가는 유리한 상황에 놓이게 됐다. 미·중 전략경쟁의 구조 속에 북한이 앞으로 상당한 기간 동안 핵보유국으로 존재할 가능성이 커진다는 것은 국제 비확산체제의 틀에서 볼 때도 새로운 지평을 열어준다.

또한, 지난 30년간 세계 최강국인 미국이 그토록 막으려 노력했던 북한의 핵개발을 막지 못한 구조와 원인을 들여다볼 수 있는 기회가 된다. 미국과 소련, 영국, 프랑스, 그리고 중국을 마지막으로 핵무기를 보유한 강대국들은 그들만의 핵과점 체제인 핵확산금지조약(NPT) 체제를 구축하고 다른 나라들은 핵무기를 갖지 못하게 했다. 후발 핵개발국들은 비밀리에 핵무기 개발을 추진했지만 인도와 파키스탄, 그리고 이스라엘을 제외하고는 대부분 미국의 압박 속에 꿈을 이루지 못했다. 이제 북한이라는 새로운 형태의 '사실상 핵보유국' 등장을 눈앞에 두고 있다.

이는 한국에게 중대한 안보 위협이다. 이미 북한의 핵무기 확보로 인한 한반도의 핵 불균형 상황에 대한 한국내 불안감은 갈수록 증폭되고 있다. 국제정치학계에서도 북한의 핵보유로 인한 동아시아 핵도미노 현상에 대한 논쟁이 벌어지고 있다.[07] 핵개발을 둘러싼 한국과 일본 내 기류도 변하고 있다.[08]

이렇게 달라진 안보환경 속에서 북한과 숙명의 대결을 해야 하는 한국의 전략적 대응을 고민해야 하는 중대국면이 열린 것이다. 북한이 그러했던 것처럼 미중 전략경쟁의 구조와 환경을 한국도 잘 활용해하는 것을 의미한다. 한국이 추구해야할 새로운 긴급 국가 프로젝트, '한반도형 핵균형' 정책이 필요한 이유다.

---

07 유진석. "케네스 월츠의 핵확산 낙관론과 북한 핵문제." 『한국과 국제정치』 제34권 2호(2018), pp. 37~65.

08 이병철. "한국 핵무장 담론의 새로운 방향 모색." 『국방연구』 제63권 2호(2020), pp. 27~58.

2. 올바른 이해를 위한 이론적 배경

1) 세력전이론

강대국 간의 전략(패권)경쟁을 주요 분석대상으로 하는 세력전이론은 미시건 주립대학의 국제정치학 교수인 오간스키(A.F.Kenneth Organski)가 1958년 소개했다. 이후 꾸준히 진화하고 있다.[09]

세력전이론은 세력균형론에 대한 비판에서 출발했는데,[10] 세력균형론은 국가들 사이의 세력배분이 균형을 이룰 때 국제질서가 안정된다고 보는 반면 세력전이론은 강력한 힘을 가진 지배국가가 국제질서를 유지한다고 전제한다.

오간스키는 국가들의 국력은 세 단계를 거쳐 증강 또는 성장한다고 설명했다. 각 단계들은 '잠재적 국력단계(Stage of Power Potential)' '국력증

---

09 A. F. Kenneth Organski, *World Politics* (New York: Alfred A. Knopf, 1958).

10 세력균형론은 군사력을 국가의 힘의 근원으로 중시한다. 또 국가들은 힘의 균형을 유지하기 위해 동맹의 결성을 도모하려 한다. 동맹이 국제체제의 세력배분에 매우 중대한 영향을 미친다고 본다.

가에의 전환 시기(Stage of Power Transional Growth of Power)' 및 '국력성숙 단계(Stage of Power Maturity)' 등이다.[11] 오간스키는 힘의 강약에 따라 국제체제에서도 서열이나 위계질서가 있다고 보고 이를 피라미드 구조로 이해하기 쉽도록 설명했다.[12]

국제 위계질서 구조

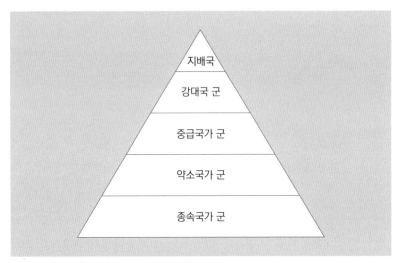

출처: 김우상(2002), p. 380.

---

11 Organski(1958), 앞의 글, pp. 339~344.

12 김우상, "세력전이와 동아시아 안보질서에 관한 경험적 연구," 『한국정치학회보』 제35집 4호(한국정치학회, 2002). pp. 377~378.

이 이론의 주요 변수는 권력과 개별국들의 만족 정도이다. 국력의 크기에 따라 형성된 이 위계질서는 지배국에 의해 유지되는데 그 밑에 있던 강대국의 국력이 증대되면 결국 세력전이를 위한 전쟁(현상변경)이 발생하게 된다는 논리이다.[13] 지배국과 강대국 사이에 놓이는 지역 중급국가나 약소국들은 지배국 편승이나 강대국과 힘을 합쳐 현상변경에 나서기도 한다.[14] 특히 불만족스러운 도전국의 국력이 지배국의 국력을 추월하는 시기를 '전이시기'로 설정하며 이 시기에는 양국 사이에 전쟁(무력충돌) 가능성이 가장 커지는 것이다. 역사적으로 이런 패턴으로 진행된 패권전쟁의 사례들이 분석돼왔다.

구분		세력균형론	세력전이론
국가체제		순수한 무정부상태	어느 정도의 질서 있는 무정부상태 (위계질서 존재)
국가	성격	주요 행위자, 합리적 행위자	주요 행위자, 합리적 행위자
	목표	국력 증대 속의 안정 수용	국력 최대화와 지배권 추구
국가간 생대적국력에 영향 요인		외적 성장(동맹 중요시)	내적 성장(산업화 중요시)
동맹양상	형식	강대국에 대응 균형동맹	지배국에의 편승동맹
	기간	짧으며 유연성이 높음	길며 유연성 제한
주요 관심 국제관계		강대국들 간의 국제관계	지배국과 도전국 국제관계

---

13 Organski(1958), 앞의 글, p. 346.

14 A. F. Kenneth Organski and Jacek Kugler, *The War Ledger* (Chicago: University of Chicago Press, 1981), pp. 19~22. 세력전이론의 중심 가설들을 재정리해 1860년부터 1975년까지의 유럽의 전쟁사를 연구했다.

구분		세력균형론	세력전이론
전쟁	발발 원인	세력균형의 상실	세력균형화 단계의 갈등
	전개 양상	강대국 간 전쟁(또는 강대국에 의한 약소국 침략)	지배국에 대한 도전국의 전쟁
평화(안정의) 조건		세력균형 회복(동맹관계 재조정 등)	지배국 위계질서 유지, 또는 지배권의 평화적 이전
이론의 성격		현상유지 초점 정태적 이론	현상타파 초점 동태적 이론

출처: 자제제작.

세력전이론은 이후 개념이 확대됐다. 지배국과 강대국으로 나누어진 각 진영에 이른바 동맹국이 가세하면서 전선이 확대되는 양상을 분석하는 개념이 등장한 것이다. 이를 동맹전이론이라 부른다.[15] 실제로 과거 세력전이 전쟁의 사례를 보면 동맹국들의 영향을 확인할 수 있다. 도전국이 현상변경을 도모할 때 뜻을 같이하는 동맹국과 연합체를 형성하고, 이를 막는 지배국가도 연합체(Coalition)를 형성한다. 두 연합체간의 힘이 같아질 때 전쟁이 벌어진다.[16] 이런 사례는 제1차, 2차 세계대전을 돌아보아도 쉽게 알 수 있다.[17]

세력전이론에서 충돌하는 두 강대국의 국력 비교가 많이 시도되는데, 특히 계량할 수 있는 국력지표인 경제력이 미·중관계에서 많이 활용된다.

---

15 Woosang Kim, "Power, alliance, and major wars, 1816~1975," *Journal of Conflict Resolution*, 33-2(1989), p. 256.

16 Woosang Kim(1989), 위의 글, pp. 270~271.

17 Woosang Kim, "Alliance Transitions and Great Power War," *American Journal of Political Science* 35-4(1991), p. 849.

대표적으로 국내총생산(GDP) 지표를 들 수 있다. 다음은 미국과 중국 간 경제력 추이를 GDP를 기준으로 비교해본 것이다.

미국, 중국 연간 GDP 추이

	미국	중국	격차 (%환산)	비고
1960	$543,300,000,000	$59,716,467,625	10.99%	–
1972	$1,279,110,000,000	$113,687,586,299	8.89%	–
1989	$5,641,580,000,000	$347,768,051,312	6.16%	천안문 사태
1994	$5,641,580,000,000	$564,324,670,006	7.74%	제네바 합의
2003	$11,458,243,878,000	$1,660,287,965,663	14.49%	6자회담
2008	$14,712,844,084,000	$4,594,306,848,763	31.23%	6자회담 중단
2018	$20,544,343,456,937	$13,608,151,864,638	66.24%	미·중 신냉전

출처: World Bank, and OECD National Accounts data.**18**

2차 세계대전 이후 냉전이 붕괴되는 1980년대까지 양국 경제력 비교는 사실 의미가 없다. 톈안먼 사태가 일어나 정치적으로 중국이 혼란스러웠던 1989년 당시 중국 GDP는 미국의 6% 수준에 불과했다.

북핵 1차 위기를 봉합한 1994년에는 7.74%까지 소폭 올랐다. 1990년대 후반까지 10% 수준에 맴돌았다. 중국은 오간스키의 구분에 따르면 지역 강대국이긴 하지만 지배국 미국의 국제질서에 순응했다. 미국 바이든 행정부의 백악관 국가안보회의(NSC)의 중국 담당 국장으로 지난 30년의 시간 동안 '중국의 대전략'을 연구한 러쉬 도시는 중국이 이 시절에는 동

---

18 World Bank〈www.worldbank.org〉와 IMF〈www.imf.org〉 통계를 바탕으로 재구성.

아시아 지역의 강대국으로 만족했다고 설명했다. 그는 1989년부터 2008년까지의 '도광양회(韜光養晦·능력을 감추고 때를 기다린다)' 시기로 불렀다.[19]

중국은 미국의 힘이 월등하다는 사실을 인정하면서 중국에 대한 미국의 군사·정치·경제적 레버리지를 약화시키는 '약화시키기'를 추진했다. 미군이 중국 근처의 바다를 통제하거나 개입할 능력을 약화시키는 '해양거부' 전략, 지역 기구들에 가입해 미국의 영향력을 정지시키기, 미국의 경제 압박을 피하기 위한 수단으로서 2001년 중국의 세계무역기구(WTO) 가입이 추진됐다.

이후 중국은 급성장한다. 미국도 자국 중심의 WTO 체제에 편입된 중국에 대해 경제적 특혜를 제공하는 등 우호적인 관계를 유지했다. 미국의 경계가 느슨해진 사이 중국은 매년 10%가 넘는 경제성장을 이뤄냈다. 중국 베이징에서 북핵 6자회담이 열린 2003년에는 미국의 14%까지 오른다.

미·중관계의 1차 변곡점은 2008년 글로벌 금융위기를 거치면서 나타난다. 미국을 비롯한 서방국가들은 일제히 극심한 경제침체를 겪었지만 '세계공장'으로 자리매김한 중국은 고도 경제성장을 거듭해 2008년 중국의 GDP는 미국의 31% 수준에 달한다. 2010년 중국은 일본을 넘어 세계 2위의 경제대국이 된다. 이때 비로소 중국의 GDP는 미국의 40%에 도달했다.

2008년 글로벌 금융위기 이후 중국은 미국과의 국력 격차가 축소되었다는 판단 아래 아시아에서 미국의 영향력에 대한 도전을 시작한다. 중

---

19 러쉬 도시, 박민희·황준범 옮김, 『롱 게임: 미국을 대체하려는 중국의 대전략』 (서울: 생각의힘, 2022), p. 49.

국 내부에서 미국 패권에 도전하는 목소리가 공산당 기관지나 관변 연구 단체를 중심으로 조직적으로 제기됐다. 도시는 2009년부터 2016년 사이의 시기를 '유소작위(有所作爲·무언가를 성취하기)' 시기로 지칭한다. 이때부터 중국 외교의 최고 관심은 미국에서 '주변 국가'로 이동했고, "중국의 이웃 지역을 운명공동체로 만들겠다"는 목표로 나아갔다. 이 시기를 대표하는 정책이 AIIB(아시아인프라투자은행) 설립과 일대일로 구상이다.[20]

미국, 중국 연간 GDP

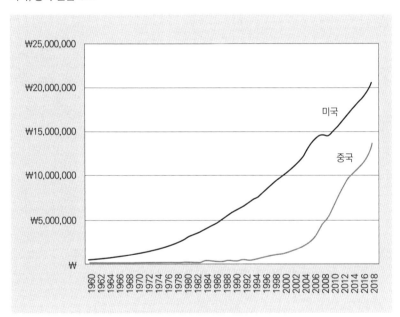

출처: World Bank(세계은행)와 IMF 동계를 바탕으로 재구성.

---

20 러쉬 도시, 박민희·황준범 옮김(2022), 앞의 책, p. 91, 277, 391.

트럼프가 등장한 직후인 2018년 중국의 GDP는 14조 달러를 넘어 20조 달러의 미국의 66%에 달했다. 이렇게 되자 미국과 중국의 경제력 규모가 언제 역전되느냐가 관심사가 됐다.[21] 중국 내에서는 '대전략의 세 번째 단계'가 거론됐다. 중국은 브렉시트, 트럼프 대통령의 당선, 코로나19 대응 실패 등을 미국 쇠퇴의 결정적 신호로 해석하고 글로벌 리더로서 미국을 대체하려는 시도를 공세적으로 추진했다.

2021년 현재 중국의 GDP는 미국의 80% 수준까지 상승했다. 중국의 인구가 14억 명임을 감안하면 미국을 추월하는 것은 시간문제임을 알 수 있다. 즉, 세력전이론에서 말하는 지배국과 도전국의 갈등 양상이 본격화되고 있는 것이다. 중국은 미국이 주도하는 국제질서에 노골적으로 불만을 토로하면서 중국의 위상과 역할을 더 인정해달라는 요구를 하는 데서 더 나아가 미국이 쥐고 있는 패권에 도전하는 것이다. '현대판 황제'로 부상한 중국의 시진핑 국가주석은 일찍이 2014년 미국 캘리포니아에서 열린 미·중 정상회담에서 '신형대국관계'를 강조했다. 이때부터 학계의 관심도 미국과 중국의 대결에 주목했다.[22]

오간스키는 중국의 패권도전 의사와 상관없이 중국은 국가의 구성요소를 감안할 때 충분히 지배국에 도전할 여러 조건을 갖추고 있다고 설명했다. 미어세이머(John J. Mearsheimer)와 엘리슨(Graham Allison)은 결국 중국이 미국에 맞서게 될 것이며, 이는 양국 사이의 전쟁으로 이어질 가능

---

21 코로나 사태 이전 발표한 JCER(Japan Center for Economic Research) 〈www.jcer.or〉의 통계자료 참조.

22 이우탁·박한진, 『프레너미: 한국의 신좌표, 미국인가, 중국인가』 (서울: 틔움, 2016), pp. 17~40.

성이 높다고 내다봤다. 이른바 투키디데스의 함정을 말한다.[23] 미국과 중국의 '전략적 충돌(strategic collision)'은 이제 대세로 굳어지고 있다.

현재 학계는 미·중관계의 미래 전망을 몇 갈래로 나눠서 한다. 현재의 지배국인 미국이 결국 중국을 좌절시키고 세계패권을 그대로 보유하거나, 도전국 중국이 세력전이(현상변경)에 성공해 미국을 제치고 세계 유일의 패권국으로 등장할 수도 있다거나, 양국이 적절한 타협과 절충을 통해 국제질서를 이끌어나갈 것이라는 의견 등이 대표적이다. 어떤 결론이 나든 상당한 기간이 소요될 것으로 보인다.

2) 전략적 삼각관계 이론[24]

삼각관계 이론은 국제사회에서 공존하는 세 국가 사이에 역학작용을 분석하기 위해 사용돼왔다. 같은 시공간에 존재하는 세 국가 사이의 상호작용을 관찰하고 표현하는 이론이다. 삼각관계 양태는 세 강대국, 또는 강대국-강대국-약소국 등 다양한 결합이 가능하다.[25] 캐플로우(Theodore Caplow)는 3국의 힘의 크기에 따른 다양한 관계의 모델을 여섯 가지의 삼

---

23 John. J. Mearsheimer, "China's Unpeaceful Rise," Current History 105~690(2006), p. 160; Graham Allison, *Destined for War: Can America and China Escape Thucydides's Trap?* (New York: Houghton Mifflin Harcourt, 2017), p. 184.

24 이 절의 일부 내용은 이우탁(2021), 앞의 글, pp. 179~215의 내용을 수정·보완한 것이다.

25 신욱희(2017), 앞의 책, pp. 8~9.

각관계 유형으로 제시했다.[26]

삼각관계에 '전략성'을 결합한 학자가 디트머(Lowell Dittmer)다. 그는 1970년 닉슨의 중국 방문 이후 미국과 소련, 중국 간 삼국 관계를 전략적 삼각관계 모델로 분석했다.[27] 기본적으로 동서 냉전기간에 펼쳐졌던 미국과 소련 관계를 설명하는 이론 틀로 출발한 것이었다. 그가 제시한 전략적 삼각관계가 성립하려면 합리적이며 독립적인 행위자인 세 나라 사이에서 두 나라의 관계가 제3의 나라와의 관계에 따라 영향을 받으며, 각 행위자(나라)가 다른 두 행위자들의 연대를 막거나 자국의 국익을 위해 적극적으로 행동해야 한다. 특히 안보문제가 개입돼야 "전략적"이라고 규정했다.

디트머는 국가의 합리적 행동은 2가지 요소인 가치(value) 및 관계(balance)를 바탕으로 이뤄진다고 설명했다.[28] 그리고 3가지 기본 모델을 제시했다.

---

26 Theodore Caplow, "A Theory of Coalitions in the Triad," *American Sociological Review*, 21-4(August, 1956), pp. 489~493. 6개 유형은 다음과 같다. ① A, B, C가 모두 동등한 힘을 보유한 경우 ② A가 (동등한 힘을 가진) B, C보다 힘이 강하지만 압도적이지는 않은 경우 ③ B와 C의 힘이 동등하고 A가 상대적으로 약한 경우 ④ A의 힘이 (동등한 힘을 가진) B와 C의 힘을 합친 것보다 훨씬 강한 경우 ⑤ B와 C의 힘이 다르기는 하지만 합쳐지면 A보다 강한 경우 ⑥ A, B, C 힘이 모두 다르지만, A의 힘이 B와 C의 힘의 합보다 강한 경우. 삼각관계 유형이 이처럼 다양해지는 것은 디트머의 3가지 모델로는 복잡한 국제관계의 속성을 설명하는 것이 너무 단순하지 않느냐는 비판과 관련이 있다. 연인관계 모형을 의인화해서 국제정치에 적용한 삼각관계 이론은 여러 비판에도 그 유용성을 인정받아 다양한 연구에 적용돼 왔다.

27 Lowell Dittmer, "The Strategic Triangle: An Elementary Game-Theoretical Analysis," *World Politics*, 33-4(July, 1981), pp. 485~515.

28 Dittmer(1981), pp. 486~487

첫 모델은 A-B-C 3국이 모두 대칭적인 우호관계 모델로 '3자 공존(또는 삼각경영/삼자동거) 삼각관계'로 불린다. 두 번째 모델은 중추국가 A가 양쪽에 포진한 B, C와 각각 긍정적 관계인 반면 B, C는 서로 부정적인 관계인 '로맨틱(또는 낭만적) 삼각관계' 유형이며, 세 번째는 A와 B, A와 C 관계는 부정적이나 B와 C는 긍정적인 '안정적 결혼 삼각관계' 모델이다. 다른 학자들에 의해 보다 세부적인 모델로 개발되긴 했지만, 여전히 디트머의 세 개의 기본 모형이 많이 활용된다.

디트머의 삼각관계 유형

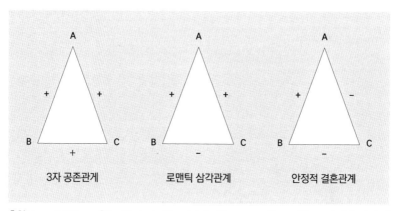

출처: Lowell Dittmer, "The Strategic Triangle: An Elementary Game-Theoretical Analysis," *World Polotics*, *(33-4)* (July, 1981) p. 486. 재구성.

3자공존(또는 삼각경영) 유형은 이상적인 관계를 표현하지만 자주 발견되는 건 아니다. 낭만적(로맨틱) 유형은 삼각관계를 주도하는 주요 행위자가 주도권을 쥘 가능성이 높다. 여기에서 주요 행위자가 약소국이면 이런 관계를 지속하기 위해 다른 양국과 협력하는 데 노력을 기울인다.

안정적 결혼 유형은 버림받은 행위자가 가장 불리한 위치에 놓이는데, 이를 타개하기 위해 도전적이거나 공격적인 태도를 취하는 경향이 있다.[29] 실제 국제사회에서는 적대국과 동맹국이 서로 얽혀있고, 상호 영향을 미치기 때문에 갈등과 협력의 상호의존 메커니즘을 잘 이해해야 한다.

과거의 역사를 보면 동맹국 사이에서 특정한 계기에 '배신'을 하는 사례가 종종 있는데 이 때문에 '포기' 또는 '방기'의 딜레마는 동맹관계에서 상존한다.

전략적 삼각관계 모델은 기본적으로 미국과 소련이라는 패권경쟁국과 제3국 관계를 분석하는 데 유용한 이론이다. 그런 측면에서 제3차 북핵위기 시기 전략경쟁을 벌이는 미국과 중국, 그리고 그 사이에 놓인 북한을 대상으로 하는 분석이 가능하다 하겠다.

우선 합리적 세 나라가 독립된 행위자로 존재하며, 이들은 다른 두 행위자의 행동에 영향을 주고받는다는 점, 아울러 삼각관계 속에서 논의 주제가 안보문제가 대부분이라는 점에서 디트머가 제시한 조건에 충족된다.[30]

미국과 중국이라는 두 강대국과 북한이라는 한 약소국이 개입하는 북·미·중 삼각관계의 경우 국력의 차이를 감안할 때 비대칭 삼각관계라할 수 있다. 강대국과 약소국은 삼각관계에 임하는 태도는 다르다. 그것이 바로 비대칭 삼각관계의 특징이다.[31] 비대칭 삼각관계 속에서 나타나는

---

29   이상숙(2009), 앞의 글, p. 133에서 재인용.

30   이상숙(2009), 앞의 글, pp. 131~133.

31   북한이 과연 약소국이냐에 대해 이론이 존재하기도 한다. 장시영·남궁영, "미중갈등 속 바이든 행정부의 대북정책 전망," 세계지역연구논총』 제39집 4호(한국세계

경향 중에서 '강대국의 부주의(inattention)' 현상이 있다. 강대국들은 특정 지역에 대한 전략보다는 더 큰 세계적 차원의 전략에 고민하다 보니 특정 지역에 대한 전략에 집중하기 힘들다. 그래서 강대국은 국가이익이 침해될 때까지 약소국의 행위에 신경 쓰지 못해 부주의한 모습을 보일 때가 적지 않다는 것이다.[32]

실제 미국에게, 그리고 중국에게 북한문제(그중에서도 북핵문제)는 그들이 관리해야 할 다양한 주제 가운데 일부에 해당한다. 따라서 평소에 특정 이슈에서 북한만큼 집중력을 발휘하기 어렵다.[33] 이런 상황에서 북한은 특유의 '위기조성외교(행위)'를 통해 삼각관계를 흔들 수 있는 공간을 찾는다.

특히 안정적 결혼 유형의 관계가 지속될 경우 북한은 '버림받은 행위자'로서의 불안감을 타개하기 위해, 그리고 두 강대국의 관심을 받기 위해 위기조성행위에 나서는 경향을 보였다.

1차 핵위기 당시의 핵확산금지조약(NPT) 탈퇴나 2차 핵위기 때의 핵실험 강행 또는 장거리 미사일 도발, 그리고 3차 핵위기 때의 수소폭탄 실험 등을 통한 핵무력 완성 선언 등의 행위가 이에 해당한다. 그리고 북한의 위기조성행위는 실제로 북·미·중 전략적 삼각관계에 파장과 변화를 초래했다.

다만 3차 핵위기 때는 그 이전과 양상이 변하는데 미·중관계의 틀이

지역학회, 2021), pp. 25~81.

32 이상숙(2009). 앞의 글, p. 134.

33 신욱희, "다자주의의 동아시아 적용의 문제," 『한국과 국제정치』 제25집 1호(극동문제연구소, 1997), pp. 242~243.

변한 것이 가장 큰 특징이다. 미국과 중국이 과거 냉전시절 미국과 소련의 대결과 같은 경쟁을 벌이게 된 것이다. 이렇게 보면 전략적 삼각관계 이론을 제대로 적용할 수 있는 상황이 조성됐다고 볼 수 있다. 미국과 중국은 과거에는 북한 핵문제 해결을 위해 협력관계를 유지했으나 이제는 전략경쟁에서 상대를 압박하고 굴복시키는 데 주력하고 있다. 이 때문에 북한이 위기조성행위를 하더라도 북핵 위협에 공동 대처하는 것이 거의 불가능해졌다. 서로를 향한 경쟁 속에 북한의 비핵화 문제에 집중할 수 없게 된 것이다. 과거와 달라진 전략적 삼각관계 유형이 연출되는 배경이다.

3) 북한의 핵전략 변화

핵무기 위력 앞에 일본 제국주의가 항복하는 것을 목도한 세계인들에게 핵무기의 존재감은 대단했다. 소련의 후원으로 38도선 이북에서 주도권을 쥔 김일성도 마찬가지였다. 하지만 당시까지만 해도 핵무기는 미국이 독점하고 있었다. 이에 따라 북한 정권 건립 초기는 '반핵'이 담론의 핵심이었다.[34] 김일성은 사회주의 정권의 유지와 발전을 위해 철저하게 소련을 축으로 한 사회주의 진영 속에서 존재하는 전략을 추구했다.[35]

---

34 구갑우, "북한 핵담론의 국제정치:북한적 핵 개발의 이유와 김정은 정권의 핵 담론,"『동향과 전망』제99권(한국사회과학연구회, 2017), pp. 89~89.

35 서재진·이수훈·신상진·조한범·양문수,『세계체제이론으로 본 북한의 미래』(서울: 황금알, 2004), p. 14를 참조하라. 소련의 영향을 받은 북한 체제 형성과정이 잘 나타나 있다.

1949년 소련의 핵실험 성공 이후 미국에 의한 핵독점이 깨지자 이번에는 냉전의 진영 논리가 발동했다. 이 논리는 한국전쟁을 거쳐 냉전체제가 고착화되면서 더욱 강화된다. 특히 1957년 미국이 남한에 전술 핵무기를 배치하면서 북한의 핵담론은 '미국의 핵 위협'으로 전환된다. 소련으로부터의 핵우산 확보가 당면과제가 됐다. 북한은 동시에 '평화지대'란 개념을 제안했다.

북한과 중국은 1961년 자동군사개입조항을 명시한 군사동맹을 체결했다. 1953년 한국전쟁 휴전협정 체결됐음에도 북한 땅에 군대를 남겨두었던 중국은 1957년 김일성의 요구로 중국군을 철수했다. 이후 중국의 대북 영향력은 제한적일 수밖에 없었다.[36] 하지만 후루시쵸프 등장 이후 북한과 소련의 관계가 악화하면서 북한은 중국 쪽으로 기운다. 마침 중국이 1964년 10월 핵실험에 성공하자 북한은 적극 지지했다. 비서방권에서 최초로 핵실험에 성공한 중국이라는 의미가 컸다.[37]

북한은 1970년대 들어 외교정책에 있어 기존의 자주노선과 함께 전 세계를 대상으로 하는 이른바 '세계화 외교'를 펼쳤다. 미국에 대해서도 유화적 태도를 취하고 직접접촉을 제의했다.[38] 중국이 미국과 수교를 맺으며 국제질서가 급변하자 미국과의 관계개선과 직접 협상을 원했지만 미국은 북한에 관심을 두지 않았다. 1980년대 북한이 북·미 직접 협상, 나아가 남한을 포함한 남·북·미 3자 협상을 제안했을 때도 미국의 냉담한

---

36 이정남. "냉전기 중국의 대북정책과 북중 동맹관계의 동학,"『평화연구』제19권 1호(고려대학교 평화연구소, 2011), pp. 125~154.

37 구갑우(2017), 앞의 글, p. 90.

38 정규섭,『북한외교의 어제와 오늘』(서울: 일신사, 1995), pp. 129~138.

대응은 이어졌다.[39] 김일성은 1972년 5월 26일 뉴욕타임즈(NYT) 기자들과 가진 대담에서 "미국 정부는 큰 나라들과만 관계를 개선할 것이 아니라 응당 작은 나라들과도 관계를 개선하여야 합니다"라고 말했다.[40] 또 1980년 10월 개최된 조선노동당 제6차 대회에서 김일성은 당대회 보고문을 통해 '고려민주련방공화국창립방안'이라는 새로운 통일방안과 함께 외교정책 이념을 '자주·친선·평화'로 체계화하였다.[41] 외부세계와의 단절이 아닌 관계개선을 통해 새로운 국가발전의 진로를 모색한 것이다.

그러나 동서 냉전이 급격히 붕괴되자 북한의 안보 상황도 급변한다. 소련과 중국이 한국과 수교를 하는 상황에 이르자 북한은 고립되고 말았다. 동맹의 방기 속에 북한이 선택할 카드는 다른 동구권 사회주의 국가들처럼 개혁, 개방을 택하거나 '최후의 생존카드', 즉 핵무기 개발에 뛰어드는 것뿐이었다. 북한은 후자를 선택한다.

북한이 핵개발에 뛰어든 지 30여년의 시간이 지났다. 이를 분석하는 학계의 노력은 다양하게 전개됐다. 학계의 경향은 시대의 흐름에 따라 변했다. 김일성 시대까지는 북한의 핵개발이 궁극적으로 탈냉전 이후 미국이 주도하는 세계질서에 편승하면서 체제를 유지하고 국가발전을 위한 수단이었는지에 대한 탐색을 주로 했다. 이른바 외교목적설이나 정치적

---

39 신욱희, "북미관계와 한반도 평화체제: 역사적 고찰," 『한국정치외교사논총』 제33권 2호(한국정치외교사학회, 2012), pp. 43~44.

40 조선중앙년감 1973』(평양: 조선중앙통신사, 1973), pp. 57~58.

41 김일성, "조선로동당 제6차 대회에서 한 중앙위원회 사업총화 보고," 『조선중앙년감 1981』(평양 : 조선중앙통신사, 1981), pp. 65~66.

동기설 등이 그것이다.[42]

하지만 김정일 체제 이후 북한이 핵무력 완성을 위해 일관된 행보를 하는 것을 확인한 이후 학계의 연구는 '생존과 안보를 위한 핵무장'을 추구하고 있기 때문에 핵확산을 통한 억지력 확보가 비핵화 협상을 통해 얻을 수 있는 이익보다 언제나 크다는 결론으로 모아진다.[43]

이런 관점에서 북한의 핵개발 이유가 궁극적으로 억지 이상의 공세적 목적, 즉 한반도 헤게모니 장악에 있다는 시각이 이제는 학계의 주류로 자리 잡는다. 이런 관점은 '군사목적설'의 근거가 된다. 협상용인지, 보유용인지에 대한 논쟁은 대체로 2013년의 3차 핵실험 이후부터 큰 의미가 없어진다. 북한 스스로 핵전략을 분명히 밝혔기 때문이다.

북한의 핵전략은 숙명적으로 미국과 중국 관계와 연계돼왔다. 따라서 미·중관계가 변곡점을 맞았던 2008년과 2017(8)년은 북한에게도 매우 중대한 계기이다.

이정철은 북한이 2008년 금융위기를 기점으로 미국의 단극질서가 해체되고 있다고 보고, 쇠퇴하는 미국에 편승하는 현상유지국가의 경로보다 핵무장 추구라는 현상타파국가로서 수정주의적 행보가 자신의 생존전략에 더 유리하다고 판단했을 것으로 분석했다.[44] 이종주의 연구 역시

---

42 김태우, "핵확산 이론과 한국 핵무장의 이론적 당위성," 『국방정책연구』 제11호 (한국국방연구원, 1990), pp. 153~154; 장노순, "약소국의 갈등적 편승외교정책: 북한의 통미봉남 정책," 『한국정치학회보』 제33집 1호(한국정치학회, 1999), pp. 383~384.

43 손용우, "신현실주의 관점에서 본 북한의 핵정책: 생존과 안보를 위한 핵무장 추구," 『국제정치논총』 제52집 3호(한국국제정치학회, 2012), pp. 257~286.

44 이정철, "미국의 재균형화와 북한의 수정주의 국가화," 『유라시아 연구』 제10권 4

2009년을 북한 핵정책의 분기점으로 본다. 그의 연구는 탈냉전 이후 1991년부터 2016년까지의 북한 핵정책의 변화를 균형과 편승의 관점에서 설명했다.[45] 북한 핵정책이 2009년을 분기점으로 편승에서 균형으로 전환되었다고 분석했다.[46]

북한이 핵무력 완성을 선언한 2017년 이후 학계의 관심은 북한의 공세적 핵전략이 노리는 목표가 무엇인지에 집중됐다. 박휘락은 완성된 핵무력을 바탕으로 북한이 노리는 목표는 한국과 미국의 동맹 체제를 무력화하는 데 있다고 강조했다.

미국에 대한 최소억제전략을 통해 한반도 종전선언을 현실화하는 것이 북한의 목표 중 하나인데, 이는 주한미군 철수와 남한의 방기로 이어지며, 그 결과는 북한의 대남목표인 '한반도 공산화 통일'의 달성이라고 지적했다. 북한이 미국 본토까지 위협할 수 있는 핵무력을 과시하는 것은 대표적인 위협행위라고 덧붙였다.[47]

북한이 미국과의 평화협정 체결을 통한 체제보장과 핵무기 교환을

호(아시아·유럽미래학회, 2013).

45 이종주, "북한 핵정책의 변동성 연구(1991~2016): '제한적 편승'에서 '전면적 내부균형'으로," 북한대학원대학교 박사학위논문, 2018.

46 국제정치학에서 말하는 균형과 편승은 국가가 위협에 노출됐을 때 선택하는 옵션의 하나로 주로 세력균형과 연계해 개념화됐다. 균형은 패권도전국과 연합하는 것이고, 편승은 기존의 패권국 편에 서는 것으로 요약된다. Stehphen M. Walt, "Alliance: Balancing and Bandwagoning," in Robert J. Art and Robert Jervis, eds., *International Politics, 13th edition* (New York: Pearson, 2017), pp. 153~155.

47 박휘락, "'핵무력 완성' 이후 북한의 한미동맹 무력화 전략-최소억제와 평화협정," 『통일전략』 제18권 3호(한국통일전략학회, 2018), pp. 113~148.

고리로, 미국으로의 편승 정책을 펼칠 가능성을 상정한 나호선과 차창훈의 연구도 있다.[48] 이는 북한이 원하는 미국에 의한 핵무력 국가로 인정받은 뒤의 과제와 연결된다. 실제로 김정은 2020년 신년사에서 미국이 용인하는 가운데 핵무력을 보유하면서도 경제발전을 도모하는 "가장 좋은 미래"을 제시한 적이 있다.[49]

종합해보면 북한의 지난 30년간 핵개발 역사는 미국과 중국 관계와 연동돼있는데, 특히 미·중 전략경쟁이 펼쳐진 3차 북핵 위기 시기에는 미국의 국력 쇠퇴와 중국의 부상이 가시화된 주요 변곡점(2008년과 2018년)에 따라 북한의 핵전략이 크게 변화했다고 할 수 있다.[50] 김정은의 핵전략을 미·중관계의 틀과 연계해 분석해보는 본 연구에서는 김정은 시기를 특징별로 구분해 살펴볼 것이다.

---

48 나호선·차창훈, "제재이론과 대북제재 효과에 대한 비판적 검토: 피제재국의 대응을 중심으로," (조선대학교 동북아연구소, 2020), pp. 77~81.

49 "조선노동당 중앙위원회 제7기 5차 전원회의에 관한 보도," 『노동신문』 2020년 1월 1일, ("이제껏 우리 인민이 당한 고통과 억제된 발전의 대가를 깨끗이 다 받아내기 위한 충격적인 실제 행동에로 넘어갈 것이다").

50 북핵 문제는 물론이고 한반도 이슈가 미중의 전략적 관계에서 다뤄질 것이라고 김흥규는 지적했다. 김흥규, "21세기 변화 중의 미중관계와 북핵문제," 『한국과 국제정치』, 제27권 1호(극동문제연구소, 2011), pp. 213~246; 김흥규, "미국의 대중정책 변환과 새로운 냉전의 시작?" 『국제정치논총』 제58권 3호(한국국제정치학회, 2018), pp. 213~241.

3. '사실상 핵보유국'과 북한[51]

1) '사실상 핵보유국' 사례

국제사회에서 핵보유국으로 인정받기 위해서는 통용되는 절차를 거쳐야 한다. NPT는 조약 당사국을 "핵보유국(Nuclear Weapon States)"과 "핵무기 비보유국(Non-Nuclear Weapon States)"으로 구분하고 있다. '핵보유국'에 대한 정의는 조약 제9조 3항에 명시되어 있다. NPT 체제 출범 이전의 핵개발국을 의미한다. 이에 따라 핵무기 국가군에 속하는 국가는 미국, 소련, 영국, 프랑스, 중국 등 5개국(P5)이다. 이 밖의 국가는 핵무기 비보유국에 속하므로 조약상 핵무기 보유가 금지된다. NPT는 소급적용이 불가능하다. 따라서 P5 이외에는 공식적인 핵보유국은 더 이상 존재할 수 없다. 하지만 이스라엘과 인도, 파키스탄은 국제사회에서 '사실상(de facto) 핵보유국'으로 통칭한다.

---

51 이 절은 이우탁, "미중전략경쟁과 북한의 '사실상' 핵보유국화 상관성 연구," 『한국과 국제사회』 제6권 2호(한국정치사회연구소, 2022), pp. 177~202.의 일부 내용을 수정 보완해 정리했다.

사실상 핵보유국

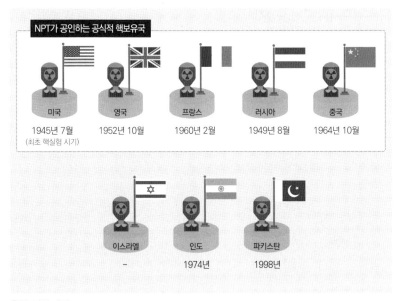

출처: 자체 제작.

세 나라는 어떻게 사실상 핵보유국으로 존재하게 됐을까. 가장 기본적인 요건은 당연한 이야기이지만 핵무력 능력을 입증해야 한다. 즉, '신뢰성 있는 핵억제력'을 갖추어야 한다. 일반적으로 신뢰성 있는 핵억제력(a nuclear deterrent force)을 갖추기 위해서는 ①생존력(survivability), ②운반체계(delivery system), ③핵무기 자체의 안전성(safety), ④핵무기 방호(security)체계, ⑤승인되지 않은 사용(unauthorized use)의 위험성 방지 체계, ⑥지휘통제시스템(continuity of command and control), ⑦핵사용 독트린(targeting and doctrine), ⑧충분한 핵무기 위력과 수량, 그리고 합리적 수준의 운영비용 등을 필수적으로 구비해야 한다. 이 가운데 ①, ②, ③ 그리고 ⑦은 핵무기의 군사기술적인 측면이며, ④, ⑤는 핵 지휘통제체계의 측면, ⑥은 핵무기 방호체계의 측면, ⑧은 국가재정의 측면을 나타낸다.[52] 세 나라는 국제사회의 반대와 압박 속에서도 핵실험을 강행했으며, 끝내 핵무력 완성에 도달했다.

두 번째로는 핵무기를 보유하는 정당성이 받아들여져야 한다. 개별국가마다 핵을 개발하는 이유가 미국이 이를 수용해만 하는 조건이 달려있다. 핵능력이 있더라도 미국이 이를 거절하면 핵보유국으로 존재할 수 없는 것이다. 이에 따라 해당국들은 미국과의 우호협력 정책을 적극 구사하게 된다.

학계의 분석은 대체로 세계 최강국인 미국으로부터 선별적으로 인정받은 뒤 국제사회에서 추종(묵인)을 통해 "비공식적 인정"을 받는 것으로 정리하고 있다. 물론 미국이 공개적으로, 그리고 공식적으로 이 세 나라를 핵보유국가로 인정한 것은 아니다. 개별국가와의 원자력 협정 등의 형태로 국제사회에 미국의 의지를 드러내는 것이며, 이를 통해 세계 각국은 해당 국가의 핵보유국 위상을 동의해주는 수순을 밟게 되는 것이다. 미국에 의한 자의적 행위로 인해 제3세계 반미국가를 중심으로 불공정하다는 반론과 비난이 수십 년간 지속적으로 제기되고 있으나 국제사회에 던지는 파장은 크지 않다.[53]

---

52 Gregory S. Jones, "From Testing to Deploying Nuclear Forces: The Hard Choices Facing India and Pakistan," Project AIR FORCE, RAND(2000), pp. 2~3; 함형필, "3차 핵실험 이후 북한 핵능력 평가: 사실상의 핵보유국인가," (동북아안보정세분석한 국국방연구원, 2013년 3월 14일).

53 엄상윤, "북한의 핵보유국 지위 획득은 가능한가?- 인도·파키스탄·이스라엘의 사

'사실상 핵보유국' 요건

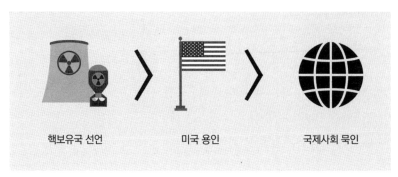

| 핵보유국 선언 | 미국 용인 | 국제사회 묵인 |

출처: 자체 제작.

    사실상 핵보유국이 된 세 나라는 국제사회의 반대와 압박 속에서도 핵실험을 강행했으며 끝내 핵무력 완성에 도달했다. 그리고 세계 최강 미국으로부터의 핵보유를 '용인'받은 것으로 평가된다. 물론 그 양태는 서로 달랐다. 국제사회는 미국의 수용 이후에는 별다른 이의를 제기하지 않는데, 이의를 제기해봐야 별로 효과가 없기 때문이다. 사실상 핵보유국인 이스라엘, 파키스탄, 인도는 핵무장의 기술적 완성 이후 자국의 핵보유국 지위에 대한 미국의 암묵적 승인을 확보하기 위해 노력했다. 이는 핵무기를 보유하는 명분이 국제사회에서 받아들여져야 한다는 의미이기도 하다.

례 분석을 토대로", (한국평화연구학회 학술회의 2014) pp. 247~269; 장석준, "북한·인도·파키스탄의 핵무장 정책 동인을 통해 본 북한의 핵보유국 지위 가능성." 『Journal of North Korea Studies Journal of North Korea Studies』 제4권 2호(고려대 공공정책연구소, 2018). pp. 170~210; 이장욱, 북한의 '사실상 핵보유국' 지위획득 가능성 연구: 기존 사실상 핵보유국 례를 토대로, 제10권 2호 (외국어대 글로벌정치연구 2017) pp. 35~88.

이른바 자위권 차원에서 이미 개발한 핵무기를 보유하는 것이 허용되는 경우를 말한다.

그리고 미국과 우호적 관계, 또는 미국으로부터 핵무기를 보유한 채로 전략적 가치를 인정받아야 한다. 국제 비확산체제를 주도하는 미국을 의식해 위의 세 나라는 미국과 국제사회를 향해 핵무기·핵기술·핵물질·미사일 등을 해외에 유출하지 않겠다는 핵비확산 의지를 분명히 했다. 물론 세 나라의 경우 서로 다른 과정을 거쳐 사실상 핵보유국이 됐다.

북한은 1985년 NPT 가입 이후 1992년 NPT 탈퇴를 선언했다. 처음부터 NPT에 가입하지 않은 이스라엘, 파키스탄, 인도와 다른 점이다. 국제사회는 여전히 NPT의 회원국으로 복귀해야 한다고 주장하지만, 북한은 요지부동이다.[54] 오히려 6자회담이 진행 중이던 2005년 2월 10일 '핵보유'를 공개적으로 선언했다. 그리고 이후 6차례의 핵실험을 통해 핵능력을 과시했다. 2013년 2월 12일 핵무기 사용법을 제정했다. 2022년 9월 8일 최고인민회의 제14기 제7차 회의를 통해 '조선민주주의인민공화국 핵무력 정책에 대하여'라는 11개 항의 법력을 채택했다. 북한은 스스로를 핵보유국가로 규정하고 공격적인 핵교리를 천명했다.

북한의 핵보유국화가 세 나라의 사례와 가장 큰 차이점은 시기라고 할 수 있다. 세 나라의 경우 냉전 시기와 탈냉전의 과정에서 사실상 핵보유국이 됐지만, 북한은 미국과 중국이 패권경쟁을 하는 새로운 시대에 핵보유국을 지향하고 있다. 따라서 북한의 핵보유국화 가능성을 분석하는

---

54 2010년 5월 NPT 평가회의에 참석한 189개국도 최종 합의문을 통해 북한이 핵보유국 지위를 가질 수 없다는 점을 분명히 천명하였다. 엄상윤, 『북한 핵무장의 전략적 유용성과 한계』 (성남: 세종연구소, 2011), p. 5.

틀도 세 나라에 적용한 기준과 달라야 할 것이다. 과거처럼 미국의 용인에 의해 핵보유국이 되는 길 외에 다른 길이 있을 수 있는 가능성을 보여주기 때문이다.

핵보유국이 되는 것은 단순히 핵무장의 기술적 완성만으로 되는 것이 아니다. 핵보유국의 지위획득은 핵무장을 추진하는 국가에게 있어 기술적 완성만큼이나 중요한 과제이다. 다른 중요한 변수가 많이 작용하는 것이다.

그렇다면 북한은 핵보유국 지위 획득을 위해 어떠한 전략을 구사할까? 이에 대한 해답을 얻기 위해선 시기적인 차이에도 불구하고 사실상 핵보유국들의 과거 사례를 구체적으로 살펴볼 필요가 있다. 과거의 역사에서 현재에 던지는 함의를 찾는 과정이기도 하다.

(1) 이스라엘

중동에서 이슬람 적대국에 둘러싸인 이스라엘은 독립 초기부터 미국에 핵우산을 요구했지만[55] 중동의 석유이권을 고려한 미국이 이를 거부하자 비밀리에 프랑스와 협력해 핵개발에 나섰다.[56] 이스라엘이 핵무장을

---

55 이스라엘이 핵에 관심을 갖게 된 것은 독립시기인 1948년 국방부내에 '핵연구 기획부(RPB)를 설치하면서 시작됐다. 건국의 아버지 벤구리온이 직접 핵개발을 지도했고, 서른 살에 국방부 국장으로 임명된 시몬 페레스가 실무적으로 주도했다. 오용현, "이스라엘 핵 위협 인식과 전략선택의 메커니즘," 경기대학교 박사학위논문, 2019, p. 37; 엄상윤(2014), 앞의 글, p. 257.

56 RPB에서 일하는 이민 과학자중 한명인 버그만 박사는 프랑스 원자력위원회(CEA)와 개인적인 친분을 통해 양국간 협정을 맺게 됐다. 이후 프랑스와 이스라엘의 핵 협력은 급속도로 진전된다. 오용현(2019), 위의 글, pp. 37~38.

결심하게 되는 직접적 계기는 1950년대 중반 보다 정확히는 1956년 중동 전쟁시기로 볼 수 있다. 1956년 중동전쟁에서 이스라엘은 영국 및 프랑스와 함께 전술적으로 승리를 거두고 있었다.

하지만 구소련은 핵무기 사용을 위협하면서 이스라엘 진영의 철군을 요구했고 이에 미국도 철군을 종용하면서 전술적 성과에도 불구하고 전략적으로는 아무 성과도 없는 전쟁을 치루고 말았다.[57] 결국 아랍권에 포위돼있는 이스라엘에게 미국이 확실한 '핵우산'을 제공하지 못한 것이 결정적 원인이 됐던 것이다.[58] 이스라엘 지도자들은 생존의 갈림길에서 외부세계보다는 자기 자신의 힘에 의존하는 독자적인 생존방법을 모색하게 됐으며, 그 최후의 수단으로 탄생한 것이 핵무기였다.[59] 냉전의 고립 속에 핵개발에 착수한 북한이 최후의 수단으로 핵무기를 선택한 것이 연상되는 대목이다.

이스라엘의 핵개발을 얘기할 때 빼놓을 수 없는 나라가 영국과 프랑스이다. 1956년 중동전쟁 당시 이스라엘을 지지했던 프랑스는 소련의 핵위협으로 이스라엘이 '전술적 패배'를 당하자 강대국으로서의 위상에 손상을 입었다. 핵이 없는 강대국이 공허한 것임을 자각한 드골 정부는 핵

---

57 엄상윤(2014), 앞의 글, p. 257.

58 이스라엘 핵개발 실무자인 페레스는 1963년 국방차관 신분으로 미국 백악관을 방문해 케네디 대통령에게 "이스라엘이 이 지역에 핵무기를 들여오는 첫 번째 국가가 되지 않을 것"이라며 주변 아랍국으로부터 받는 핵 위협을 강조했다. 실제로 그해 4월 17일 이집트, 시리아, 이라크는 군사동맹을 맺고 이스라엘이라는 나라 자체를 없애겠다는 아랍연방선언을 발표한다. 오용현(2019), 앞의 글, p. 38.

59 이장욱(2017), 앞의 글, pp. 41~43; 장노순, "사이버 무기와 국제안보,"『JPI 정책포럼』104호(제주평화연구원, 2012), pp. 5~7.

무장을 위한 본격적 행보를 시작하게 된다. 프랑스는 이스라엘의 핵무장을 기술적 측면에서도 적극 지원했다. 이스라엘 핵기술 획득의 결정적 순간은 바로 디모나 원전의 건설이었는데, 이는 프랑스의 지원에 의한 것이었다. 영국도 1950~1960년대 핵개발에 필요한 물질을 이스라엘에 제공했다.[60]

1960년대 중반에 이르면 이스라엘은 원자폭탄을 제조할 수 있는 실질적 능력을 보유하게 된다. 1965년 이스라엘은 연료봉 재처리를 통해 무기급 플루토늄을 양산할 수 있는 단계에 도달하고 1966년 12월 작동 가능한 첫 번째 원자폭탄을 제조했다. 이스라엘이 핵무기를 양산한 시기는 1967년 제3차 중동전쟁 이후로 추정되고 있다.

이스라엘이 핵개발을 하면서 가장 주안점으로 삼았던 것은 바로 비밀 유지와 핵개발 사실에 대한 모호성의 유지였다. 이유는 자국의 핵개발이 외부에 노출될 경우, 주변 아랍국(특히 당시의 이집트)의 군사공격이나 핵무장을 야기할 뿐 아니라 기존 핵무장국가의 개입으로 핵개발에 제동이 걸릴 것을 우려했기 때문이다. 또 이는 핵심동맹국인 미국을 배려한 조치였다.

예를 들어 1961년 미국의 케네디 정부는 정찰위성에 포착된 디모나 원전의 이상동향을 통해 이스라엘이 핵개발을 추진하고 있다는 정황을 입수했고 이스라엘 정부에게 전례 없는 압력을 행사했다. 케네디 행정부는 디모나 핵시설에 대한 미국의 사찰을 수용할 것을 이스라엘에 요구하면서 사찰을 수용하지 않을 경우 이스라엘의 고립상황은 피할 수 없을 것

---

60 조성렬(2017), 앞의 책, pp. 55~56.

이라 강하게 경고했다. 결국 이스라엘은 케네디 행정부의 요구를 수용했다.[61] 미국과의 협의 끝에 이스라엘은 핵무장과 관련한 일련의 활동을 철저히 숨기고, 이에 관해 외부로부터 의혹이 제기될 경우 '전략적 모호성'을 유지하는 데 합의했다. 이른바 '긍정도 부정도 하지 않는' NCND 정책이다.

이스라엘의 핵무장을 가장 강력히 반대했던 케네디 행정부가 케네디 대통령 사망으로 인해 린든 존슨 행정부로 교체되고 존슨 행정부는 이스라엘과 우호적 관계를 조성했다. 1969년 애쉬콜 이스라엘 총리와 존슨 대통령 사이에 비밀 양해각서가 체결되었는데 이 비밀 양해각서에서 미국은 이스라엘의 핵개발 프로그램을 인정했다. 이어 1970년 당시 이스라엘 총리 골다 마이어(Goldar Mier)와 닉슨의 밀약으로 이스라엘의 핵보유국 입지는 확고해진다.[62] 미국 대통령의 교체가 큰 영향을 미치고 있음을 알 수 있다. 북한의 김정은 위원장이 트럼프라는 독특한 캐릭터를 가진 미국 대통령과 담판을 벌이려는 배경과 연관성이 있다고 하겠다.

미국과의 비밀협상을 통해 핵보유를 인정받게 된 이스라엘은 이후 핵무장을 급진전시키게 된다. 그러나 NCND 정책에 따라 핵독트린은 선

---

61 디모나 원자로 건설은 1960년 미국 국무부가 발표하기 전까지 철저하게 비밀리에 진행됐다. 그해 12월 미국 언론에 디모나 건설 상황이 폭로되자 미국 내 여론이 악화됐다. 결국 이스라엘의 벤구리온 총리는 디모나 시설이 섬유공장이 아닌 과학연구소임을 인정하고 미국의 요구를 수용한다. 미국은 1962년부터 1969년까지 2년에 한 차례 디모나 핵시설을 방문하기로 했다. 오용현(2019), 앞의 글 p. 37.

62 1969년부터 이스라엘은 철저하게 핵모호성 전략을 고수하고 있다. 양국이 이스라엘의 핵무장에 대해 어떤 상황에서도 절대 공개적으로 발표하지 않기로 합의한 데 따른 것이다. 오용현(2019), 앞의 글, p. 40.

언하지 않았다. 이스라엘의 핵무장이 대외적으로 크게 알려진 것은 1986년으로 이스라엘의 전직 핵기술자(바누누)가 영국 선데이 타임즈(Sunday Times)에 이스라엘이 수백 개의 핵탄두를 보유하고 있다고 폭로(일명 바누누 사건)한 뒤였다.[63]

이스라엘은 이후 핵무기를 활용해 미국을 중동 이슈에 적극적으로 개입하게 하는 정책을 구사했다. 1991년 제1차 걸프전 당시 이라크의 스커드 미사일 발사에 대한 미국의 미온적 태도에 이스라엘은 미국에 대한 군사 의존도를 더욱 줄이고 핵무기를 본래의 용도인 보복능력 강화에 보다 중점을 두게 된다. 제한적 핵무장을 추구하는 것에서 벗어나 기존 핵보유국과 유사한 보복능력을 추구하게 된 것이다.

이러한 이스라엘의 전략적 변화는 이른바 '삼손 전략'으로 표현되는데, 삼손의 최후처럼 이스라엘의 생존을 위협할 경우, 적국도 파멸하게 된다는 것을 핵심내용으로 한다. 이에 따라 미사일 기술의 개발에 주력한다. 이스라엘이 확장된 탄도미사일의 개발(Jericho 4, 사정거리 4,000km)에 성공한 배경이다.

또한 이스라엘은 주변국의 핵무장을 저지하기 위해 군사력을 활용하는 한편, 암살과 같은 비밀작전을 하기도 했다. 1981년 6월 이스라엘은 이라크의 핵무장을 저지하기 위해 오시라크 원전을 폭파하는 한편, 2010~2012년 사이에 4명의 이란 핵과학자를 암살하기도 했다.[64]

---

63 엄상윤(2014) 앞의 글, p. 257; 남성준, "'반역과 영웅' 두 얼굴의 바누누: 이스라엘 핵 보유 폭로 18년 복역후 출소," 『주간동아』, 2004년 5월 13일, weekly.donga.com/List/3/all/11/73714/1 (검색일: 2022년 11월 10일).

64 조일준, "이란 핵 과학자 암살에 드리운 '모사드의 그림자'," 『한겨레신문』, 2012년

현재 이스라엘은 대략 200기 정도의 핵탄두를 보유하고 있는 것으로 평가되고 있다. 보유 중인 205대의 전투기 중 일부는 사거리 1,600km, 무게 5.4t의 핵무기 수송을 위한 장치가 되어있는 것으로 알려지고 있다. 이 전투기들이 30기를 보유하고 있다. 사거리 1,500~1,800km 무게 750~1,000kg의 지대지 탄도미사일 제리코(Jericho)Ⅱ는 1990년도에 최초 개발되어 25기를 보유 중인 것으로 확인되고 있으며, 2013년 개발된 JerichoⅢ은 사거리 5,500km를 초과하는 대륙간 탄도미사일이다.

미국이 이스라엘 핵보유를 묵인한 것은 아랍이라는 적대적 안보환경 속에서 생존하기 위한 이스라엘의 안보요인을 받아들인 것이고, 이는 미국에게 특수한 존재인 이스라엘이기에 가능한 일이다.[65]

(2) 인도와 파키스탄

2차 핵시대를 언급하면서 빠지지 않고 등장하는 것이 인도와 파키스탄 사례이다. 양국이 핵무기 개발에 뛰어든 것은 주변의 주적국에 맞서기 위한 억지수단을 확보하기 위해서였다. 인도에게는 중국과 파키스탄, 파키스탄에게는 인도를 의미한다.

인도의 핵프로그램은 2차 세계대전 종식 후인 1948년 '원자력법(Atomic Energy Act)' 제정과 함께 추진되기 시작했다. 이후 1954년 8월 원자력부(Department of Atomic Energy: DAE)가 신설돼 정부차원의 노력으로 비화됐고, 이후 바바 원자력 에너지 연구소(Bhabha Atomic Energy Research

---

1월 12일, ; 조성렬(2017), 앞의 책, pp. 55~56.
65 이장욱(2017), 앞의 글, pp. 45~46; 엄상윤(2014), 앞의 글, pp. 258~259.

Center: BARC)를 구축하면서 핵개발 연구가 본격화됐다.

인도는 처음부터 '평화적 핵에너지 개발'을 명분으로 내걸었다. 이를 위해 자국의 과학자들을 적극적으로 미국과 캐나다, 프랑스 등에 보냈고, 이들 국가들과의 원자력 협력을 강화했다.

인도의 핵개발을 자극한 것은 중국의 핵실험 성공(1964년)이었다. 중국의 핵개발로 인도의 발걸음이 빨라졌다.[66] 특히 중국이 1967년 수소폭탄 실험에 성공하자 히말라야 산맥을 두고 국경을 접하고 있던 인도는 본격적으로 핵무

핵 둘러싼 인도-미국 관계

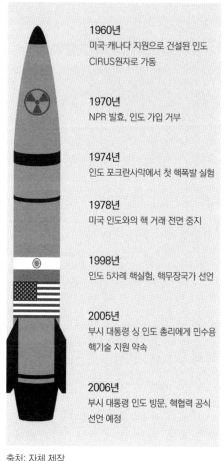

1960년
미국·캐나다 지원으로 건설된 인도 CIRUS원자로 가동

1970년
NPR 발효, 인도 가입 거부

1974년
인도 포크란사막에서 첫 핵폭발 실험

1978년
미국 인도와의 핵 거래 전면 중지

1998년
인도 5차례 핵실험, 핵무장국가 선언

2005년
부시 대통령 싱 인도 총리에게 민수용 핵기술 지원 약속

2006년
부시 대통령 인도 방문, 핵협력 공식 선언 예정

출처: 자체 제작.

---

66 인도는 1962년 적대관계에 있던 중국과의 카슈미르 국경분쟁에 패배했다. 그런 상황에서 중국이 핵실험에 성공(1964)하자 인도의 위기감을 최고조에 달했다. 엄상윤(2014), 위의 글, pp. 249~250.

기 개발에 뛰어들어 결국 1974년 핵실험에 성공한다. 당시 인도는 '평화적 핵폭발(peaceful nuclear explosion)'이라고 불렀다. 인도는 NPT 체제에 반발하면서 가입을 거부했다.[67] NPT 체제 밖에서의 '사실상의 핵보유국'의 첫 등장이다.

인도는 첫 핵실험 이후 더 이상의 핵무기 개발과 핵무장을 유보하는 '일발원폭국(一發原暴國)' 정책을 채택한다. 국제사회의 반발을 고려한 조치였다. 또 당시 네루(Jawaharlal Nehru) 총리가 비동맹국가들의 맹주로 자처하던 인도의 위상을 감안한 것도 영향이 컸다. 이른바 '중립주의 및 평화주의 외교노선' 원칙이다.

인도는 핵실험을 자제하다 이웃국가인 파키스탄이 핵실험을 하자 다시 실험에 나섰다. 인도는 1998년 5차례의 핵실험 성공과 함께 핵보유국이라고 선언했다. 1974년의 최초 핵실험 이후 24년이 지난 시점이었다.

인도는 CTBT 가입도 거부했다. 그러면서도 핵무기 선제불사용 독트린을 천명했다. 이는 미국을 의식한 조치였다. 미국이 처음부터 인도를 용인한 것은 아니다. 1998년 인도가 핵보유국임을 선언하자 국제사회는 거세게 비난했고, 곧바로 외교적·경제적 제재를 가한다. 인도가 탈냉전 이후 안정되어가던 대량살상무기(WMD) 통제체제를 무너뜨렸기 때문이다.

미국은 1998년 인도와 파키스탄의 연이은 핵실험 직후 즉각 제재에 나섰다. 양국을 향해 NPT와 CTBT 가입을 촉구했다. 또 인도에 대한 직접 원조를 중단했고, 세계은행과 국제통화기금의 인도 차관제공 지지를 철

---

67 라운도, "핵보유 선언이후 인도-파키스탄의 갈등해소 노력 고찰," 『남아시아연구』 제15권 제3호(한국외국어대학교 인도연구소), pp. 204~205; 이장욱(2017), 앞의 글, pp. 51~58; 엄상윤(2014), 앞의 글, pp. 249~250.

회했다.[68]

그런데 이때 미국을 흔드는 사건이 발생한다. 바로 2001년 9·11 테러였다. 이를 계기로 미국과 인도 관계가 급속히 호전된다. 미국은 9·11테러 이후 인도에 대한 경제제재를 대부분 해제했다. 그리고 부시 대통령과 바즈파이 총리는 2005년 정상회담에서 전략적 동반자관계 구축을 선언한다. 더 나아가 미국은 2006년 '미국-인도 핵협정'을 체결했다. 인도가 사실상 핵보유국으로 용인 받는 순간이었다.

부시 대통령은 인도가 남아시아의 강대국으로 부상하는 데 대해 강력히 지지한다는 의사를 피력했다. 미국과 인도는 군사협력 증진을 위한 새로운 틀에 합의했다. 미국은 인도에 PAC-3 판매도 결정했다. 무엇보다 미국은 30년간 인도에 적용해 왔던 핵물질 무역중지를 해제하는 타협안을 제시했다.[69]

2006년 3월 2일 부시 대통령과 싱 총리는 핵협정을 체결했는데, 이는 미국이 인도의 핵보유국 지위를 단순히 묵인한 것이 아니라 적극 "용인"했다는 것을 의미한다. 핵협정의 핵심은 인도의 군사용 핵시설에 대한 예외조항을 두고 당시 인도가 보유한 총 22개의 원자로 중 8개의 군사용 원자로를 제외한 나머지 14개의 민간용 원자로에 대해서만 IAEA의 핵사찰을 받도록 합의한 것이다.

미국은 핵기술·핵물질·원자로 공급, 핵 재처리시설 건설 허용 등 인

---

68 이상환, "인도-파키스탄과 브라질-아르헨티나의 핵정책 비교연구: 핵무장 강행 및 포기 사례의 분석," 『남아시아연구』 제10권, 2호(한국외국어대학교 인도연구소, 2004), p. 14.

69 이장욱(2017), 앞의 글, pp. 59~64.

도의 민간 핵에너지 프로그램을 지원하고 나아가 인공위성 분야에서도 기술 협력을 확대해 나가기로 했다. 인도가 NPT 체제 밖에서 명실상부한 핵보유국 지위를 국제적으로 인정받게 된 것이다.

인도는 이 핵협정을 통해 미국으로부터 군사용·민간용의 '이중 사용'이 가능한 핵기술·핵물질·원자로 등의 구입 특전도 누리게 됐다. 특히 우라늄농축 및 플루토늄 재처리시설과 관련된 장비와 물자를 구입할 수 있게 되어 핵무기 생산에 제약을 받지 않게 됐다.

미국이 인도를 '사실상 핵보유국'으로 용인한 배경을 보면 가장 큰 요인은 미국의 세계전략에서 인도의 전략적 가치가 그만큼 컸기 때문이다. 미국은 9.11테러 이후 아프가니스탄 및 중동지역에서 수행된 대테러전의 원활한 수행을 위해 인도를 전략적 거점으로 활용할 필요가 있었다. 9.11 테러 이후 미국의 세계전략 변화로 인한 영향은 사실 인도보다는 파키스탄의 사실상 핵보유국 인정과정과 더 깊은 관련이 있다. 인도에게 더 큰 중요한 변수는 미국을 위협하는 중국을 견제하는 데 대해 인도와의 전략적 협력을 강화해야 하는 미국의 전략이 바탕에 깔려있다고 봐야 한다.

1990년대 후반부터 중국은 급속한 경제성장과 더불어 미국의 잠재적 패권 도전국으로 부상했다. 이를 1차 '중국 위협론'으로 부르기도 하는데 미국은 중국의 세력팽창과 미국의 세계패권에 대한 도전을 우려하기 시작했다. 중국의 부상을 견제하고 중국을 포위하는 이른바 '봉쇄 전략'에서 인도만큼 전략적 가치가 큰 나라가 없다.

인도는 경제·정치·안보 등의 분야에서 남아시아지역의 강대국이다. 미국은 중국-러시아-인도로 구성되는 삼각동맹체제의 형성을 사전에 차단할 필요도 있었다. 중국과 러시아가 주도하는 상하이협력기구(SCO)는 미국 중심의 NATO 및 대중봉쇄동맹에 대응하는 성격을 지니고 있다. 만일 여기에 인도가 가담한다면 미국은 세계전략 차원에서 큰 부담이 될 상황이었다. 인도가 핵보유국으로서 남아시아에서 지역 강대국 역할을 하며 미국과 협력전선을 구축할 경우 이는 중국의 군사적 팽창 및 핵전력을 견제하는 데 큰 힘이 될 것으로 미국은 판단한 것이다. 또 세계 대부분의 석유를 운송하는 중요한 항로인 인도양에 대한 전략적 가치도 영향을 미쳤다.[70]

2010년과 2015년 오바마 대통령은 인도를 방문해 양국간 전략적 협력관계를 강화하는 데 주력했다. 인도도 미국과의 우호정책으로 화답했다. 이 과정에서 미국은 인도의 핵보유를 다시 한번 용인하는 행보를 이어간다. 심지어 미국은 인도의 유엔 안보리 상임이사국 진출도 적극 지지하고 있다.[71] 북한이 향후 미국에 편승해 중국 압박에 동조할 경우를 연상할 수 있는 장면이다.

미국의 전략적 용인에 맞춰 인도도 적극적으로 미국을 향한 구애 정책을 펼쳤다. 핵 비확산 노력에 동참하는 한편 미국이 요구하는 민주주의와 법치주의 구현에 노력한 것이다.

---

[70] 이장욱(2017), 앞의 글, pp. 61~64. 미국과 인도 간 핵협정은 한국과 미국간 핵협정 등과 자주 비교된다. 핵물질 농축을 철저하게 금지한 한미 원자력 협정의 내용을 감안하면 인도의 특혜적 위상을 쉽게 알 수 있다.

[71] 엄상윤(2014), 앞의 글, p. 253.

1998년 인도와 파키스탄의 핵실험

날짜	국가	실험 명칭	폭발력
1998년 5월 11일	인 도	Shkti I	43~45k ton
1998년 5월 11일	인 도	Shkti I	12k ton
1998년 5월 11일	인 도	Shkti I	200k ton
1998년 5월 13일	인 도	Shkti II	500 ton
1998년 5월 13일	인 도	Shkti II	300 ton
1998년 5월 28일	파키스탄	Chagai I	32k ton
1998년 5월 28일	파키스탄	Chagai I	1k ton
1998년 5월 28일	파키스탄	Chagai I	1k ton
1998년 5월 28일	파키스탄	Chagai I	1k ton
1998년 5월 28일	파키스탄	Chagai I	1k ton
1998년 5월 30일	파키스탄	Chagai II	15k ton

출처: 이근욱, "핵무장 이후의 도발과 경쟁: 인도/파키스탄 분쟁의 이해," 『전략연구』 제27권 1호(한국전략문제연구소, 2020), p. 236에서 재인용.**72**

    파키스탄은 1956년 미국과 원자력의 평화적 이용 및 개발에 합의하면서 원자력과의 인연을 맺었다. 군사적 용도에서 핵무기를 개발한 것은 다분히 이웃 적대국인 인도 때문이었다. 1964년 중국의 핵실험 성공으로 인도가 본격적으로 핵실험을 추진하면서 파키스탄의 움직임도 빨라졌다.

    후발 핵개발국가들이 그렇듯 파키스탄은 초기에 무기급 핵물질의 확

---

72 이근욱, "핵무장 이후의 도발과 경쟁: 인도/파키스탄 분쟁의 이해," 『전략연구』 제 27권 1호(한국전략문제연구소, 2020), p. 236.

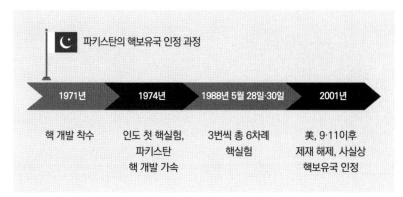

출처: 자체 제작.

보에 주력했다. 플루토늄 핵물질 확보를 먼저 시도했으나 여의치 않았다. 파키스탄 동향이 알려지면서 국제사회의 제재가 가해졌기 때문이다. 결국 파키스탄의 핵개발은 우라늄 쪽에서 큰 계기를 찾는다. 이를 주도한 사람이 압둘 카디르 칸 박사다.

파키스탄의 본격적인 핵무장은 1998년에 이뤄진다. 이를 촉발한 것은 역시 인도의 핵무장 추진이었다. 1998년 5월 인도와 파키스탄은 경쟁적으로 핵실험에 성공한다.[73]

파키스탄의 핵무력 상황을 살펴보면 먼저 핵탄두는 인도보다 많은 165기 가량으로 평가받는다. 또 핵무기 운반체인 미사일의 경우 북한과 중국의 도움을 받아 탄도미사일 개발에 성공했다. 핵보유국으로 인정받

---

[73] 1947년 영국으로부터 인도와 분리 독립한 파키스탄은 독립 초기에는 국가 기틀을 잡는 데 주력하면서 핵개발에 큰 관심을 기울이지 않았다. 또 핵개발에 필요한 산업 인프라도 부족했다. 영국 식민지 시절 과학 연구 실험실이 대부분 인도 지역에 있었기 때문이다. 이장욱(2017), 앞의 글, pp. 49~51.

기 충분한 핵무력을 구비한 것이다.

미국은 1970년대부터 파키스탄 동향을 감지하고 고비마다 압박했다. 1979년 4월 강력한 대파키스탄 제재(군사지원 중단 등)를 가했다. 하지만 오래가지 못했다. 소련이 아프가니스탄을 침공하면서 미국은 이를 저지할 전초기지가 필요했다. 미국의 전략적 필요에 의해 파키스탄과의 관계개선이 시도됐다.

1998년의 상황도 파키스탄의 전략적 가치를 재확인시킨 장면이다. 1979년 미국의 제재라는 위기상황을 구소련의 아프가니스탄 침공을 활용해 넘은 파키스탄은 1990년대 미국과 다시 크게 갈등하게 된다. 당시 미국정부는 이 지역에서 인도를 전략적 파트너로 활용했다. 1998년 5월 인도의 핵실험 직후 파키스탄이 핵실험에 성공하자 미국은 다시 무기판매를 금지하는 등 강력한 제재에 나선다.

게다가 북한과의 핵 개발 커넥션 문제까지 불거져 미국의 대 파키스탄 압박은 거세졌다. 그러자 파키스탄은 이른바 '버티기 전략'에 들어갔다. 핵무기 개발에 주력하면서도 상황 악화를 위해 미국에 대한 우호적인 외교공세를 취하며 시간을 벌었던 것이다.[74]

그런데 이 과정에서 미국이 파키스탄의 협력을 요청하게 되는 상황이 발생한다. 2001년 전 세계를 흔들었던 9·11 테러의 발생이다. 독립전

---

74 이장욱(2017), 앞의 글, pp. 53~54; 북한과 파키스탄 커넥션과 관련해 미국의 『뉴욕타임스(NYT)』는 2002년 10월 17일 북한이 우라늄 농축에 필요한 고강도 알루미늄을 대량 확보하려고 시도했으며, 이를 미국 정보기관이 포착했다고 보도했다. 이우탁, 『오바마와 김정일의 생존게임-6자회담 현장의 기록』(서울: 창해, 2009), pp. 127~128.

쟁 이후 단 한 번도 본토 공격을 받아보지 못한 미국에게 9·11의 충격은 컸다. 9·11 테러는 미국의 국가안보전략에 새로운 패러다임을 가져왔다. 본토방위를 위해 테러와의 전쟁을 선포한 것이다.

빈 라덴을 정점으로 한 알 카에다 세력들은 주로 아프가니스탄에 숨어있었다. 미국은 이번에도 아프가니스탄 접경 파키스탄의 활용이 절실했다. 파키스탄이 돌연 미국의 전략적 파트너가 된 것이다. 파키스탄도 이 기회를 활용했다. 미국을 적극 도왔다. 미국의 대 파키스탄 제재는 무용지물이 됐다. 오히려 미국은 파키스탄에 대한 군사지원을 재개했다.

미국은 또 파키스탄의 핵무력이 테러집단과 결합하는 것을 경계했다. 이미 그 존재감을 과시한 알 카에다 같은 테러세력이 파키스탄 내부에 있는 핵시설 등을 급습하는 최악의 상황은 막아야 했다. 파키스탄에 대한 군사지원은 파키스탄의 핵무장을 묵인한다는 전제하에서만 가능한 것이었다.[75]

종합해보면 파키스탄은 두 차례의 역사적 계기를 통해 핵보유국이 됐다고 할 수 있다. 이를 성사시킨 가장 큰 요인은 미국에게 파키스탄이 갖는 전략적 가치였다. 파키스탄은 미국의 승인을 받기 불리한 국가였다. 파키스탄은 민주주의·법치주의 국가가 아닐 뿐만 아니라 외부세계에 핵

---

[75] 2003년 미국과 영국의 정보기관은 수에즈 운하에서 한 화물선을 적발한다. 화물선에는 우라늄 농축용 원심분리기 부품이 가득 차 있었다. 화물의 최종 목적지는 리비아였다. 이 사건을 계기로 리비아를 대상으로 한 미국의 압박이 최고조에 달한다. 결국 카다피 리비아 원수는 AHES 대량살상무기의 선언하고 국제원자력기구(IAEA)의 전면적 사찰을 수용한다고 유엔 안보리에 통보했다. 이 사건은 파키스탄의 이른바 핵 커넥션의 실체와 관련해 국제적 관심을 집중시켰다. 이우탁(2009), 앞의 책, pp. 128~129.

개발 노하우와 장비를 유출해 핵확산을 주도해온 이른바 '불량국가'로 여겨졌다. 그런데도 미국이 사실상 핵보유국 지위를 용인한 것은 미국의 세계전략에서 파키스탄의 전략적 가치가 그만큼 컸다는 것을 의미한다.

인도로부터의 안보위협에 대응하기 위해 불가피하게 핵보유를 하게 됐다는 자위권적 정당성을 주장하면서도 파키스탄은 미국의 용인을 이끌어낼 외교적 노력을 게을리 하지 않았다.[76] 파키스탄의 지정학적 위치와 군사전략적 가치 외에도 파키스탄의 전략적 대응이 결합된 것이다. 미국과의 직접 협상을 하고 있는 북한에 시사하는 바가 큰 장면이다.

2) 북한의 차별성

북한은 이미 핵무력을 사실상 완성했다고 평가받는다. 북한의 핵무력 개발 배경은 당연히 체제의 생존을 위한 자위적 수단에서 비롯됐다. 국제적으로 인정받지 못하지만 전형적인 약소국의 핵개발 명분이며, 북한이 주장하는 '핵보유 정당성'이다.

세계 최강국인 미국에 대한 '최소억지' 수준의 핵전력을 구축해야 하는데, 최소 50개 정도의 핵탄두를 보유한 핵지휘 통제시스템을 완비해야

---

76 엄상윤(2014), 앞의 글, pp. 254~256; 파키스탄 무샤라프 대통령은 2006년 9월 출간한 자서전 『사선에서(In the Iline of Fire)』에서 2년 전인 2003년 9월 유엔 정상회담에서 부시 미국 대통령의 권유로 조지 테닛 미국 중앙정보국(CIA) 국장을 만났으며, 당시 테닛 국장이 칸 박사의 비밀 핵커넥션 활 등에 대해 자세히 들었다고 증언했다. 미국의 협조 속에 무샤라프 대통령은 칸 박사 일행에 대해 조사하는 등 미국에 적극 협조했다. 이우탁(2009), 앞의 책, p. 128.

하는 것으로 전문가들은 설명하고 있다. 조성렬은 북한이 조건을 충족했다면서 "북한은 제2차 핵시대를 상징하는 신흥 핵보유국의 위치에 와 있다"고 평가했다.[77]

한국 국방부는 북한이 플루토늄 50여 kg, 고농축우라늄(HEU: High Enriched Uranium) 상당량을 보유하고 있는 것으로 평가하고 있다.[78] 아산정책연구원은 2020년도에 북한이 67~116개의 핵무기를 보유한 것으로 평가했으며, 2027년에는 최대 242개로 예상했다.[79]

스웨덴의 민간 연구소 스톡홀름국제평화연구소(SIPRI)는 2022년 6월 13일 보고서에서 북한이 20기의 핵탄두를 보유하고 있으며, 최대 55기의 핵탄두 생산이 가능한 핵물질을 보유하고 있다고 밝혔다.

SPIRI 발표 전세계 핵무기 보유량

국가	배치된 핵탄두	저장된 핵탄두	합계	2021 핵탄두 수(핵물질 포함)
미국	1,744	1,964	3,708	5,550
러시아	1,588	2,889	4,477	6,255
영국	120	60	180	225
프랑스	280	10	290	290
중국		350	350	350
인도		160	160	156

---

77 조성렬(2017), 앞의 책, pp. 94~96.

78 대한민국 국방부, 『2020 국방백서』(서울: 다니기획, 2020), p. 28.

79 이철재, "북한, 6년 뒤 핵무기 최대 242개… 핵 선제 공격 위협 커졌다," 『중앙일보』, 2021년 4월 14일.

국가	배치된 핵탄두	저장된 핵탄두	합계	2021 핵탄두 수(핵물질 포함)
파키스탄		165	165	165
이스라엘		90	90	90
북한		20	20	40~50
합계	3,732	5,708	9,440	13,080

출처: SIPRI 홈페이지, www.sipri.org (검색일: 2022년 7월 31일).

북한은 이미 2017년 핵무력 완성을 선포했다. 그리고 2022년 9월 8일 최고인민회의에서는 완성된 핵무력의 사용을 법제화하는 조치까지 마련했다. 하지만 앞에서 살펴본 이스라엘과 인도, 파키스탄과 비교했을 때 북한이 핵보유국으로 '인정'받을 조건은 열악하다고 해야 한다. 미국에 의한 핵 위협을, 핵개발 명분을 내세울 경우에는 더욱 모순적인 상황이 벌어진다. 미국으로부터 '사실상 핵보유국'으로 인정받아야 하는데 북한이 지목한 적대국이 미국이기 때문이다.

미국 본토를 직접 타격하지 않겠다고 미국에 약속해야 하지만 북한은 오히려 반대로 가고 있다. 이 점에서 북한은 최악의 적대국이라 할만하다. 이스라엘과 인도, 파키스탄이 최소한 미국이 요구하는 민주주의 체제를 구축하고 있다는 점에서 3대 독재체제인 북한은 더욱 미국의 인정 요건에서 멀어진다.[80]

---

80 김흥규 외, 『미국 바이든 행정부 시대 미중 전략경쟁과 한국의 선택 연구』 (세종: 대외경제정책연구원, 2021), p. 25.

'사실상 핵보유국' 인정 요건과 형태

		인도	이스라엘	파키스탄	북한
기본	핵보유 능력 입증	○	○	○	○
	핵보유 정당성	○	○	○	○
	대미 우호협력정책	○	○	○	X
핵심	세계전략적 활용가치	○	○	○	△
부대	핵비확산 의지 및 노력	○	○	X	△
	민주주의·법치주의 구현	○	○	X	X
	명백한 핵보유 선언	○	X	○	○

출처: 엄상윤, 북한의 핵보유국 지위 획득은 가능한가?– 인도·파키스탄·이스라엘의 사례 분석을 토대로 (한국평화연구학회 학술회의 2014) p. 265를 참고하여 북한 부분 추가.

이제 북한이 기댈 수 있는 것은 '전략적 가치'만이 남는다. 전통적으로 북한의 전략적 활용가치는 주로 지정학적 위치에서 비롯된다. 2차 세계대전 이후 미국의 세계전략에서 북한(한반도)의 지정학적 위치는 소련과 중국을 주축으로 한 사회주의 세력의 팽창을 막는 전초기지였다. 그리고 냉전체제 붕괴 이후에는 중국의 세력팽창을 견제하기 위한 완충지대의 역할을 했다. 미국은 중국 견제에 있어 한국과 일본에 전선을 구축했다. 양국에 대규모 미군 기지를 확보했다. 따라서 대중 견제를 위한 북한의 지정학적 활용가치는 크지 않았다.

국제비확산체제를 주도해야 하는 미국에게 북한은 골치 아픈 존재이다. 30년에 걸친 북핵위기 속에서 진행된 미국과 북한 간 핵 협상은 북한의 핵무력 완성과 핵확산을 막으려는 미국의 노력이었다.

북한으로서도 딜레마의 상황이긴 마찬가지이다. 체제유지를 위한 극도의 반미 국가 정체성을 유지해왔던 북한이 갑자기 대미 협력국가로 전환하는 것도 쉽지 않다고 하겠다.

결국 이스라엘과 인도, 파키스탄과 비교할 때 북한이 '사실상 핵보유국'으로 인정받기 위한 조건은 열악하다.[81] 그렇다면 다른 길은 없을까. 앞서 지적한대로 세 나라와 달리 북한은 2020년대의 사례라는 시기적 차이가 있고, 미·중 패권경쟁이라는 새로운 국제질서와 맞물려있다. 냉전 질서가 온전하던 시기나 탈냉전 초기에 미국을 상대로 핵보유국화에 도전해 성공한 세 나라와 북한의 사례를 분석하는 틀이 달라져야 하는 가장 큰 이유가 되고 있다.

만일 북한이 세 나라와 다른 경로로 사실상 핵보유국이 되는 것이 입증된다면 이는 핵비확산 역사에 새로운 사례로 기록될 일이다. 예를 들어 과거에는 핵무력을 완성한 뒤 미국과의 우호적인 관계 구축이 필수적인 요건이었다면 북한처럼 미국과 대결하는 정책을 고수하면서도 사실상 핵보유국이 되는 경우는 새로운 사례가 될 것이다. 여기에 미국이 요구하는 민주주의와 법치주의 노력을 경주하지 않고 '우리식 사회주의'를 고수하는 북한이다. 2차 핵시대의 사실상 핵보유국이 될 새로운 사례로 추가될 수 있는 사안인 것이다.

북한이 과거와 다른 새로운 양태로 사실상 핵보유국으로 존재할 가능성을 구체적으로 살펴보기로 한다. 이를 위해서는 지난 30년의 북핵 역사를 들여다봐야 한다. 1차, 2차, 3차로 구분되는 북핵 위기 상황을 전략적 삼각관계 이론과 연관 지어 분석해본다.

---

81 엄상윤(2014), 앞의 글, pp. 265~266.

3차 북핵위기 시작과 북·미·중 삼각관계

1. 북·미·중 전략적 삼각관계 형성과 1, 2차 북핵위기

1) 북·미·중 전략적 삼각관계 원형: 1차 핵위기

1980년대 들어 미국과의 패권경쟁에서 밀린 소련은 급속히 흔들리더니 붕괴되고 말았다. 소련에 이어 동구권이 뒤를 이었다. 그 여파는 곧바로 북한으로 밀려든다. 냉전체제의 와해 이후 미국은 세계 최강국으로서 자국 주도의 세계질서를 구축했다. 소련에 이어 등장한 러시아나 동구권도 이 질서에 가세했다. 북한도 한때 개혁·개방의 길로 들어설 것이라는 관측이 무수하게 제기됐다. 하지만 북한의 선택은 사회주의 공고화였다.[01]

고립의 위기에 처한 북한이 기댈 동맹도 소련과는 다른 길을 택한 중국이었다. 그러나 중국은 북한의 안보적 요구를 충족시켜줄 수 없었다. 경제부문에서 개혁·개방의 노선을 택한 중국은 자국의 경제발전을 위해 미국과의 관계개선에 주력했다. 철저한 고립 상황에 처한 북한을 중국은 더욱 아프게 했다. 1992년 북한의 강력한 반대에도 불구하고 중국은 한국과

---

01 정규섭, 『북한외교의 어제와 오늘』(서울: 일신사, 1997), pp. 211~258.

수교한다. '중국의 방기'에 북한은 분노했고, 최악의 안보위기 속에 북한은 비밀 핵개발에 주력했다.

　북한의 핵개발은 미국에 포착되고, 강력한 제동에 걸린다.[02] 그것이 제1차 북핵 위기였다. 북한은 미국의 압박이 강화되자 1992년 초반, 자국의 모든 핵 프로그램에 대한 IAEA의 사찰을 수용하겠다고 약속했다. 관심은 북한이 영변의 5MW 원자로를 통해 얼마 만큼의 무기급 플루토늄을 생산했는지였다. 북한은 80g이라는 거의 미세한 양만을 추출해 보유하고 있다고 신고했다.[03]

　하지만 미국과 IAEA는 믿지 않았다. 이른바 '불일치 문제'가 생긴 것이다. 미국과 IAEA는 10kg 내외의 플루토늄을 추출했을 것으로 계산했다. 이 정도면 핵무기 1~2개 정도를 만들 수 있는 양이다. 이 불일치 문제는 북한 핵문제가 국제적으로 더욱 널리 알려지는 계기가 됐다.

　IAEA와 마찰을 빚은 끝에 1993년 북한은 NPT 탈퇴를 선언한다. 여기서 눈길을 끄는 대목은 바로 북한이 중국에 의존하지 않고 미국과 직접 접촉한 점이다. 북한은 한중 수교라는 중국으로부터의 '동맹 방기'를 역으로 이용해 미국에 접근하려 했다.

　북한의 위기조성 행위(NPT 탈퇴)는 효과가 있었다. 탈냉전 이후 국제 비확산체제의 유지에 골몰하던 미국에게 북한은 골치 아픈 존재로 다가왔고, 그것이 미국과의 직접 협상을 이끌어냈다. 미북 직접 협상이 진행되

02　조성렬(2017), 앞의 책, pp. 33~46.
03　당시 북한은 방북한 한스 블릭스 IAEA 사무총장에게 1990년 3월 한차례 재처리가 있었으나, 이것은 핵무기 생산이 목적이 아니었다고 안심시켰다. 이용준(2004), 앞의 책, p. 99.

자 중국은 북한과의 관계 개선에 적극 나선다. 북한의 미국 접근은 중국에게 상당한 충격을 던진 것이다. 중국에게는 북한의 지정학적 가치를 재확인시킨 계기가 됐다.[04] 김일성의 요구로 1957년 휴전협정 체결 후에도 북한에 주둔했던 중국군이 철수한 이후 중국의 대북 영향력은 제한적일 수밖에 없었다. 남한에 미군을 주둔시키고 주일미군과의 3각 군사협력 체제를 유지하고 있던 미국과는 그 위상과 역할이 달랐던 것이다.[05] 이런 상황에서 1992년 한중 수교가 단행되자 북한의 배신감까지 더해져 북중 관계는 최악의 상황으로 비화됐다. 그런데 북·중관계를 다시 '회복'시킨 계기가 NPT 탈퇴선언 이라는 북한의 위기조성 행위였다. 이 행위 이후 미국이 북한과 직접협상을 하게 되자 북한의 지정학적 가치가 높아졌고, 이는 중국의 대 북한 태도 변화로 이어진다.

---

04 박홍서, "북핵위기시 중국의 대북 동맹안보딜레마 관리 연구: 대미관계 변화를 주요 동인으로," 『국제정치논총』 제46집 1호(한국국제정치학회, 2006), pp. 103~122.

05 북한과 중국의 갈등관계는 김일성 시기 연안파 숙청, 그리고 김정은 정권 때의 친중파 장성택의 숙청 등에 보듯 역사적 맥락이 있는 것이다. 중국은 북한의 적대국가인 미국과 1970년대 미중 데탕트를 거치면서 1979년 수교하였고, 소비에트 블록 해체 직후인 1992년 한국과 수교함으로써 두 개의 한반도 정책을 추진하였다. 북한의 핵과 미사일 실험 후에는 유엔에서 미국과의 공조를 통해 대북제재에 앞장서는 모습을 보여 왔으며, 북한 또한 중국을 배제하고 미국과의 직접대화를 통한 문제해결을 추구하는 양상을 나타냈다. 이처럼 북한과 중국 관계는 흔히 혈맹관계로 통칭되는 것과는 달리 오랜 기간 동안 동맹 관계에서는 찾아보기 힘들 정도의 갈등 혹은 긴장관계를 노정했다. 심지어 북핵 6자회담 기간에는 북한의 수석대표인 김계관이 노골적으로 반중 발언을 하기도 했다. 이정남은 이를 놓고 "동맹 당사 양국의 외교정책에 중요한 영향을 미치지 못하고 있으며, 양국은 동맹 상대국을 배려하지 않는 독자적으로 외교 행보를 벌이며 이중적 행태를 보이고 있다"고 지적했다. 이정남(2011), pp. 125~154.

3국은 한반도 문제로도 이전부터 긴밀하게 연결돼 있었지만, 북핵 문제로 인해 '전략적인 속성'이 추가되면서 새로운 양상이 잉태됐다고 할 수 있다. 특히 북한은 자신들의 '위기조성외교'가 미국과 중국을 움직이는 힘이 있다는 점을 확인했다. 과거 소련과 중국에서 줄타기 외교를 했던 것처럼 이제는 미국과 중국 사이에서 새로운 줄타기 외교를 하게 된 것이고, 핵이라는 새로운 이슈의 효과도 체감했다. 이는 이후 탈냉전기 북한의 생존전략의 핵심으로 자리 잡는다.

북미 직접 협상 속에 소외감을 느낀 중국은 북한의 지정학적 가치를 확인하고 북·중관계 개선에 나서게 됐다.[06] 이렇게 보면 북·중관계의 대척점에 있었던 미국의 존재로 북·미·중 전략적 삼각관계의 역동성을 처음으로 확인되는 경험을 하게 된 것이다.[07]

엄밀한 의미에서 이 시기를 전략적 삼각관계의 틀에 적용하는 것은 매우 제한적일 수 있다. 사실 이 시기 미국은 중국을 별로 의식하지 않고 핵비확산 체제를 위협하는 문제국가로 등장한 북한과 직접 협상에 임했다. 당시 중국의 GDP는 미국의 10%에 불과했다. 협상은 철저하게 미국과 북한 사이의 양자 협상 형태로 진행됐다. 중국은 협상의 과정에서 북한의 '동맹'으로서 조연 격의 역할을 할 뿐이었다. 그래서 조병제도 "전략적 삼각관계의 원형이 형성됐다"라고 평가한 것이다.[08] 전략적 삼각관계가 아직 본격화되지 않은 원형 형태이긴 하지만 유형화한다면 다음과 같다.

---

06 박홍서(2006), 앞의 글, pp. 103~122.
07 조병제(2019), 앞의 글, pp. 30~31.
08 조병제(2019), 위의 글, p, 39.

1993년 3월 NPT 탈퇴 이전까지 북한과 미국, 중국은 "안정적 결혼" 유형의 삼각관계로 평가할 수 있다. 북한의 은밀한 핵개발을 포착한 미국이 강력하게 압박하면서 A(북한)-B(미국)가 부정적 관계였고, 한중 수교를 전후해 A(북한)와 C(중국) 관계는 최악이었다. 개혁, 개방에 매진한 중국을 미국은 적극 후원해 양국관계는 긍정적 흐름이었다. 이런 국면은 북한에게 매우 위협적인 상황이었고, 결국 북한은 위기조성행위(NPT 탈퇴)로 한반도의 위기감을 끌어올렸다.

북한의 완충지대라는 전략적 가치를 의식하는 중국은 북·중관계의 악화를 방치할 수 없었다. 특히 미국이 북한을 강하게 압박하고 나서면서 북한의 가치가 더욱 부각됐다. 이 때문에 유엔 안보리에서 북한에 대한 제재가 논의되면 중국은 소극적인 태도 또는 반대를 표한다.

중국의 이런 움직임은 강력한 대북 제재나 군사적 방안을 동원해 압

북한의 NPT 탈퇴 전후 삼각관계 변화

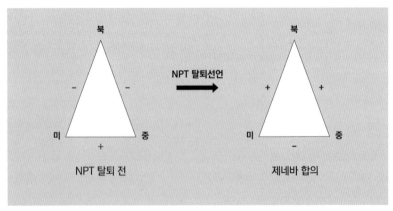

출처: 자체 제작.

박하려는 미국에 영향을 주었고, 결국 미국은 북한과 협상하게 된다. 북한의 현상타개행위가 A(북한)-B(미국), A(북한)-C(중국) 관계를 우호적으로, 그리고 B-C 관계를 경쟁적으로 만들면서 '낭만적 동거' 관계가 된다. 북한으로서는 위기조성행위의 효과를 확인하는 순간이다.

북한은 제네바 합의를 승리로 규정했다. 제네바 합의의 내용을 분석해보면 이런 북한의 평가도 무리가 아니다.[09] 1995년 1월 1일 『노동신문』, 『조선인민군』, 『노동청년』 공동사설의 내용은 다음과 같다.

> "천만뜻밖의 국상을 당한 크나큰 상실의 아픔과 비통속에서도 어버이 수령님의 생전의 뜻을 받들어 거의 1년 반에 걸친 조미회담을 결속 짓고 력사적인 조미기본합의문을 채택, 발표하는 커다란 성과를 이룩하였다." [10]

미국의 평가는 엇갈린다. 제네바 합의를 통해 1994년부터 2002년까지 북한의 플루토늄 프로그램을 중단(동결)시킨 점을 고려하면 미국으로서도 비확산체제 유지 측면에서 의미를 찾을 수 있다. 대표적으로 빌 클린턴 행정부 시절 대북정책조정관을 역임했던 윌리엄 페리 전 국방장관은 2001년 제주평화포럼에 참석한 자리에서 제네바 합의에 대해 전쟁이 아닌 외교적 합의의 의미를 강조한 뒤 "만일 당시 북한의 핵시설이 가동

---

09 유성옥, "北韓의 核政策 動學에 관한 理論的 考察," 고려대학교 대학원 박사학위 논문, 1996, pp. 263~264.

10 공동사설, "위대한 당의 령도를 높이 받들고 새해의 진군을 힘 있게 다그쳐 나가자," 『노동신문』, 『조선인민군』, 『노동청년』, 1995년 1월 1일.

됐다면 지난 6년 동안 적어도 50개의 핵폭탄을 제조할 수 있는 플루토늄을 생산했을 것"이라고 평가했다.[11]

하지만 제네바 합의에 대한 미국 내 평가는 부정적 기류가 더 강한 편이다. 정작 제네바 합의 당시 미국 측 수석대표로 서명했던 로버트 갈루치 전 미국 국무부 북핵 특사는 2016년 10월 5일 워싱턴DC에서 미국 존스홉킨스대 국제관계대학원(SAIS) 등이 주최한 토론회 주제발표를 통해 "지난 25년간 우리(미국)의 (대북)정책은 실패했다고 생각한다. 우리(미국)는 북핵 개발을 멈추지 못했다"라고 말했다.[12]

특히 미국 내 부정적 기류는 북한의 비밀 핵개발이라는 국제법적 위반 행위에 대해 '보상조치'를 약속한 불행한 선례를 남긴 것에 대한 비판과 깊게 연관된다. 이후에도 북한의 핵활동 잠정중단과 미국의 상응조치 제공이라는 협상구도는 재현됐다.

김일성 사망 이후 북한은 미국과의 제네바 합의 도출에도 불구하고 다른 사회주의 국가들과는 다른 '북한식 생존전략'에 몰두한다. 1994년 11월 1일 발표된 김정일의 논문 "사회주의는 과학이다"는 자본주의의 물결을 막고 북한식 사회주의를 고수하며 활로를 모색하려는 김정일의 선택을 체감적으로 전해준다.

---

11 권경복, "〈페리 前조정관, 北核위기 회고〉,"『연합뉴스』, 2001년 8월 16일.

12 김세진, "갈루치 "美, 한국과 상의없이 北에 당근 제시 말아야,""『연합뉴스』, 2016년 10월 5일.

"사회주의는 과학이다. 여러 나라에서 사회주의가 좌절당하였지만 과학으로서의 사회주의는 의연히 인민들의 마음속에 살아있다. 제국주의자들과 반동들은 사회주의를 건설하던 일부 나라들에서 일어난 사태를 놓고《사회주의의 종말》에 대하여 떠들고있다. 사회주의배신자들은 사회주의리념자체가 잘못된 것이라고 하면서 저들의 추악한 배신행위를 변호하려 하고있다. 그러나 진리는 가리울수 없고 말살할수 없는것이다. 여러 나라에서 사회주의가 무너진것은 과학으로서의 사회주의의 실패가 아니라 사회주의를 변질시킨 기회주의의 파산을 의미한다. 사회주의는 기회주의에 의하여 일시 가슴아픈 곡절을 겪고있지만 그 과학성, 진리성으로 하여 반드시 재생되고 종국적승리를 이룩하게 될 것이다."[13]

사실 냉전체제 붕괴 이전부터 중국은 덩샤오핑이 주도하는 개혁개방의 흐름 속에 자본주의적 시장 질서를 과감하게 도입했으나 북한은 두드러진 차이를 드러냈다. 중국과 달리 북한은 소유문제가 사회주의 붕괴의 원인이라는 인식을 갖고 대처했던 것이다. 이런 인식은 1990년대에 이어 2000년대까지 지속됐다.[14]

---

13 김정일, "사회주의는 과학이다," 『노동신문』, 1994년 11월 1일. 이 논문은 1980년대 말 소련의 개혁개방으로 시작된 동구 사회주의 몰락 원인을 수정주의자들의 변절로 규정했으며, 김일성 주체사상으로 무장하면 북한의 사회주의도 성공할 수 있다는 주장을 담고 있다. 북한은 이 논문을 "사회주의 승리의 길을 밝힌 불멸의 총서"로 평가한다. 김용현, "선군정치와 김정일 국방위원장 체제의 정치변화," 『현대북한연구』 제8권 3호(북한대학원대학교, 2005). pp. 113~114.

14 김일한, "북한의 경제개혁 논쟁: 가치법칙의 재해석 −중국과의 비교−," 『통일정책

김정일은 '선군체제' 강화를 통해 새로운 핵개발의 돌파구를 모색했다. 그럼에도 외형상 제네바 합의 체제는 몇 년간 순항했다. 그런데 북한의 움직임이 이상했다. 그리고 그 징후는 첩보로 전해져왔다. 은밀하게 핵개발을 계속하고 있다는 것이다. 이번에는 플루토늄이 아니고 우라늄농축을 통해 핵무기를 개발하려 한다는 것이었다.[15]

당연히 미국 정부는 강력하게 제동을 건다. 그 과정에서 불거진 것이 바로 2002년 10월 평양에서 벌어진 'HEU 파동'이다. 제임스 켈리 미국 국무부 차관보와 북한 고위관료 사이의 충돌인 이 사건을 계기로 제네바 합의 체제가 서서히 무너졌다. 북핵 2차 위기의 시작이었다. 미국은 이번에는 중국과 함께 북핵 문제를 관리하는데, 바로 6자회담이었다.

이 시기 가장 큰 특징은 중국의 확대된 역할이다. 중국은 탈냉전 초기 중국이 북한을 방기의 위협에 빠뜨렸던 것과 제1차 북핵 위기에서 방관자적 자세를 취했던 것과는 달리, 제2차 북핵 위기에 적극적으로 관여하는 대조적인 모습을 보였다.[16] 2차 핵위기로 한반도를 비롯한 동아시아 위기감이 고조되자 중국은 미국과 북한 사이에서 적극적으로 움직인다. 그 결과 2003년 4월의 북·미·중 3자회담이 베이징에서 열리게 됐다.

연구』제21권 1호(통일연구원, 2012) pp. 118~119.

15 이용준(2018), 앞의 책, pp. 152~167.

16 이상숙, "김정일-후진타오 시대의 북중관계: 불안정한 북한과 부강한 중국의 비대칭 협력 강화,"『한국과 국제정치』제26권 4호(극동문제연구소, 2010), p. 126.

1·2차 북핵 위기 및 국제사회 움직임

1993년 3월	• 북한, 국제원자력기구(IAEA) 사찰 거부, 핵확산금지조약(NPT) 탈퇴 선언(1차 북핵위기)
1994년 10월	• 미국 등 북한에 경수로 제공, 북한은 영변 핵시설 동결하는 제네바 합의 도출
2002년 12월	• 북한, 핵동결 해제 및 고농축우라늄(HEU) 보유 선언(2차 북핵위기)
2005년 2월	• 북한, 핵무기 보유 선언 및 영변 원자로 폐연료봉 추출 발표
9월	• 6자 회담 당사국 북한의 현존 핵무기 포기 합의
2006~2013년	• 북한 1·2·3차 핵실험 및 원자로 폐쇄 후 재가동 발표 • 국제사회, 유엔 안보리 결의 1718·1874·2094호 이행

출처: 자체 제작.

2) 북·미·중 3자회담과 전략적 삼각관계의 형성: 2차 핵위기

북·미·중 3자회담은 전략적 삼각관계 측면에서 의미있는 사건이다. 그 이전까지는 북한이 미국을 상대로만 핵협상을 진행해왔고, 미국도 비확산체제 유지 차원에서 북한과의 직접 협상을 수용해왔지만, 이 3자회담을 고비로 북한 핵협상에 중국이 공식으로 참여했기 때문이다. 북핵 문제가 기본적으로 미국의 비확산정책과 북한의 핵개발 정책이 충돌하는 것이고, 북미간 오랜 적대관계로 인해 양국 사이를 중재하는 참여자의 필요성이 높은 속성을 반영하는 것이기도 했다.

특히 3자 회담이 성사되는 과정을 보면 북한이 핵협상에 중국의 참여를 원했다는 것을 알 수 있다. 1990년대 1차 핵위기 때와는 구도가 달라진 것이다. 중국도 1차 위기 때와 달리 적극적으로 역할을 하려 했다. 그런 점에서 북·미·중 3자회담은 전략적 삼각관계가 비로소 형성됐다는 의미를 부여할 수 있다.

사실 중국이 참여하는 3자 회담은 당시 미국 정부가 선택한 방식이었다. 그 바탕은 중국과 미국의 우호적 관계에서 비롯됐다. 양국은 비록 일부 사안에 대해 갈등과 대립을 하기도 했지만 기본적으로 전략적 협력관계를 강화했고, 특히 북핵 문제에 있어 한반도 비핵화라는 대전제를 놓고 미국은 물론 중국도 동의했다.

미국과 중국의 협력 하에 두 강대국에 대항하는 북한의 전략은 수세적일 수밖에 없었다.[17] 실제로 2003년 4월 23일 베이징 외곽의 댜오위타이(조어대)에서 열린 북·미·중 3자회담에서 미국은 양자 회담을 고집하는 북한과 마주 앉지 않았다. 삼각형의 테이블에 3국 대표단이 나란히 앉는 회담 방식을 고수했다. 그나마 양자 형식의 회담은 미국과 중국, 그리고 북한과 중국 대표들이 만나는 것만 진행됐다.

북한의 수석대표인 리근이 "8천 개의 사용 후 핵 연료봉의 재처리를 이미 시작했다"라는 도발성 발언을 했지만 미국은 북한 대표단을 직접 만나지 않았다.[18] 중국의 수석대표인 푸잉(傅瑩)은 뭔가 성과를 내기 위해서는 북미 양자 접촉이 필요하다고 판단해 미국의 수석대표인 제임스 켈리에게 리근과의 만남을 제안하기도 했지만 미국은 단호히 거부했다. 그것은 워싱턴의 훈령에 따른 것이었다. 공화당의 부시 행정부는 민주당 클린

---

17 이상숙(2009) p. 130.
18 이우탁(2009), 앞의 책, pp. 222~223.

턴 행정부 시절 북미 양자 협상의 결과로 나온 제네바 합의를 무력화시키려 했다. 그런 원칙이 북미 양자 접촉을 거부하게 만든 것이었다. 자연스럽게 중국이 미국과 북한을 오가며 중재를 맡게 됐고, 의장국이라는 표현이 등장했다.[19]

사흘간 진행된 3자회담은 아무런 성과 없이 끝났다. 결렬된 것이나 마찬가지였다. 하지만 3자회담은 2차 핵위기가 1990년대 1차 핵위기 때와는 사뭇 다른 방식으로 다뤄질 것을 예고한 외교공간이었다.[20] 북한이 협상에서 꺼낸 이른바 '4단계 제안'과 핵보유 위협은 미국을 자극했다.

미국은 북한의 속내를 알기 위해 다시 협상을 하기로 했다. 이번에는 한국과 일본도 참여하는 5자회담을 제안했고, 북한은 이에 응하지 않았다. 자연스럽게 중국이 북한을 설득했다. 북한의 강석주 외교부 부부장은 평양을 방문한 다이빙궈 중국 외교부 부부장의 '다자회담' 제안에 "다자회담 내에서 북미 양자 접촉을 한다"는 답변을 들은 후에 러시아까지 참여하는 6자회담 방안에 대해 '전향적으로 검토하겠다'고 밝혔다.[21]

결국 북·미·중 3자회담은 북핵을 고리로 미국과 북한, 그리고 중국이 전략적 삼각관계로 연결되는 계기가 됐다. 북한은 미국을 만나기 위해 중국을 사이에 둘 수밖에 없었고, 미국은 중국의 협조를 통해 북한을 관리하려 했다. 이것이 시작되어 2차 북핵 위기는 미국과 중국의 협력을 바탕

---

19 이우탁(2009), 앞의 책, pp. 222~223.

20 이우탁(2009), 위의 책 p. 228.

21 북한은 미국의 5자회담 제안에 맞서 러시아까지 참여하는 6자회담을 제안했다. 결국 이것이 받아들여진 셈이라고 할 수 있다. 후나바시 요이치, 『김정일 최후의 도박: 북한 핵실험 막전막후 풀 스토리』 (서울: 중앙일보시사미디어, 2007), pp. 400~401.

으로 하는 새로운 외교틀이 작동한다. 바로 6자회담이다.

북·미·중 3자회담이 열린 지 석 달 후인 2003년 8월 미국과 북한, 중국에 한국과 일본, 러시아가 참여하는 6자회담이 시작됐다. 1차 회담 당시만 해도 이 회담이 얼마나 오래 지속될지, 그리고 매번 중국 베이징에서 열리게 될지 몰랐다. 하지만 2008년 12월 마지막 6자회담 때까지 중국이 의장국을 맡았다. 이 시기의 가장 큰 특징은 미국과 중국의 협력관계였다.

미국과 중국은 북한 비핵화 견인을 위해 함께 노력했다. 당시 중국의 국력은 미국과 비교할 수준도 아니었다. 6자회담이 시작된 2003년 중국의 GDP는 미국의 14% 수준이었다. 조지 W. 부시 행정부는 미국에 우호적인 후진타오 국가주석과의 우호관계를 바탕으로 외교-국방장관 간 정기회담 등을 정기적으로 열면서 중국과 협력했다. 북핵 문제 또한 미·중 협력의 중요 주제로 다뤄졌다.

중국은 대화를 통한 평화로운 해결을 강조하고 미국에게 북한과의 대화를 주문했다. 비록 북한은 미국과의 양자회담을 중시하려 했지만 미국의 부정적인 태도로 중국을 사이에 둔 삼각협상의 성격이 매우 짙었다.[22] 미국과 중국의 협력이라는 주요 변수가 시종일관 북미중 삼각관계의 기본을 유지했다. 6자회담 시기 한국도 중요 행위자였다. 6자회담이 중단의 고비를 맞았을 때 노무현 정부가 미국과 중국을 상대로 돌파구 마련을 위해 역할을 한 적도 많았다. 하지만 적어도 북한이 이 시기 자신들의 핵문제를 미국과 중국, 그리고 북한이라는 삼각관계 게임으로 인식했다는 점은 부인하기 어렵다.

---

22 이상숙(2009) p. 140.

북핵 6자회담 주요 일지

2005년 9월 19일	재개된 6자회담에서 북핵 폐기와 대북 지원 등 '9·19공동성명' 채택
2006년 7월 5일 ~10월 31일	북한, 장거리 미사일 시험발사·1차 핵실험. 안보리 대북제재 결의. 6자회담 중단
2008년 12월 8일 ~11일	베이징 6자회담(마지막), 북한의 과거 핵 활동 검증 논란 끝에 결렬
2009년 5월 25일	북, 제2차 핵실험
2012년 2월 29일	북·미, 비핵회 사전조치와 대북식량지원 등 '2·29합의' 도출
2013년 2월 12일	북, 제3차 핵실험
4월 2일	북, 영변 원자로 재가동 선언

출처: 자체 제작.

미·중의 협력 속에 6자회담은 2005년 9월 북한 비핵화의 청사진으로 평가되는 '9·19 선언'을 도출했지만 이내 방코델타아시아(BDA) 사태로 6자회담 자체가 공전하고 만다.[23]

두 강대국 사이에서 버림받은 약소국 북한은 버림받은 행위자로서 도전적이거나 공격적으로 나왔다. 북한은 안보 불안정 상황을 계속 만들었다.[24] 북한의 위기조성행위가 재현된 것이다. 이때는 2006년 10월의 1차 핵실험이 대표적이었다. 1차 핵위기 때의 NPT 탈퇴 선언과 비교하면

---

23 이우탁(2009), 앞의 책, pp. 351~411.
24 이상숙(2010), 앞의 글, pp. 130~144.

강도가 높은 위기조성행위였다.

이번에도 북한의 도발은 효과가 있었다. 결과적으로 미국의 정책전환을 가져왔다는 점에서 그렇다. 특히 미국의 중간선거가 시기적으로 겹쳤다. 이 선거에서 부시 대통령의 공화당이 패배했다. 그러자 1기 부시 행정부에서 핵심 역할을 장악했던 강경 보수 성향의 네오콘들의 위세가 위축되고, 협상파들이 등장하게 된다.

역시 중국이 중재자 역할을 적극적으로 수행한다. 대표적인 사례가 북한의 핵실험 직후 후진타오 주석의 특사로 평양을 방문한 탕자쉬앤(唐家璇) 국무위원의 활약이다. 이 자리에서 탕자쉬앤은 김정일 위원장에게 후주석의 친서를 전달하였다. 이후 10월 31일 베이징에서 북한, 미국, 중국 세 국가가 회동을 통해 6자회담 재개에 합의했고, 그 결과물이 2007년 '10·3 합의' 도출이었다.[25]

2차 핵위기 시기 미국과 중국은 북핵 문제 해결을 위해 협력관계를 유지했다. 이 시기 중국의 위상은 과거 냉전시절 미국과 맞섰던 소련과 유사한 상황이 아니었다. 따라서 이 시기는 미국에 의해 중국의 참여가 용인된 상태에서 연출된 전략적 삼각관계라 할 수 있다. 미·중관계가 우호적인 속성을 유지할 경우 북한의 상황은 불리하게 된다는 것을 앞의 이론적 검토에서 파악해봤다. 그래서 북한은 이를 타개하기 위해 도발을 감행한다.

---

25 이우탁(2009), 앞의 책, pp. 459~550.

핵실험 전후 전략적 삼각관계 변화

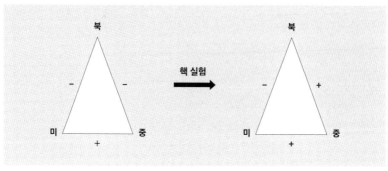

출처: 자체 제작.

2차 북핵위기를 북·미·중 전략적 삼각관계 유형으로 분석한 이상숙은 국면의 흐름을 바꾼 것은 북한의 위기조성행위였으며, 그 과정에서 중재자 역할로 존재감을 드러낸 것은 중국이었다고 설명한다.[26] 미·중의 우호관계를 바탕으로 한 '안정적 결혼' 상태를 더 강한 위기조성행위, 즉 핵실험 강행을 통해 결국 '낭만적 동거(로맨틱)' 삼각관계로 전환시킨 것이다. 전략적 삼각관계의 틀로만 보면 미국과 북한 사이에서 적극적 중재노력을 한 중국이 주도적 행위자였다. 이 흐름은 미·중관계의 변화가 일어나면 다른 양상으로 비화될 수밖에 없는 속성을 내재하고 있다.

---

26 이상숙(2010), 앞의 글, p. 137.

2. 미·중관계의 변화와 전략적 삼각관계의 본격화

1) 미·중관계의 변화와 3차 북핵위기 정의 및 특징

미국은 2차 세계대전 승리를 주도하면서 사실상 영국을 대체하는 패권국으로 올라섰다. 소련이 한때 미국에 맞서 동서 냉전 구조에서 맞섰지만 탈냉전 이후 세계는 미국의 단극체제였다. 이 체제는 한동안 이어졌다.[27] 미국에 맞설 도전국이 부상하지 않으면서 한동안 세력전이론은 관심을 끌지 못했다.[28]

그러나 미국의 일방주의(unilateralism)는 오래가지 못했다. 한때 일본이 미국의 새로운 도전국이 될 것으로 여겨졌으나 이내 일본은 미국에 굴복했다. 그 이후부터는 중국이 주목됐다. 중국은 개혁·개방의 강력 추진과

---

27 Robert Gilpin, *The Political Economy of International Relations* (Princeton: Princeton University Press, 2016), p. 77.

28 대표적인 세력전이론의 후속 연구로는 다음의 연구가 있다. Henk Houweling and Jan G. Siccama, *Studies of War* (Dordrecht: Martinus NijhoffPublishers, 1988); Woosang Kim(1989), 앞의 글, pp. 255~273.

이에 따른 국력의 상승으로 2000년대부터 국제무대에서 미국의 경쟁자로 인식되기 시작했다. 미국 조야에서 '중국위협론'이 처음으로 제기되기도 했다.

하지만 사회주의권 붕괴로 세계 냉전체제가 무너지고 세계 최강국으로 부상한 미국에게 맞설 정도로 중국이 성장한 것은 아니었다.[29] 게다가 2001년 미국과 세계를 놀라게 한 9·11테러는 미국의 세계전략을 바꾸게 했고, 이는 중국과의 협력을 강화하는 외교정책을 견인했다.

중국의 경제 성장세가 갈수록 가팔라지던 2008년 글로벌 금융위기 이후 미국의 경제가 침체하면서 미국의 대중 인식은 악화됐다. 오바마 행정부 때인 2009년부터 2012년까지 이른바 '전략경쟁이냐, 협력발전이냐'의 논쟁이 활발하게 전개됐다.[30]

키신저(Henry Kissinger)는 협력을 강조했다. 그는 다수 강대국이 존재하는 국제체제에서 협조와 타협이 필수적이라고 본다. 따라서 미국과 중국이 협력해 전략적 신뢰관계를 구축하면 제로섬 게임의 패권경쟁이 아닌 새로운 질서를 만들어낼 것이라고 강조했다. 글로벌 평화에 방점을 찍은 키신저의 제안은 미국 내 중국견제론을 일축한 것으로 평가됐다.[31]

브레진스키(Zbigniew Brzezinski)도 미국의 쇠퇴가 불가피하다는 견해가 많지만 그럼에도 불구하고 미국은 아직도 저력을 갖고 있다고 강조했다. 그는 특히 2035년 후에는 중국이 미국의 자리를 차지하게 될 것이라

29 서진영, "부강한 중국의 등장과 중국 위협론,"『한국과 국제정치』제18권 3호(극동문제연구소, 2002), pp. 1~27.

30 이우탁·박한진(2016), 앞의 책, pp. 17~40.

31 Henry Kissinger, *On China* (New York Penguin, 2012), pp. 520~528.

는 의견에 동의하지 않았다. 미국과 달리 중국은 지정학적으로 유리하지 않으며, 중국의 빠른 성장은 미국이 주도한 국제경제체제에 힘입은 것이라 미국이 쇠퇴하면 중국의 경제도 안심할 수 없다고 지적했다. 중국이 성장하기는 했지만 미국 패권에 도전할 정도는 아니라는 것이다.[32]

하버드 대학의 나이(Joseph Nye. Jr.) 교수도 냉전기 소련과의 관계와는 달리 현재 미·중관계는 상호가 최대 교역국이며 경제, 에너지, 기후변화 등 여러 분야에서 상호 협력해야 한다고 주장했다.[33] 그는 최근에도 미국과 중국의 이른바 '그레이트 디커플링'(Great Decoupling·거대한 탈동조화)을 이야기하는 것은 현실 오도라고 지적했다.[34] 미국의 적극적인 대처를 주문하는 목소리가 커진 것이다.

오바마 정부 임기 말기에 접어들면서 미국 내에서는 중국에 대한 강경 여론이 고조됐다. 서서히 중국을 패권도전국으로 인식하기 시작한 것이다. 미국의 강경기류는 미국 내 보수파의 거물, 마이클 필스버리가 잘 표현했다. '백년의 마라톤(The Hundred-Year Marathon)'을 저술한 필스버

---

32 Zbigniew Brzezinski, *Strategic Vision: American and the Global Power* (New York: Basic Books, 2012), pp. 199~202.

33 Joseph Nye. Jr., "Our Pacific Predicament," *The American Interest*, 8-4(2013), pp. 32~40.

34 나이 교수는 2021년 11월 16일 한국유엔체제학회와 카이스트 4차산업혁명정책센터가 주최한 국제회의 기조연설에서 과거 미소 관계가 군사 영역에서 상호 의존적이지만 경제나 초국가적 관계에서는 그렇지 않은 '2차원' 체스 게임이었다면, 미중관계는 '3차원' 게임이라고 진단한 뒤 세계적 환경문제와 같은 "초국적 이슈는 모두에게 위험이 되지만 어떤 국가도 홀로 이를 관리할 수는 없다"고 강조했다. 김효정, "美석학 "미중, 냉전때와 달리 상호 의존…경제 완전분리 못해,""『연합뉴스』, 2021년 11월 16일.

긴급 프로젝트 한반도 핵균형론 북한의 핵보유국화와 미중 패권경쟁

136

리는 이 책의 원저에 달린 부제 '미국을 제치고 글로벌 슈퍼파워로 등장하려는 중국의 비밀 전략(China's secret strategy to replace America as the global superpower)'처럼 당시 미국 내 정서를 정리했다.

필스버리에 따르면 미국은 중국에 속았다는 것이다. 그는 1949년 건국한 중국은 처음부터 세계 최강국이 되기 위해 야망을 키워왔는데, 미국이 그런 중국의 대전략을 생각하지 않고, 미국이 주도하는 글로벌 경제시스템에 자유롭게 편입시켜, 중국의 급속한 성장을 도왔다는 것이다. 미국을 속인 중국은, 건국 100년이 되는 2049년 미국을 대체할 슈퍼파워로 성장하기 위해 '100년의 마라톤'을 하고 있다고 봤다.[35]

미·중관계의 변화 속에 북핵 3차 위기가 전개됐다. 서론에서 3차 북핵 위기에 대해 '2008년 12월 마지막 6자회담이 중단된 이후 북핵 관리틀이 가동되지 못한 상태에서 북한이 핵무력 완성을 위한 최후의 단계에 들어서면서 초래된 새로운 국면'을 지칭한다고 전제했다.

학계 일각에서는 3차 북핵 위기에 대한 시기규정을 놓고 다른 의견을 제기하기도 한다. '3차'라는 구분을 하는 게 적절한지에 대한 의문도 일었다.[36] 또 국제사회에 던진 파장을 감안할 때 북한의 수소폭탄을 포함한 핵무력 완성 선언과 트럼프 미국 대통령의 대북 선제타격 경고 등으로 한반도 위기감이 고조된 2017년 7월을 시작점으로 봐야 한다는 시각도 있다.[37]

---

35 마이클 필스버리 저, 한정은 역, 『백년의 마라톤 -마오쩌둥, 덩샤오핑, 시진핑의 세계 패권 대장정』(서울: 영림카디널, 2016), pp. 27~29.

36 이정철, "3차 북핵위기 규정, '미국 책임론 희석 경계해야", 『민족21』 통권 100호 (민족21, 2009), pp. 182~183.

37 이용준, 『북핵 30년의 허상과 진실:북핵 30년의 허상과 진실:한반도 핵게임의 종

하지만 이 책에서 3차 북핵 위기를 이처럼 정리한 것은 몇 가지 특징을 감안한 것이다. 먼저 북한의 핵전략이 1, 2차 위기 때와 3차 위기 시기가 확연히 달라진 점을 고려했다. 실제로 1, 2차 북핵 위기 때와 달리 북한의 입장이 '핵실험 단계'에서 '핵무력 완성, 나아가 핵보유단계'로 바뀌었다. 이것은 매우 중요한 변화이다.

지난 30년의 북한 핵의 관점에서 볼 때 세계적 냉전체제의 붕괴 이후 생존을 위해 핵개발에 뛰어든 북한은 1990년대와 2000년대에 걸친 1차, 2차 핵위기까지는 핵무기를 갖고자 하는 의지를 실험하는 단계였다고 할 수 있다. 6자회담이 진행되던 2006년 10월 9일의 1차 핵실험도 북한 입장에서는 최초의 핵무력 완성을 위한 결단의 시간이었다. 북한은 이른바 '말 대 말' '행동 대 행동' 원칙을 제시하며 미국과 비핵화를 전제로 한 협상을 진행했다.

그러나 2009년 이후 북한은 본격적으로 핵무기를 고도화하고 완성하는 단계로 진입했으며 2019년 이후에는 핵보유국임을 과시하고 있다. 북핵 6자회담의 구속으로부터 벗어나, 2·13 합의나 10·3 합의 등의 무효화 선언과 함께 과감하게 추가적인 핵실험을 통해 핵무장국으로서 손색이 없는 핵무력을 완성했다.

북한은 이를 발판으로 미국에 과거와 차원이 다른 새로운 판을 요구하고 나섰다. 가까운 미래에 국제사회는 북한을 '사실상 핵보유국'으로 받아들이느냐의 문제를 놓고 고민해야 할 상황에 처했다. 이는 북한의 '3세대 최고지도자' 김정은의 핵전략과도 직접 연결된다. 수령체제인 북한의

말』(서울: 한울, 2018), p. 296.

속성상 최고지도자가 구상하는 핵전략이 그 이전과 차이를 보인다면 시기 구분의 기준으로 활용할 수 있다고 판단된다.

1, 2, 3차 북핵 위기 비교표

	1차 북핵위기	2차 북핵위기	3차 북핵위기
위기발단	- IAEA, 특별사찰 요구(1993.2) - 북한의 NPT 탈퇴 선언(1993.3.12)	HEU 파동(2002.10.17) 미국 "북 핵개발 계획 시인"발표	2009년 이후 6차핵실험까지 핵무력 고도화
협상틀	미국-북한 양자회담	북핵 6자회담(미국북한 중국 한국 일본 러시아)	미국-북한 양자회담(정상회담 포함)
협상결과	제네바 합의(북한의 핵동결 대가로 경수로 2기와 중유 제공)	북핵 폐기와 북미 관계정상화/에너지 지원 포함 경제협력/한반도 평화체제 구축 등	미북 정상회담에서 북한측 제재 해제등 요구/영변 카드 제시 -미국의 거부로 협상 결렬
협상 이후	제네바 합의 이후 8년간 양측 의무사항 이행하다 중단	북한 핵시설/핵무기 검증 단계에서 좌초/2009년 이후 6자회담 재개 불발	싱가포르 정상회담에서 '공동선언' 도출됐으나 하노이에서 협상결렬 이후 협상틀 실종
평가	제네바 합의에 대해 북한 '승리'평가- 미국내 부정적 평가 우세	6자회담 기간중 실질적 북한 비핵화 견인 못하고 북한의 핵개발 수준 제고	미·중전략경쟁 여파로 북한핵 성격 변화-북핵 이슈 세력균형 문제로 전환

출처: 자체 제작.

아울러 여러 번 지적했듯 3차 북핵 위기 시기의 가장 큰 특징은 미·중 관계의 기본 축이 바뀐 것이다. 미국과 중국이 과거 냉전시절 미국과 소련의 대결과 같은 경쟁을 벌이게 된 것이다. 이에 따라 과거에는 협력하던 국제 현안에 있어서도 양국은 새로운 접근을 하게 되는데 북핵 문제가 대표적인 이슈다.

미국과 중국은 과거에는 북한 핵문제 해결을 위해 협력관계를 유지했으나 이제는 전략경쟁에서 상대를 압박하고 굴복시키는 데 주력하고 있다. 이 때문에 북한이 위기조성행위를 하더라도 북핵 위협에 공동 대처하는 것이 거의 불가능해졌다. 서로를 향한 경쟁 속에 북한의 비핵화 문제에 집중할 수 없게 된 것이다. 과거와 달라진 전략적 삼각관계 유형이 연출되는 배경이다.

이 시기는 김정은이 3대 최고지도자로 부상하고 집권한 때이다. 따라서 김정은의 핵전략은 미·중관계의 변화와 긴밀히 연동돼있다. 실제로 미·중 패권경쟁의 심화는 북한에 새로운 공간을 제공하고 있다. 특히 북한의 전략적 가치는 이전과 다른 차원으로 비화되고 있다. 그것이 북한의 핵전략과 핵보유국의 길과 직접 연결되는 것이다.

2) 북미 2.29 합의와 북한의 핵무력 고도화: 2009~2012.5

6자회담은 2008년 12월에 열린 마지막 회의를 끝으로 재개되지 못했다. 미국과 북한은 2009년에도 이른바 '핵검증 협상'을 진행하며 신경전을 펼쳤다. 검증 합의를 이끌어내면 곧바로 IAEA 사찰단이 북한으로 들어가 주요 핵시설과 핵 프로그램에 대한 확인 작업을 펼칠 것으로 전망되기도 했지만 결국 성과는 없었다. 이후 간헐적인 북미 접촉이 이어졌다. 6자회담 이후에도 미국은 한동안 중국과 함께 하는 정책을 구사했다. 2009년

초에도 미국과 중국은 고위급 정부 인사 참여하에 전략 대화를 시작한 뒤 협조체제를 구축했다. 양국 주요 현안 중에 북핵 문제도 당연히 포함됐다.

북한 내부에서도 큰 변화가 일어난다. 2008년 8월 최고지도자 김정일이 쓰러진 것이다. 체제 내부의 동요 속에 북한의 행동은 거칠어지기 시작했다. 2009년 1월 북한인민군 총참모부는 서해 NLL을 무효화하고 대남(對南) 전면대결을 선언했다.

조국평화통일위원회도 "북남 사이의 정치군사적 대결상태 해소와 관련한 모든 합의사항들을 무효화"한다면서 남북기본합의서의 서해 해상군사경계선 조항들을 폐기한다고 발표했다. 2009년 4월 미국 오바마 행정부가 출범하자마자 북한은 미사일 발사를 강행했고, 5월에는 2차 핵실험을 했다. 북한 특유의 위기조성전술이 다시 등장한 것이다.[38]

북한이 던진 충격파에 국제사회는 대응에 돌입했다. 유엔 안보리는 2009년 6월 12일 북한에 대한 추가 제재결의 1874호를 내놓았다. 유엔헌장 제7장 41조(비군사적 강제조치)를 원용한 이 결의는 북한을 출입하는 의심스러운 화물에 대한 검색 의무화와 북한의 대량살상무기와 미사일 개발에 기여할 수 있는 모든 금융거래 금지 등을 담고 있다. 북한은 강력히 반발하며 6월 13일 외무성 성명을 통해 우라늄농축 착수를 공식 발표했다.[39] 마침 이때는 보수적인 이명박 정부가 출범한 직후였다. 이명박 정부도 대북한 경제지원 중단과 PSI 가입을 선언했다. 북한은 이후 남한에 대

---

38 김진하, "김정은 북핵(北核)외교 담론분석: 대미전략을 중심으로," 『전략연구』 제 28권 2호(한국전략문제연구소, 2021), p. 164.

39 장용훈, "北, 유엔결의 맞서 우라늄 농축 선언," 『연합뉴스』, 2009년 6월 13일.

해서는 강경한 군사조치를 취했다. 2009년 11월 대청해전과 2010년 3월 천안함 침몰 등 북한의 강경도발로 한반도 위기감이 고조됐다.

하지만 북한은 미국에 대해서는 협상의 재개를 요구했다. 미국을 자극하기 위해서인지 2010년 10월 해커(Siegfred Hecker) 박사를 포함한 미국 과학자 대표단에게 2,000개로 구성된 우라늄농축시설과 소형 경수로 건설 현장을 보여주기도 했다.

북한의 행위는 일시적이지만 효과가 있었다. 오바마 미국 행정부는 처음에는 북한의 2차 핵실험에 강경하게 대응하려는 조짐도 있었지만 결국 북한에 대한 대응 기조를 협상으로 전환했다. 마침 2011년 1월의 이집트 민주화 시위와 무바라크 이집트 대통령 하야, 8월 리비아 반군의 트리폴리 점령과 카다피 피살 등 중동 정세가 불안했다. 중동 사태는 독재자들의 붕괴라는 현상으로 북한에게도 강경보다는 협상으로 나아가게 하는 동력이 됐다.

김정은 집권 후 미국과 첫 번째 만남은 2012년 2월 23~24일 개최된 베이징 회담이었고, 그 결과로 체결된 것이 2·29 합의이다. 북미는 북한이 우라늄농축 프로그램을 중단하고 핵·미사일 실험을 유예하는 대가로 24만 톤의 영양지원을 받기로 합의했다.[40]

2·29 합의는 북한의 핵전략 측면에서 의미가 있는 사건이었다. '비핵화'가 여전히 의제로 되고 있음을 확인했기 때문이다. 그러나 북한이 4월 13일 인공위성이라고 주장하는 장거리 미사일(광명성 3호)을 발사함으로써 2·29 합의는 무력화됐다.

---

40 이용준(2018), 앞의 책, pp. 255~275.

김정은은 왜 이런 선택을 했을까. 통상 북한은 미국과의 핵합의를 도출하면 경제적 인센티브와 관계 정상화를 위한 협상에 상당 기간 주력해왔지만, 이번에는 두 달 만에 미국으로부터 보상도 받지 않고 합의를 무산시켜버렸다.

이와 관련해 많은 해석이 나오지만 미·중관계의 흐름과 연관지어 해석해보면 합리적 추론이 가능하다. 국제금융위기로 미국의 쇠퇴가 가시화되고 중국의 경제력이 급속히 팽창하며 미·중 경쟁의 변화가 가시화되고 있는 상황에서 북한은 일단 자국의 전략적 위상을 높이는 게 급선무였다고 할 수 있다. 세계질서의 급변속에서도 자국의 체제안전을 도모하는 길은 핵무력에 의존하는 것이 가장 믿을 수 있는 길이라고 판단했다는 것이다.[41]

대신 북한은 미국을 이용해 중국을 흔드는 전술은 지속한다. 김정일은 사망하기 전해인 2010년 5월 3일 아픈 몸을 이끌고 중국을 방문했다. 북한의 위기조성행위와 미국과의 직접 접촉이 이어지는 가운데 중국은 북한 관리에 주력했다. 중국은 김정일을 극진하게 대접한다. 중국이라는 후원 세력의 존재를 과시하면서 대규모 경제협력과 경제지원도 약속했다.[42]

'북한의 도발, 미국의 태도 전환, 중국의 북한 후원'이라는 북핵위기 때의 패턴이 재현된 가운데 북한의 행보가 미·중 경쟁의 틈새에서 자국의

---

41 박원곤, "연속된 '균형'(balancing): 김정은 시기 대미전략 10년," 『한국국가전략』 제7권 2호(한국국가전략연구원, 2022), pp. 165~166.

42 인교준·홍제성, "〈김정일訪中〉 북·중 연대 과시," 『연합뉴스』, 2010년 5월 6일.

전략적 위상을 높이기 위한 쪽으로 움직이고 있음이 확인된다.

이 시기를 북·미·중 전략적 삼각관계에 적용해 살펴보면 초기에는 2차 핵위기 때와 유사하게 전개되다가 점차 미·중관계의 축이 변화하는 조짐을 보이고 있다는 것을 알게 된다.

김정은 집권 초기 미·중 협력관계가 유지되는 가운데 북한의 고립이 다시 심화됐다. 시진핑 중국 국가주석은 통상 북한의 새로운 지도자가 등장하면 혈맹 관계를 확인하던 관성에 탈피해 핵실험 등 도발을 감행한 김정은에게 매우 냉랭하게 대했다. 그래서 이 전략적 삼각관계 이론에서 이 시기를 살펴보면 2009년 초까지 미국과 중국 관계는 우호적인 반면, 북한과 중국 관계가 악화되고, 북한과 미국 관계가 부정적으로 변하는 안정적 결혼 모델의 시기였다. 이런 상황이 북한으로서는 가장 불안한 국면이다.

북한에 불안한 삼각관계

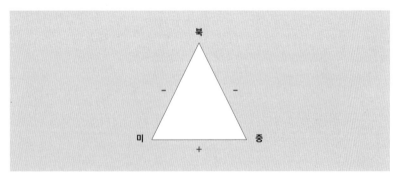

출처: 자체 제작.

그래서 다시 위기조성행위(2차 핵실험 등)를 구사했고, 역시 이번에도 효과는 있었다. 미국과의 직접 협상의 길이 열렸다. 중국도 양해한 협상이었다. 북미 양자협상의 결과로 2012년 2월 29일 도출된 합의로 북·미·중 전략적 삼각관계는 이례적으로 3자 공존 모형을 보였으나 이는 아주 일시적인 상황이었다. 북한의 장거리 미사일 도발로 합의가 무산됐기 때문이다.

일시적 삼자공존 유형

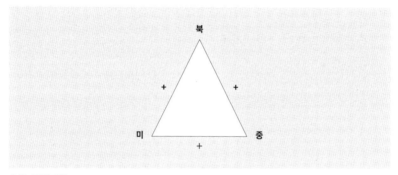

출처: 자체 제작.

2·29 합의는 북한의 의도적 도발로 이내 휴지조각이 돼버렸지만 미·중관계의 변화 측면에서도 시기적으로 의미 있는 연관성이 있다. 글로벌 금융위기의 여파로 미국의 경제가 침체된 와중에 중국의 경제력이 급성장하자 미국 내에서 대중국 기류가 크게 변한다. 특히 중국의 견제 없는 성장을 그대로 두어서는 안 된다는 새로운 중국위협론이 다시 일어난 것이다. 오바마 행정부가 이 시기 구사한 아시아 회귀정책은 이런 기류를

반영한 것이었다. 중국의 GDP는 이 시기에 미국 GDP의 40%를 넘어서고 있었다.

북한은 이런 미·중관계를 주시했다. 변화하는 미·중관계를 확인한 북한은 핵무력 고도화를 위해 질주했다. 미·중 경쟁의 틈새에서 자국의 전략적 위상을 높이기 위한 행보였다.

문제는 여전히 북·중관계가 좋지 않았다는 점이다. 북한의 위기조성 행위에 대한 미국 주도의 대북 제재에 중국이 여전히 동참하고 있다는 데 있었다. 중국은 잠재적 패권도전국으로 평가되고 있었지만, 이 시기 미국에 맞설 정도는 아니었다. 이런 불안 요소로 인해 김정은은 이후 핵무력 고도화를 서두르면서도 탐색기를 거친다.

3. 미·중 전방위 충돌과 북한의 전략

1) 북한의 핵무력 완성 행보와 미·중관계: 2012.6~2017

　시진핑 중국 국가주석은 자신의 집권 초기에 한반도 정세를 불안하게 한 김정은에 대해 매우 냉랭하게 대했다. 김정일의 사망 이후 그의 아들 김정은이 집권하자 처음에는 북한과의 관계를 우호적으로 유지하려 했고, 미국과 북한 사이에 진행된 협상과 합의(2.29)도 이해하고 받아들였다. 이는 미국과의 협력관계를 바탕으로 한 것이었지만 시진핑 체제의 안정은 물론이고 갑작스러운 권력승계를 한 북한의 상황도 감안한 조치였다.

　그러나 권력승계를 마무리 지은 김정은이 2012년 4월 헌법 서문에 '핵보유국'을 명시한 데 이어,[43] 2013년 2월 12일 3차 핵실험까지 단행하자 시진핑 주석의 북한에 대한 태도는 크게 바뀐다. 자신의 집권 첫해에 그것도 사전 협의 없이, 게다가 중국의 거듭된 경고에도 불구하고 강행한 북한의 핵실험이 동북아 안정을 위협하고 중국의 국익을 침해한다고 평

---

43 이충원, "北, 개정 헌법에 '핵보유국' 명기,"『연합뉴스』, 2012년 5월 30일.

가했다.[44] 그리고는 유엔 안보리 대북 제재 2094호에 찬성했다. 그해 9월에는 대북 수출금지품목까지 발표했다.

이런 중국의 행보는 국제사회에 중국의 비핵화 의지를 전달하고 북핵을 빌미로 한 미국과 한국, 일본의 안보협력 강화를 저지하기 위한 것으로 평가된다. 여기에 2013년 말 김정은이 고모부 장성택을 처형한 것도 영향을 미쳤다. 장성택은 친중파의 핵심으로 평가받았다. 시진핑은 통상 북한의 최고지도자가 등극하면 베이징에 초대하던 관행을 깨고 김정은을 초청하지 않았다. 심지어 남한을 먼저 국빈 방문했다(2014년 7월 3일).

그런 중국에 대해 김정은은 노골적으로 불만을 표했다. 북한은 3차 핵실험 이후 중국의 유엔 대북제재 참여 때마다 조선중앙통신이나 노동신문 등 기관지를 통해 "중국이 북·중관계의 붉은 선을 넘고 있다"거나 "양국 관계 파탄"을 운운하며 비난했다.[45] 북·중 간의 고위급 교류는 거의 이뤄지지 않았다. 중국에 의한 북한 홀대론이 제기됐고, 북·중관계는 더욱 악화됐다.

북한은 중국의 북한 압박에 강력히 항의하면서 한반도 긴장 조성을 계속했다. 중국이 요구하는 6자회담 재개에도 분명히 반대했다. 북한 국방위원회는 "9·19공동성명과 6자회담이 사멸되었고, 정전협정을 백지화한다"는 성명을 발표했다.[46]

---

44 한관수, "북중관계의 지속과 변화-시진핑-김정은 시대를 중심으로," 『통일전략』 제17권 2호(한국통일전략학회, 2017), pp. 194~195.

45 심재훈, "유엔 제재 동참한 中에 불만 큰 北…북중관계 악화 불가피," 『연합뉴스』, 2017년 9월 12일.

46 한관수(2017), 앞의 글, p. 195.

이 과정에서 김정은의 핵무력 강화는 매우 빠른 속도로 진행됐다. 2013년 2월 12일 3차 핵실험을 강행에 이어 4월에는 '핵보유국법'을 선포했다.[47] 이어 북한은 탄도미사일 은하 3호를 발사했다.[48] 북한은 더 이상 미국과 협상을 제의하지 않았고, 중국의 압력에도 대응하지 않았다. 정해진 시간표가 있는 것처럼 핵무력 완성을 위해 질주했다. 2013년 3월 31일 노동당 중앙위 전체회의에서 '경제·핵무력 병진노선'을 채택했다. 김정은은 "사회주의 강성국가를 건설하기 위한 혁명노선"으로 강조했다. 이와 함께 "반미결전을 총결산"하는 것이라고도 했다.[49]

그러나 김정은에게 중국의 압박은 언제까지 무시할 사안은 아니었다. 이에 따라 2014년 이후 중국관계 개선을 위해 나서게 된다. 또 중국이 요구한 6자회담 재개도 수용한다. 2014년 5월 최룡해 특사가 방중한 데 이어 김계관 외무성 부상도 6월과 7월 연이어 중국을 찾았다. 특히 7월 북한 노동당 국제부 김성남 대표의 중국 방문을 통해 북·중 전략대화를 성사시켰다. 이 자리에서 중국의 주도로 미국이 참여하면 6자회담에 참가할 의사를 전한다.

중국도 호응했다. 시진핑은 리위앤차오(李源潮) 국가부주석을 평양에 보내(7.25~29) 김정은과 면담토록 했다. 시진핑은 구두친서를 통해 북·중

---

47 김갑식 "북한 경제·핵무력 병진노선의 특징과 평가." 『현안보고서』 제203호(국회 입법조사처, 2013). p. 2.

48 백학순,『제2기 오바마정부 시기의 북미관계 2013~2014: 핵무기 사용위협과 관계의 파탄』(성남: 세종연구소, 2014), pp. 10~12.

49 서보혁, "김정은 정권의 혼합외교: 선군인가, 선경인가," 북한연구학회 기획, 우승지 편저,『김정은 시대의 정치와 외교』(서울: 한울, 2014), p. 281.

관계 개선 의지를 전했다. 이후 중국은 6자회담 재개를 위해 북한을 적극 설득했다. 우다웨이 한반도 특별사무대표가 북한을 방문(8.26~30)해 북한과 세부사안을 논의했다.[50]

그러나 중대한 변화가 감지된다. 미국은 더 이상 중국이 주도하는 6자회담의 재개를 원하지 않았다. 오바마 행정부는 전략적 인내 정책을 고수했다. 과거 중국의 중재를 통해 미국과의 접촉면을 확보했던 북한으로서는 새로운 미·중관계의 변화를 주목하지 않을 수 없었다.

북한의 탐색은 2015년까지 이어진다. 이후 김정은은 핵무력 완성의 종지부를 찍는 행보에 돌입한다. 변화하는 미·중관계에 적극적으로 대응하기 위해서는 우선 북한의 전략적 위상을 확실하게, 그리고 빠르게 제고해야 한다는 판단을 한 것으로 보인다.

이 기간의 북·미·중 전략적 삼각관계는 그 이전과 크게 달라지지 않았다. 북·중관계가 다소 우호적으로 변화하려 했으나 장성택 숙청(2013. 12)의 여파와 이후 북한의 간헐적인 도발 등으로 본질적으로 비우호적 관계에서 벗어나지 못했기 때문이다. 북·미관계(−)와 북·중관계(−)가 모두 원만하지 못한 상태였다. 미·중관계도 서서히 협력에서 경쟁으로 전환되고 있었다.

3국 관계가 불안해지는 상황에서 북한은 핵무력 완성을 위한 최후의

---

50 북한은 이 시기 새로 출범한 박근혜 정부와의 관계개선도 모색했다. 김정은의 신년사와 성명 등으로 이런 의지가 발표돼 결국 2013년 7월부터 9월까지 남북 간 개성공단 협의와 2014년 인천 아시안게임을 계기로 북한 응원단과 북한의 황병서 총정치국장, 최룡해 국가체육지도위원장, 김양건 노동당 통일전선부장이 남한을 찾기도 했다. 서보혁·안소연(2022), 앞의 글, p. 82.

질주를 하게 된다. 김정은의 핵전략 시간표는 여러 변수에도 불구하고 기본적으로는 정해진 수순대로 이행됐다고 해석할 수 있다.[51] 그 첫 행동은 2016년 초부터 가시화된다. 북한의 위기조성행위가 재현되는 순간이다.

북한은 2016년 1월 6일 4차 핵실험을 강행했다. 불과 며칠 전 신년사에서 남북대화 의지를 밝힌[52] 직후여서 더욱 충격파가 컸다. 북한은 수소탄 실험에 성공했다고 주장했지만 '증폭핵분열탄'으로 전문가들은 보고 있다. 이는 원자폭탄과 수소폭탄의 중간단계에 해당된다. 미국과 구소련도 수소탄 제조과정에서 이 단계를 거쳤다.

북한은 다음 달 7일 장거리 탄도미사일(광명성 4호)까지 발사했다. 박근혜 정부는 개성공단 폐쇄를 발표하면서 간신히 이어져 온 남북 사이의 연결고리를 아예 차단해버렸다. 이후부터 핵무력 완성을 위한 북한의 행동이 이어진다.

9월 9일 제5차 핵실험을 단행했다. 통상 2~3년 간격으로 실시하던 핵실험이 8개월 만에 다시 실시된 것이다. 5차 핵실험 역시 증폭핵분열탄 실험으로 알려진다. 폭발정도가 전보다 조금 큰 10kg 수준이었다.[53]

1년여 시간이 흐른 뒤인 2017년 9월 3일 북한은 6차 핵실험을 실시한다. 이 기간 동안 북한은 수소탄 개발을 위한 마지막 연구를 하는 한편 핵무기 운반체계인 장거리 탄도미사일 개발에 총력을 기울였다. 이것이 의미하는 바는 북한의 핵무력이 겨냥하는 대상이 미국임을 말해주는 것이다.

---

51 박원곤(2022), 앞의 글, p. 169.

52 김호준, "김정은 "남남대화·관계개선 노력"…신년사서 '핵' 언급 자제,"『연합뉴스』, 2016년 1월 1일.

53 이용준(2018), 앞의 책, pp. 276~288.

북한 역대 핵실험(1kt(킬로톤)은 TNT 1000t의 폭발력)

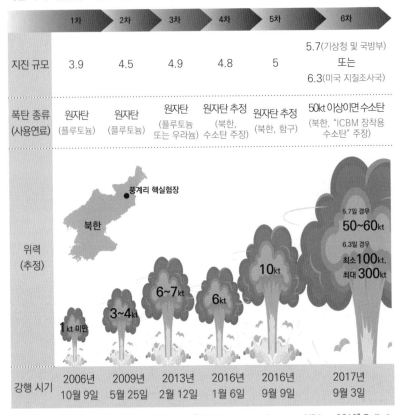

	1차	2차	3차	4차	5차	6차
지진 규모	3.9	4.5	4.9	4.8	5	5.7(기상청 및 국방부) 또는 6.3(미국 지질조사국)
폭탄 종류 (사용연료)	원자탄 (플루토늄)	원자탄 (플루토늄)	원자탄 (플루토늄 또는 우라늄)	원자탄 추정 (북한, 수소탄 주장)	원자탄 추정 (북한, 함구)	50kt 이상이면 수소탄 (북한, "ICBM 장착용 수소탄" 주장)
위력 (추정)	1kt 미만	3~4kt	6~7kt	6kt	10kt	5.7일 경우 50~60kt 6.3일 경우 최소100kt, 최대300kt
강행 시기	2006년 10월 9일	2009년 5월 25일	2013년 2월 12일	2016년 1월 6일	2016년 9월 9일	2017년 9월 3일

출처: Hans M. Kristensen, Robert S. Norris, "North Korea nuclear capabilities, 2018" Bulletin of the Atomic Scientists, 74-1(2018), p. 45.

2012년부터 2017년까지 김정은 집권 초기 6년 만에 총 75차례 미사일이 발사된 것으로 집계됐다. 김정일 집권 16년간 총 26차례 미사일 실험을 한 것과 비교하면 김정은의 핵무력 고도화 의지와 겨냥하는 표적의 의미를 알 수 있다. 미·중 전략경쟁이 고조되고 있는 상황에서 일단 1차 상대를 미국으로 설정하고 미국을 자극할 수 있는 물리적 수단을 확보하려는 김정은의 의지로 해석하는 것이 합리적이다.[54]

전문가들은 북한이 이즈음 '최소 핵억제력'을 확보한 것으로 평가한다.[55] 김정은은 핵무장 강행의 정당성을 미국의 적대시 정책에 대한 방어, 그리고 보복능력 확보라는 논리에서 찾았다. "공화국 압살책동을 짓부시기 위한 반미전면대결전에서 결정적승리를 이룩"하기 위해서는 핵무장이 필요하다는 것이다.[56]

다만 김정은은 2016년 7차 당대회에서 "책임 있는 핵보유국", "먼저 핵무기를 사용하지 않을 것"이라고 말했다. 핵보유국에 대한 의지를 보여주면서도 '선제 핵타격'에는 선을 그은 것이다.[57]

이런 행보도 미·중관계의 맥락에서 이해될 수 있다. 이때까지 중국은 미국과의 경쟁 속에서도 유엔 안보리에서의 대북 제재 등에서는 미국과 보조를 같이했다. 전문가들은 2016년 이후 가해진 대북 제재를 그 이전과 비교해 '대북 제재의 실효적 단계'로 구분한다.

실효적 단계의 제재안은 핵과 미사일 개발에 필요한 북한의 실질적

---

54 박원곤(2022), 앞의 글, p. 170.

55 함택영, "북핵문제 해결과 한반도 평화체제의 모색-미중관계와 북한의 안보위협 인식," 『현대북한연구』 제17권 2호(북한대학원대학교, 2014), pp. 260~295.

56 "조선로동당 제 7차대회에서 한 당중앙위원회 사업총화보고," 『노동신문』, 2016년 5월 6일.

57 이영종, "북한 김정은 정권의 국가목표와 군사정책 방향: 새로운 위협요소의 등장과 한국의 대응전략," 『전략연구』 제27권 1호(한국전략문제연구소, 2020), pp. 7~39.

인 자금줄을 차단하는 것은 물론 북한 지도층을 압박하는 다양한 제재가 가해진다. 게다가 북한의 외화획득 경로를 차단하기 위한 다양한 조치들이 강구됐다. 석탄, 철, 철광석, 금, 희토류 등 북한산 광물 금수 조치도 가해져, 북한의 주요 외화 획득원을 차단했다. 아울러 대북 제재의 틈새로 여겨졌던 '중국 변수'도 강력하게 막았다.

강화된 대북제재는 북한에 상당한 타격을 준 것으로 볼 수 있다. 2017년 북·중 무역총액은 전년 대비 13.2% 감소했고 이 여파로 같은 해 북한의 GDP는 3.5% 하락하였다. 특히 북·중 무역총액은 2018년 전년과 비교해 무려 48.2% 급락했다.[58]

김정은 체제 이후 유엔 안보리 대북제재 결의안

결의안	배경	주요내용
UNSCR 2270 (2016.3)	증폭분열 폭발장치 4차 핵실험 실시	- 금, 티타늄, 희토류 수출 전면금지 민생목적 제외) - 북한 은행의 유엔회원국 내 지점 개설 금지, 기존 지점 폐쇄 - 회원국의 북한 내 사무소 계좌 개설 금지
UNSCR 2321 (2016.11)	중폭분열 핵탄두 5차 핵실험 실시	- 석탄 수출 4억 달러, 수출량 750만t 중 적은 쪽으로 상한 설정 - 은, 동, 아연, 니켈 수출 금지 - 회원국 선박 항공기에 북한 승무원 고용 금지 - 회원국의 북한 내 선박 등록 금기 - 북한 선박 인증 선급 보험 제공 금지

---

58 통일부 북한정포포털 북중무역통계 〈www.nkinfo.unikorea.go.kr/nkp/openapi/ NKStats/kpTrade.do〉 (검색일: 2020년 10월 24일).

59 조성렬(2017), 앞의 책, p. 344에서 재인용.

결의안	배경	주요내용
UNSCR 2371 (2017.8)	대륙간탄도미사일 화성4형 시험발사	– 석탄, 철, 철광석 수출 전면 금지 – 납, 납광석, 수산물 수출 금지 – 북한과 기존 합작사업 확대 및 신규 사업 금지
UNSCR 2375 (2017.9)	수소핵탄두 6차 핵실험 실시	– 대북 원유 공급 연간 400만 배럴 – 정유제품 공급 200만 배럴로 제한 – LNG 콘덴세이트 대북 수출 금지 – 북한 직물 및 의류 수출 금지 – 북한 선박 공해상 물품이전 금지 – 해외 북한 근로자 신규 고용 금지, 기존 근로자 계약 연장 금지 – 회원국과 북한의 기존 합작사업체 폐쇄
UNSCR 2397 (2017.12)	대륙간탄도미사일 화성15형 시험 발사	– 해외파견 북한근로자 24개월 내 귀환 – 북한 식품 토석류 목재류 선박, 기계, 전기기기 수출 금지 – 대북 산업용 기계, 금속류 운송수단 수출 금지 – 대북 정유제품 공급 제한 연간 200만 배럴을 50만 배럴로 하향

출처: 전략물자관리원, 『대북제재 참고 자료집 4.0:유엔안보리 결의 2397호 및 미국 독자제재 등』, 남북교류협력지원협회, 2018년 9월 pp. 12~13.[59]

김정은은 2017년 11월 29일 사거리 1만 3,000km의 대륙간탄도미사일(ICBM) 화성 15호의 최초 실험 발사가 성공적으로 이뤄진 직후 "국가 핵무력 완성의 역사적 대업이 실현되었다"고 선언했다.[60] 그해 초 신년사에서 김정은이 밝힌 '연내 핵무장력 완성' 목표를 약속대로 달성했다는 점을 과시하는 동시에 이제부터는 핵보유국의 입장에서 미국과 대등한

---

60 김효정, "김정은 "국가핵무력 완성의 역사적 대업 실현","『연합뉴스』, 2017년 11월 29일.

화성 15호형 대륙간탄도미사일 발사 장면
출처: 연합뉴스.

협상을 벌이겠다는 의지를 밝힌 것이다.

2) 미국의 전방위 압박과 중국의 대응: 신냉전 기류

북한의 핵무력 완성은 중국 압박에 주력하던 오바마 행정부 말기를 괴롭혔다. 퇴임을 앞둔 오바마 대통령은 군사적 행동계획 등을 포함해 대북 정책을 전반적으로 점검했다. 2017년 트럼프 대통령이 등장하면서 상황이 급변한다. 우선 북한이 핵무력 완성을 위한 '최후의 질주'를 한다.

북한의 핵무력 수준은 트럼프 미국 대통령이 등장한 2017년 이후 매우 빠른 속도로 업그레이드됐다. 사거리 400km 미만의 무수단 미사일(화성 10호) 시험발사에 실패를 거듭하던 북한이 2017년 상반기에 사거리 4,500km의 화성 12 중거리미사일(IRBM) 발사에 성공했다. 7월 4일과 28일 북한은 화성 14호라 불리는 사거리 1만km의 신형 ICBM을 두 차례나 성공적으로 발사했다. 미국 독립기념일에 맞춘 이 도발은 미국 동부와 남부를 제외한 전 지역을 사정권으로 한다는 점에서 미국과 국제사회에 충격을 주었다.

더 나아가 북한은 11월 29일 신형 ICBM 화성 15호 최초 시험발사에도 성공해 북미 대륙과 유럽 전체를 사정권에 뒀다. 물론 재진입 기술 등 일부 남은 기술적 문제가 있긴 하지만 이는 시간문제였다. 북한 핵문제가 미국에게 전혀 새로운 국면으로 접어들게 된 것이다.

북한 핵문제는 동맹국의 안보 현안이 아니라 이제는 미국의 안보 현안으로 비화됐다. 2017년 9월 3일 실시된 북한의 제6차 핵실험이 특히 미국을 충격으로 몰아넣었다. 그 이전에 실시됐던 북한의 핵실험은 과거 히로시마 원폭 위력에 못 미치는 10kt 이하 수준이었으나 6차 핵실험은 전형적인 수소탄 실험으로 그 강도가 100kt을 훨씬 초과했다.

또 핵무기를 미사일에 적재하기 위한 소형화, 경량화에도 성공한 것으로 평가됐다. 최초 핵실험 이후 탄두 소형화에 소요된 기간이 미국 7년, 소련 6년, 영국 7년, 프랑스 2년, 중국 2년이었으니 P5에 비해 수십 년 늦은 시기에 첫 핵실험을 한 이후 11년 만에 북한이 이를 달성하는 것도 무리가 아니었다. 미·중관계의 변화와 함께 북한의 핵무력 완성도 완전히 새로운 국면으로 넘어가고 있었던 깃이다.

김정은은 2017년 12월 12일 군수공업대회 폐막 연설에서도 원자탄, 수소탄, ICBM 등 새로운 전략무기를 개발하고 "국가 핵무력 완성의 대업을 이룩한 것은 값비싼 대가를 치르면서 사생결단의 투쟁으로 쟁취한 우리 당과 인민의 위대한 역사적 승리"라면서 "우리 공화국은 세계 최강의 핵강국, 군사강국으로 더욱 승리적으로 전진, 비약할것"이라고 주장했다.[61]

이에 앞서 12월 9일 조선중앙통신은 김정은 노동당 위원장이 백두산에 올랐다고 보도했다.[62] 국가 핵무력 완성을 선언한 김정은이 과연 어떤 결단을 내릴 것인가에 시선이 집중됐다. 통상 북한의 최고지도자가 '혁명성지'인 백두산에 오르면 북한의 국가적 행보를 좌우하는 중대 발표가 이어지곤 했기 때문이다. 실제로 김정은의 속내는 며칠 만에 전격적인 방법으로 공개됐다. 이후 북·미·중 삼각관계의 국면은 요동친다.

미국 내부에서 북한을 그대로 둬선 안 된다는 목소리가 분출했다. 북한 핵시설에 대한 선제공격을 검토해야 한다는 주장이 제기됐다. 대표적으로 뉴욕타임스(NYT)는 7월 6일 북한의 대륙간탄도미사일(ICBM) 발사로 미국의 무력 대응 가능성이 언급되는 상황에서 '정밀타격도 최악의 전쟁으로 비화할 수 있다'는 제목의 한반도 전쟁 가상 시나리오 기사를

---

61 "위대한 병진의 기치높이 주체적국방공업발전의 최전성기를 열어나가자 – 제8차 군수공업대회 폐막 – 경애하는 최고령도자 김정은동지께서 대회에서 력사적인 결론을 하시였다." 『노동신문』, 2017년 12월 13일.

62 장용훈, "고비마다 백두산 찾은 김정은, 이번엔 어떤 결단할까," 『연합뉴스』, 2017년 12월 9일.

실었다.[63]

트럼프 대통령은 미국 내 여론에 호응했다. 북한을 강하게 압박하며 군사행동까지도 검토하겠다고 했다. '화염과 분노'를 언급한 트럼프의 북한 비난은 계속됐다. 대북 선제타격론이 일상처럼 언론에 등장했다.[64]

김정은도 벼랑 끝 전술로 맞섰다. 북·미 간 치열한 신경전이 펼쳐질 때 중국도 미국과 강하게 맞서게 된다. 세력전이론에서 규정하는 지배국과 도전국, 그리고 제3국(약소국 또는 중견국)으로서의 북한은 모두 긴장의 시간을 보냈다.

무엇보다 중요한 것은 미국이 중국을 '주적'으로 설정하고 강력한 압박에 나선 점이다. 트럼프 대통령은 오바마 대통령 시기 미 외교정책의 기조였던 자유주의적 국제주의, 절충적 실리주의를 벗어던졌다. '경제·군사적 힘에 의한 평화(peace through economic and military strength)'를 표방하면서, 미국 우선(America First)주의, 고립주의, 경제적 보호주의 경향을 드러내었다. 중국을 미국의 전략 경쟁자(strategic competitor)이자 현 국제질서의 도전자(현상 변경자)로 공식화한 것이다.

미국은 중국에 대한 전면적이고 고강도의 무역·관세 전쟁을 통해 경제문제를 국가안보 문제로 치환해 놓았다. 그리고 새로운 지정학 전략으로서는 인도·태평양 구상을 제시했다. 전략 공간을 인도양까지 확대하면서 중국을 경제·군사적으로 견제하기 위해 미국 주도의 해양 포위망을 구

---

63 김화영, "NYT "한반도 전쟁은 '3차원 체스'…멈추기가 더 어렵다'," 『연합뉴스』, 2017년 7월 6일.

64 밥 우드워드, 『공포: 백악관의 트럼프(Fear: Trump in the White House)』 (서울: 딥인사이드, 2019), p. 434.

축하려는 것이다.

2018년 마이크 펜스 미국 부통령은 허드슨연구소에서 한 연설을 통해 중국을 직격했다.[65] 필즈베리 교수를 비롯해 학계에서 거론되던 '중국위협론'이 미국 정부차원에서 공식화된 것이다. 미·중관계에서 변곡점이 된 사건으로 평가되고 있다.

미국 정부 내 반중 기류는 갈수록 강해졌다. 2020년 5월 21일 미국 백악관의 보고서(United States Strategic Approach to the People's Republic of China)가 그 기류를 잘 말해준다.[66] 보고서는 중국을 '미국의 가치(values)'를 위협하는 국가로 규정했다. 미국 국민과 국토, 생활방식을 보호하고, 미국의 번영을 증진하며, 힘을 통해 평화를 지키고, 미국의 영향력을 확대하기 위해 중국을 압박하겠다는 목표를 제시했다. 과거 미국과 소련이 그랬던 것과 같은 냉전시대의 개막이라는 평가가 나왔다.

중국 내 기류도 강경하게 변했다. 2013년 시진핑 주석의 '중화인민공화국의 위대한 부흥', 중국몽(中國夢)을 주창한 연설이 중요하다. 시 주석은 "사회주의(중국)가 반드시 승리할 것"이라고 말했다.[67] 그리고 2017년 시주석의 제19차 당 대회 보고 내용을 보면 중국몽의 실체가 그대로 드러난다.[68] 1990년대부터 설정해온 중국 공산당의 '두 개의 백년의 목표'를 수

---

65 허드슨의 중국전략센터(Center on Chinese Strategy)를 이끄는 사람이 바로 필스버리다.

66 백악관, ⟨www.nps.gov⟩ (검색일 2020년 10월 2일).

67 이 발언은 2019년 3월 31일 중공 이론지인 『求是』에 "中國特色社會主義的堅持和發展的若干問題"로 소개됐다.

68 권운영 외, "시진핑 제19차 당대회 보고 주해," 『중국학논총』 제58권 58호(고려대

정한 것이다.

  당 창건(1921년)의 100년인 2021년과 중국 건국(1949년)의 100년이 되는 2049년을 목표년으로 삼았는데, 건국 100주년인 2049년까지 중등 발전 국가수준에 도달한다는 목표를 2035년으로 앞당겨 사회주의 현대화 강국을 건설해 종합국력과 국제영향력이 세계를 이끄는 국가가 되게 하겠다고 밝혔다. 중국의 종합국력과 국제영향력에서 세계를 이끄는 글로벌 리더가 되는 것을 2050년의 목표라고 명시한 것이다. 미국을 제치고 패권국가로 발돋움하겠다는 의욕을 드러낸 것으로 해석할 수밖에 없는 내용이었다.

불안한 삼각(북한엔 역설적 안정) 유형

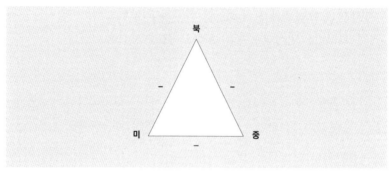

출처: 자체 제작.

이 보고내용이 나올 즈음 중국 내에서는 '중국몽'이 매일 반복되고 있었다. 19세기 제국주의 침략으로 고통을 겪었던 중국의 역사도 재조명됐다. 중국 혁명의 정당성을 강조하며 '사회주의는 반드시 자본주의를 이긴다'는 말도 회자됐다.[69] 전략적 경쟁'이 '전략적 충돌'로 넘어가는 것이 실감날 정도로 미·중관계는 악화되었다. 그 여파는 북한 김정은의 행보로 이어진다.

이 시기를 전략적 삼각관계 측면에서 설명하면 미·중관계는 확실한 비우호적 관계가 고착화되고 있었고, 북미 관계 또한 적대적이었다. 북·중 관계만이 미약하게나마 협력기조를 유지했지만 기본적으로는 비우호적이었다. 이런 상황은 역설적으로 북한에게는 핵무력 완성을 위한 안정적 기간이 될 수 있다. 미국과 중국이 서로를 견제하고 압박하느라 북한 문제에 대한 관심을 크게 갖지 못하는 구조(일시적 부주의 경향)이기 때문이다. 북한은 핵무력을 완성했고 이를 토대로 새로운 도전에 나선다.

---

69 박영준. 『미중 간 해양경쟁관 아태지역 안보질서 전망』 (서울: 동아시아연구원, 2016), pp. 112~113.

1. 김정은 '미소전술'과 미국: 2018~2019.12

1) 북미 정상회담 1라운드: 싱가포르 회담

2018년 1월 1일 조선중앙TV로 중계된 김정은의 신년사 육성 연설은 북·미·중 전략관계의 흐름을 바꿔놓은 큰 사건이었다. 김정은은 예상대로 국가 핵무력 완성을 대외적으로 공표했다. 그리고 북한을 강력하게 압박하던 미국의 트럼프 대통령을 향해 '경고'의 메시지를 날렸다.

"우리 공화국은 마침내 그 어떤 힘으로도 그 무엇으로도 되돌릴수 없는 강력하고 믿음직한 전쟁 억제력을 보유하게 되었습니다. … 미국은 결코 나와 우리 국가를 상대로 전쟁을 걸어보지 못합니다. 미국 본토 전역이 우리 핵 타격 사정권 안에 있으며 핵 단추가 내 사무실 책상 위에 항상 놓여 있다는 것, 이는 결코 위협이 아닌 현실임을 똑바로 알아야 합니다."[01]

---

01 "신년사 연설," 『조선중앙TV』, 2018년 1월 1일.

그런데 신년사에는 다른 내용도 함께 담겼다.

"남조선에서는 겨울철 올림픽 경기대회가 열리는 것으로 하여 북과 남에 다 같이 의의있는 해입니다. 우리는 민족적 대사들을 성대히 치루고 민족의 존엄과 기상을 내외에 떨치기 위해서도 동결상태에 있는 북남관계를 개선하여 뜻깊은 올해를 민족사에 특기할 사변적인 해로 빛내어야 합니다."

김정은 위원장이 육성으로 한 달여 앞으로 다가온 평양 동계올림픽에 대표단을 파견할 용의를 밝히자 문재인 정부는 즉각 화답했다. 청와대는 "환영한다"는 공식 논평을 냈고, "평창올림픽이 성공적으로 개최된다면 한반도는 물론 동북아와 세계평화와 화합에 기여할 것"이라고 강조했다. 문재인 대통령의 '평창 구상'이 현실화되는 것으로 기대감을 피력했다.[02] 김정은은 실제 평창올림픽에 여동생 김여정과 김영남 상임위원장을 파견했다. 그리고 그 이후는 갑작스럽게 협상 국면으로 흐름이 전환된다.

김정은은 평창올림픽의 열기가 채 가시지 않은 3월 한국과 미국에 정상회담을 제안했다. 그리고 4월 20일 노동당 중앙위원회 전원회의를 소집해 핵실험과 ICBM 시험발사의 중단을 선언했다.

김정은은 "핵개발의 전 공정이 과학적으로, 순차적으로 다 진행되었고 운반 타격 수단들의 개발사업 역시 과학적으로 진행되어 핵무기 병기

---

02 이상헌, "김정은 '대표단 파견 용의'에 문 대통령 '평창구상' 탄력받나," 『연합뉴스』 2018년 1월 1일.

화 완결이 검증된 조건에서 이제는 우리에게 그 어떤 핵시험과 중장거리, 대륙간탄도로켓 시험발사도 필요 없게 되었으며 이에 따라 북부 핵시험장도 자기의 사명을 끝마쳤다"고 말했다. 또 "사회주의 경제 건설을 위한 유리한 국제적 환경을 마련하며 조선반도와 세계의 평화와 안정을 수호하기 위하여 주변국들과 국제사회와의 긴밀한 연계와 대화를 적극화해나갈 것"이라고 천명했다.03

이후 한동안 김정은은 국제사회에 화려하게 등장한다. '로켓맨'으로 불리었던 그가 화려한 협상가의 모습을 과시한 것이다.04

김정은은 '중재자'를 자처한 한국을 적극 활용한다. 2018년 한 해 동안 문재인 대통령과 세 차례 만나 비핵화 의지는 물론이고 한반도 평화체제 구축, 그리고 미국과의 관계개선 의지가 있다는 메시지를 미국에 보낸다.05 미국이 한국의 중재에 호응해 결국 역사적인 북·미 정상회담 합의가 도출된다.

미국과 북한은 역사적인 북·미 정상회담 개최를 위해 고위급 회담을 진행했다. 미국에서는 폼페이오 국무장관과 대북특별대표이자 국무부 부

---

03 김효정, "北, 핵실험장 폐기·ICBM 발사 중지에 경제 총력 노선 선언,"『연합뉴스』, 2018년 4월 21일.

04 홍석훈은 이를 "다변화된 북한 외교행태는 어디까지나 전술적 측면의 소변화"라고 평가했다. 홍석훈, "김정은 정권의 신대외전략 분석,"『정치정보연구』제18권 2호(한국정치정보학회, 2015), pp. 62~65.

05 한국의 문재인 대통령이 파견한 정의용 등을 만난 김정은은 "군사적 위협이 해소되고 체제안전이 보장된다면 핵을 보유할 이유가 없다"고 비핵화 의지를 밝혔다. 이상헌, "김정은, 특사단에 6개 항 거론하며 "어려움 잘 안다…이해한다","『연합뉴스』, 2018년 3월 8일.

2018년 싱가포르 북미정상회담에서 공동성명에 사인하는 북미 정상
출처: 연합뉴스.

장관인 비건(Stephen Biegun)이, 북한에서는 김영철 통전부장과 최선희 외무성 1부상이 주로 협상에 나섰다. 고위급 회담에서는 비핵화의 개념과 그 대상, 그리고 방식에 대한 집중적인 협의를 벌였으나 합의점은 없었다. 또 북미 관계 개선과 경제적 보상조치 등도 논의됐으나 이 역시 합의점은 없었다.

그러나 이 상황에서도 역사적인 북미 정상회담은 성사됐다. 그것도 2차례에 걸쳐서 진행됐다. 갑자기 펼쳐진 협상국면은 2019년 2월 말 '하노이 회담'을 분수령으로 시기가 나뉜다. 1, 2차 북미 정상회담은 북한의 핵전략과 국가목표, 그리고 미·중 전략경쟁의 양상이 고스란히 드러나는 공

간이었다.[06]

2018년 6월 12일 싱가포르에서 열린 역사적인 북·미 정상회담이 끝난 뒤 북·미 양국은 공동성명을 내놓았다.[07] 핵심 내용은 북·미관계와 한반도 평화 구축, 그리고 한반도의 완전한 비핵화에 합의한 '(남북한 사이의) 판문점 선언' 재확인이었다.

하지만 그 어디에도 본질적 의제였던 '북한 비핵화' 관련 내용은 없었다. 미국을 비롯해 세계 언론들은 싱가포르 회담을 '김정은의 승리'로 평가했다. 대표적으로 뉴욕타임스(NYT)는 "김정은이 트럼프에 비해 한수 앞섰다"고 보도했다.[08]

실제로 싱가포르 회담 결과를 담은 6.12 공동성명 내용은 북한이 제시한 내용을 미국이 수용하는 형태로 정리됐다. 표에서 보듯 4항을 제외하고는 다른 합의문은 전날 노동신문에서 제시한 북한의 회담 목표가 그대로 반영되어 있다.

---

06 박휘락, "협상이론에 의한 미북 하노이 회담의 분석과 함의,"『아태연구』 제26권 3호(경희대 국제지역연구원, 2019), p. 110.

07 조준형, "北美정상, 완전한 비핵화·北안전보장 공약…공동성명 채택,"『연합뉴스』, 2018년 6월 12일.

08 옥철, "美언론 '관계개선·훈련중단' 초점…공동성명엔 대체로 인색,"『연합뉴스』. 2018년 6월 13일.

6.12 공동성명	6.11 노동신문
1. 조선민주주의인민공화국과 미합중국은 평화와 번영을 바라는 두 나라 인민들의 염원에 맞게 새로운 조미관계를 수립해나가기로 하였다.	전 세계의 비상한 관심과 기대 속에 력사상 처음으로 진행되는 조미수뇌회담에서는 달라진 시대적 요구에 맞게 새로운 조미관계를 수립하고,
2. 조선민주주의인민공화국과 미합중국은 조선반도에서 항구적이며 공고한 평화체제를 구축하기 위하여 공동으로 노력할 것이다	조선반도의 항구적이며 공고한 평화체제를 구축하기 위한 문제
3. 조선민주주의인민공화국은 2018년 4월 27일에 채택된 판문점 선언을 재확인하면서 조선반도의 완전한 비핵화를 향하여 노력할 것을 확약하였다	조선반도비핵화를 실현하기 위한 문제들을 비롯하여 공동의 관심사로 되는 문제들에 대한 폭넓고 심도있는 의견이 교환될 것이다
4. 조선민주주의인민공화국과 미합중국은 전쟁포로 및 행방불명자들의 유골발굴을 진행하며 이미 발굴 확인된 유골들을 즉시 송환할 것을 확약하였다.	

출처: 박원곤(2022), p. 176에서 재인용.

북한은 싱가포르 회담을 승리로 기록했다. 북한의 기본 입장은 단계적, 동시적 행동을 기본원칙으로 하고, 북미 관계 개선과 한반도 평화체제 구축이 이뤄지고 나서야 비핵화가 가능하다는 시퀀스를 담고 있다.

2019년 김정은은 신년사에서 싱가포르 합의를 "조선반도와 지역의 평화와 안전을 보장하는 데 크게 기여"한 것으로 자평한 바 있다.[09]

반면, 트럼프는 미국 내 주류세력으로부터 강한 비판에 봉착했다. 실

---

09 "신년사,"『노동신문』, 2019년 1월 1일.

제로 트럼프는 북한이 제시하는 비핵화 개념이나 협상과 관련해 실무진들이 준비한 보도 자료도 제대로 숙지하지 않았다고 한다.[10]

미국 정부는 후속 협의에서 비핵화 문제를 집중적으로 논의하고자 했다. 하지만 북한은 쉽게 응하지 않았다. 싱가포르 회담의 후속조치 협의를 위해 폼페이오 미 국무장관이 평양을 방문했지만 김정은 위원장을 못 만났을 뿐 아니라 비핵화 협의도 제대로 못했다. 김정은과 폼페이오는 5시간여의 협의를 통해 2차 북·미 정상회담의 조속한 개최와 풍계리와 동창리 사찰단 파견, 실무협상단 구성을 통한 비핵화 프로세스와 정상회담 일정 논의 등에 합의했다고 밝혔다. 그러나 핵심인 영변 핵시설 이외의 추가적 조치나 미국의 상응조치에는 합의하지 못했다.

기류가 이상해지자 다시 남북한 채널이 가동됐다. 문재인 대통령의 평양방문(9월 18~19일)과 이어진 제3차 남북정상회담에서 김정은은 동창리를 유관국 참관 하에 영구 폐기하고, 싱가포르 합의 정신을 바탕으로 영변 핵시설의 영구 폐기 등 추가 조치도 가능하다고 밝혔다. 다시 북미 정상회담의 동력이 회복됐다.

김영철 통일전선부장이 미국을 방문해 트럼프 대통령을 만났다. 김정은의 친서를 받은 백악관은 미북 정상회담의 개최를 발표했다. 2차 북·미 정상회담을 앞두고 양국의 실무대표들이 2018년 10월 스웨덴 등에서 만나 사전에 협의를 했으나 아무런 성과가 없었다. 상호 합의된 내용이 없는 상태에서 하노이 2차 북·미 정상회담이 열렸다.

---

10 김서영, "볼턴, 회고록서 "트럼프 'DMZ 회동' 제안, 트윗으로 알고 경악,"" 『연합뉴스』, 2020년 6월 19일.

2) 노딜로 끝난 2라운드 협상: 하노이 회담

하노이 정상회담은 2019년 2월 27일(만찬), 그리고 28일에 진행됐다. 하지만 결국 회담은 합의문은 커녕 트럼프 대통령이 회담장에서 그냥 빠져나오면서 허무하게 결렬되고 말았다. 싱가포르에서와 달리 하노이에서는 북미 정상이 비핵화 문제를 놓고 정면충돌한 것이다.[11]

하노이에서 북미가 첨예하게 맞붙은 쟁점은 '영변'에 대한 공동의 정의 문제와 영변 이외의 지역에 은닉된 핵시설이 없는가 하는 문제였다. 2월 28일 합의서 채택이 불발된 직후 가진 기자회견에서 트럼프 대통령은 북측이 영변의 범위를 명확히 제시하지 못했다고 밝힌 바 있다.[12]

'영변'의 정의와 관련해 2차 북·미 정상회담의 폐회 뒤인 3월 1일 새벽 리용호 북한 외무상은 완전한 폐기의 대상이 '영변의 플루토늄과 우라늄을 포함한 모든 핵물질 생산시설'이라고 밝힌 바 있다. 하지만 미 국무부 고위 당국자는 "북한이 제재 해제를 조건으로 우리에게 제안한 것은 영변 단지 일부의 폐쇄였다"고 반박하고 있다.[13]

이처럼 제2차 북·미 정상회담에서 '영변'의 정의를 둘러싸고 양측이

---

11 유기홍. "김정은의 정상회담 전략 연구," 『현대북한연구』 제22권 2호(북한대학원대학교, 2019), p. 174.

12 임주영, "美당국자 "北 말장난…무기 제외 모든 제재해제 요구""『연합뉴스』, 2019년 3월 12일.

13 미국 CNN방송(2019.3.6.)은 트럼프 대통령이 호텔을 떠날 채비를 할 때 최선희 부상이 "그곳(영변)에 있는 모든 것을 포함한다"는 김정은 위원장의 메시지를 듣고 황급히 미 대표단에 전달했다는 뒷얘기를 보도한 바 있다. 여기서 말하는 미 국무부 고위관리는 비건 대북정책특별대표이다.

이견을 보였다는 점이 중요하다. '영변'의 의미에 대해 북한은 영변 핵단지 내의 각종 시설과 장비로 좁게 정의한 반면, 미국은 영변 핵단지의 시설들 외에 우라늄농축시설 등을 포함하는 전반적인 핵분열물질 생산능력과 같은 포괄적 정의로 받아들이고 있었다. 특히 북한은 고농축우라늄 시설을 포함한 영변의 모든 핵시설 폐기를 제안했으며 이것이 비핵화 조치의 첫 번째 공정(첫 단계)이라는 것도 분명히 한 것으로 재확인(리영호 외무상 기자회견, 2019.3.1.)했다.

트럼프 기자회견으로 본 '하노이 담판' 북미간 입장차

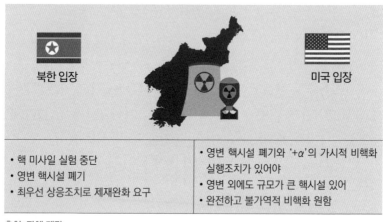

북한 입장	미국 입장
• 핵 미사일 실험 중단 • 영변 핵시설 폐기 • 최우선 상응조치로 제재완화 요구	• 영변 핵시설 폐기와 '+α'의 가시적 비핵화 실행조치가 있어야 • 영변 외에도 규모가 큰 핵시설 있어 • 완전하고 불가역적 비핵화 원함

출처: 자체 제작.

하노이에서 북한은 영변 카드의 대가로 집요하게 대북 경제제재의 해제를 요구했다. 특히 2016~17년 사이에 유엔 안보리와 미국이 독자적으로 채택한 주요 제재의 해제를 요구했다. 결국 김정은이 비핵화 카드로 미국으로부터 체제안전 보장과 경제지원을 노리고 있다는 평가가 가능한 대목이다.

영변 핵시설 현황

	시설명	소재	현황	1994년 동결 여부	2007년 불능화대상
채광 및 정련 시설	평산우라늄광산	황해도 평산	운영중		
	순천우라늄광산	평남 순천	운영중		
	평산 우라늄정련시설	황해도 평산	운영중		
	박천 우라늄정련시설	평북 박천	가동중단 (1992)		
원자로	IRT-2000 연구로	영변 핵물리연구소	운영중		
	5MWe 흑연로	영변 핵물리연구소	운영중	○	○
	50MWe 흑연로	평북 영변	건설재개 검토	○	
	200MWe 흑연로	평북 태천	건설중단	○	
	100MWth 경수로	평북 영변	건설중단		
핵연료 생산	핵연료봉 제조시설	평북 영변		○	○
	농축시설	평북 영변			
재처리	방사화학실험실	평북 영변		○	○
연구시설	동위원소가공시설	평북 영변			
핵무기 개발	핵실험장	함북 길주군	핵실험		

출처: 안진수, "영변 핵시설 현황과 폐기의 기술적 과정,"통일연구원 정책토론회 발표문, 2019년 2월 21일, p. 2. 재인용.

하노이 노딜은 김정은에게 도전과 새로운 인식을 제공했다. '최고존 엄' 김정은이 직접 협상을 벌였지만 합의하지 못한 장면은 북한 주민들에게는 충격이었을 것이다. 그럼에도 북한 언론들은 3월 1일 하노이 회담성과를 적극 평가했다. 조선중앙통신은 "싱가포르 공동성명을 이행하기위한 역사적인 노정에서 괄목할만한 전진이 이루어졌다는데 대하여 높이평가했다"며 "이를 토대로 북미 관계개선의 새로운 시대를 열어나가는데서 나서는 실천적인 문제들에 대하여 건설적이고 허심탄회한 의견교환을했다"고 소개했다.[14]

중요한 것은 하노이 노딜 이후 김정은이 미국의 현 정세에 대한 판단,특히 미·중 전략경쟁에 대한 인식을 현장에서 체감한 일이다. 이에 따라북한도 새로운 전략을 구사하게 된다.

먼저 미국에 대해서는 하노이 회담의 여파를 최종적으로 정리했다. 2019년 10월 6일 스웨덴에서 열린 북미 실무협상을 통해 북한은 더 이상의 협상은 없다는 '최후통첩'을 한다. 북한 대표인 김명길은 풍계리 핵실험장 폐기, 핵실험 및 대륙간탄도미사일(ICBM) 발사 중지 등 자신들이 취한 조치를 나열한 뒤 "우리가 선제적으로 취한 비핵화 조치들과 신뢰구축조치들에 미국이 성의있게 화답"해야 다음 단계 비핵화 조치 논의에 들어갈 수 있다고 밝혔다면서 미국과 제대로된 협의를 하기도 전에 일방적으로 결렬을 선언하고 회담장을 나왔다.

곧이어 북한 외무성 대변인은 6일 오후 늦게 내놓은 담화에서 "미국

---

14 현혜란, "北, 북미회담 보도…"새 상봉 약속·생산적 대화 이어가기로","『연합뉴스』, 2019년 3월 1일.

이 우리 국가의 안전을 위협하고 우리 인민의 생존권과 발전권을 저해하는 대조선(대북) 적대시 정책을 완전하고도 되돌릴 수 없게 철회하기 위한 실제적인 조치를 취하기 전에는 이번과 같은 역스러운(역겨운) 협상을 할 의욕이 없다"고 강조했다.[15]

김정은은 2019년 12월 31일에 열린 노동당 중앙위원회 7기 제5차 전원회의 마지막 날 보고를 통해 "적대 세력들의 제재 압박을 무력화시키고 사회주의 건설의 새로운 활로를 열기 위한 정면돌파전을 강행해야 한다"고 밝혔다 사실상 2년여간 진행해온 북미대화 국면 이전의 '경제·핵무력 병진 노선'으로 되돌아가겠다는 선언이었다.

이는 협상국면이 이어지던 2018년 4월에 발표된 '경제건설 총력 집중노선'에 따라 한동안 유예되던 핵과 대륙간탄도미사일 발사 등이 재개되는 것을 의미한다. 이후 북한의 핵무력 강화 행보는 더욱 속도를 낸다.[16]

---

15 이정진, "北美 '스톡홀름 담판' 노딜…비핵화협상 하노이회담前으로 후퇴," 『연합뉴스』, 2019년 10월 6일.

16 정빛나, "北 '새로운 길'은 "정면돌파전"…사실상 '경제·핵 병진' 회귀," 『연합뉴스』, 2020년 1월 1일.

2. 하노이 노딜과 미북의 의도

1) 트럼프와 담판에 나선 김정은의 계산

김정은이 이른바 '탑 다운' 정상외교라는 독특한 담판 형태의 협상을 통해 미국의 트럼프 대통령과 마주 앉은 의도는 무엇일까. 미국내 일각에서는 강화된 대북 제재 압력에 굴복했다고 주장하기도 하지만[17] 이보다는 좀 더 입체적인 분석이 필요하다.

북한 내부 사정에 밝은 탈북 북한 고위 외교관 태영호는 '2018년은 오래전부터 북한이 핵보유국임을 기정사실화하기 위한 평화적 환경조성에 나서기로 계획한 해'라고 했다. 이런 시각에서 보면 백두산에 올라 북한의 전략적 행보를 고심한 김정은의 움직임도 정해진 수순에 따른 것이라고 할 수 있다.

---

17 빅터 차와 카츠는 미치광이 전략(madman)으로 표현되는 트럼프의 대북 압박정책의 결과로 평가했다. 다분히 미국의 시각이라 할 수 있다.Cha, Victor and Katrin Fraser Katz, "The Right Way to Coerce North Korea-Ending the Threat Without Going to War," *Foreign Affairs*, 97-3(May/June 2018), pp. 87~102.

필자는 북한이 핵무력의 완성을 완료한 시기적 계기와 미중 패권경쟁의 흐름을 직접 확인하려는 김정은의 의지에서 비롯된 것으로 파악하려 한다. 특히 미국 주류 정치권과는 궤를 달리하는 트럼프 미국 대통령의 등장을 활용하려는 측면이 강했다고 판단된다.[18]

김정은 위원장과 트럼프 대통령은 2018년 4월 1일 이후 2019년 중반까지 수시로 친서를 교환했다. 그 내용을 분석하면 김정은과 트럼프가 직접 담판을 하게 되는 의도와 전략을 파악하는 데 큰 도움이 된다.[19]

김정은은 워싱턴 정가를 지배한 주류세력과 결이 다른 트럼프를 통해 북한이 원하는 바를 얻으려 했다. 이를 북한과 미국 관계의 '새로운 미래'라고 포장했다. 담판의 방식도 즉흥적인 기질이 있는 트럼프와의 직거래를 선호했다.

싱가포르 회담 직후인 2018년 7월 3일 트럼프가 서한을 보내 싱가포르 정상회담 합의사항(미군 유해 송환, 비핵화와 미·북관계 개선 등) 협의를 위해 폼페이오 국무장관을 특사로 평양에 보내겠다고 제안하자 김정은은 7월 6일자 트럼프에게 보낸 서한에서 "미북 간 새로운 미래를 개척하려는 저와 대통령 각하의 강한 의지와 진지한 노력, 독특한 접근법은 분명 결실을 맺게 될 것"이라고 응답했다.[20] 김정은은 트럼프와 탑다운 방식 협상을 하면 문제가 해결될 것이라는 입장을 지속적으로 밝힌다. 7월 30일자 서

---

18   김진하(2021), p. 176.

19   전·현직 주미 특파원들의 모임인 한미클럽은 계간지 『한미저널』 10호(2022년 9월 25일)를 통해 2018년 4월 1일부터 2019년 8월 5일까지 교환된 두 사람의 친서 27통의 전문을 공개했다.

20   이강덕, 『한미저널 10호』 (서울: 한미클럽, 2022), p. 96.

한에서는 "저와 각하와의 다음 만남이 더 중요한 결과를 도출할 수 있을 것"이라고 했다.[21]

김정은이 얻으려 했던 것은 당연히 대북 적대시 정책의 철폐와 대북 제재의 해제, 그리고 미국과의 관계 정상화였다. 김정은은 2018년 9월 6일 서한에서 "미국이 단계적 방식으로 보다 실질적인 조치와 행동들을 취한다면, 전 세계적 주목 대상인 비핵화 문제에 중대한 진전을 이룩할 것"이라며 "센토사 섬에서 합의한 단계적·동시적 행동이라는 원칙하에 비핵화 문제를 해결하기 위해서는 우리 양국의 불행한 과거사를 종식하고, 아직 그 누구도 한 적이 없는 양국의 밝은 미래를 여는 것"이라고 밝히고 있다.[22]

또 9월 21일자 서한에서는 "우리가 다시 만나는 것이 양국 간 불신을 제거하고 신뢰를 구축하며 비핵화 문제에 큰 진전을 이룩하는데 매우 유용하다"[23]고 했다. 특히 김정은은 트럼프와의 담판을 유지하기 위해 트럼프의 환심을 사려고 노력했다. 김정은은 트럼프에게 보내는 거의 모든 서한에 트럼프에 대한 극진한 존경과 찬사를 담았다. 심지어 중재자를 자처한 문재인 대통령을 '성가시게 여긴'다는 표현도 있다.

9월 21일자 친서에서 김정은은 "앞으로 조선반도 비핵화 문제는 남조선 대통령 문재인이 함께 하는 게 아닌, 각하와 제가 직접 논의하기를 희망한다. 그리고 지금 우리의 문제들에 문 대통령이 보이는 과도한 관심

---

21 이강덕(2022), 위의 글, pp. 97~98.
22 이강덕(2022), 앞의 글, pp. 102~104.
23 이강덕(2022), 위의 글, pp. 105~106.

이 불필요하다고 생각한다"며 문재인 대통령을 북·미 간 대화에서 배제할 것을 주장했다.[24]

친서 분석을 통해 김정은이 트럼프와의 담판에 임한 의도를 파악했는데, 그가 이처럼 과감한 행보를 할 수 있었던 것은 핵무력 완성이라는 사전 정비작업을 마무리했기 때문으로 해석된다.[25] 실제로 김정은이 2017년 화성 15형 대륙간탄도미사일발사 실험을 마친 뒤 "비로써 국가 핵무력완성의 역사적대업, 로켓강국의 위업이 실현되었다"[26]고 핵무력 완성을 선언한 것은 이런 분석을 뒷받침한다. 미국에 대한 핵억제력 수준을 격상시켰다는 자부심이 느껴진다.[27]

여러 분석을 종합할 때 김정은의 의도는 북한의 핵무력 완성을 통해 확실한 억제력을 구축한 뒤 새로운 협상전술을 구사했다고 보는 것이 합리적이다. 미국 주류세력과는 결이 확연히 달랐던 트럼프 특유의 과시적 외교방식도 극적인 국면전환에 일조했다.

더 중요한 변수는 북·중관계에서 찾을 수 있다. 앞에서 살펴본 대로 북·중관계는 시진핑 주석이 2013년 등장한 이후 2018년 초까지 상당히 어려움을 겪었지만 김정은의 '탑 다운' 방식의 미국접근이 국면을 흔들었다. 북한이 일부러 중국을 무시하고 한반도 문제 과정에서 배제한다는 '차

---

24 이강덕(2022), 위의 글, pp. 105~106.

25 손문수 "북한 핵정책의 지속성과 변화에 대한 연구(1991~2018): 실존적 억지에서 최소억지로," 영남대학교 박사학위논문, 2019, p. 13.

26 "김정은 동지께서 11월 28일 새로 개발한 대륙간탄도로켓 화성-15형 시험발사를 단행할 데 대하여 친필명령하셨다," 『조선중앙TV』, 2017년 11월 29일.

27 손문수(2019), 앞의 글, pp. 14~16.

이나 패싱' 논란이 불거지기 시작했다. 중국 당국자나 관영 매체들은 '차이나 패싱'에 신경질적인 반응을 보이면서 "중국이 한반도 문제의 중요한 당사자(stakeholder)"[28]라며 '차이나 패싱'을 부인하는 논평과 기사를 쏟아내기 시작했다.

실제로 싱가포르 회담을 앞둔 2018년 3월 26일 김정은이 전격 중국을 방문해 시진핑 주석과 북·중 정상회담을 했다. 2012년 집권 이후 김정은의 첫 외국 방문이었다. 김정은의 방문은 시진핑의 요청으로 이뤄진 것으로 추후 파악됐다. 3월 9일 미·북 정상회담 사실이 발표된 직후 황급히 추진된 것이다.[29]

김정은은 계속 중국을 자극했다. 역사적인 싱가포르 회담에서 미국 대통령과 직접 담판을 벌여 한반도 질서의 대변환을 이끌어낼 것이라는 관측이 쏟아지자 다급해진 중국은 미·북 정상회담을 한 달여 앞둔 5월 7~8일 중국 다롄(大連)에서 김정은 위원장과 시진핑 주석 간 정상회담을 연출했다. 중국은 이 정상회담에서 한동안 입 밖으로 꺼내지 않았던 '순치'와 '혈맹'을 다시 강조했다.[30] 북한을 끌어안은 중국을 향해 미국은 '배후론'으로 공격했다.[31]

---

28 최우길, "중국의 동아시아 전략과 한반도의 미래: 북핵문제와 대북정책을 중심으로," 『전략연구』 제10권 2호(국가안보전략연구원, 2010), p. 109.

29 박수찬, "김정은, 시진핑 만나 '북핵 판' 흔들다," 『조선일보』, 2018년 3월 29일.

30 "習近平同朝鮮勞動黨委員長金正恩在大連擧行会晤," 『人民日報』, 2018년 5월 9일.

31 김남성, "중국의 對 패권국 관계와 북·중동맹 변화: 비대칭동맹과 동맹안보딜레마 중심으로," 고려대학교대학원 박사학위논문, 2019, pp. 176~177.

김정은 트럼프 친서 한 줄 정리(2018년)

이번에 공개된 친서는 2018년 4월 1일부터 2019년 8월 5일까지 교환된 27통
(김정은이 보낸 편지 11통, 트럼프가 보낸 편지 16통)

2018.4.1   From 김정은

"각하의 구상과 마찬가지로 두나라 사이의 부정적인 양자 관계를 끝내고 각하와 협력할 준비돼 있습니다"

4월

2018.4.1   From 트럼프

"만나자고 제안해줘서 감사합니다… 기꺼이 만나겠습니다"

2018.4.3   From 트럼프

"앞으로 몇 주내 당신을 만나길 기대합니다"

5월

2018.5.24   From 트럼프

"위원장님께서 최근 성명을 통해 표출한 분노와 적대감에 비추어 싱가포르 개최 예정이었던 정상회담은 열리지 않을 것임을 알려드립니다. 마음을 바꾸신다면 주저말고 전화하거나 편지를 써주길 바랍니다"

2018.5.29   From 김정은

"6월 12일 각하와 중요한 만남을 가질 수 있길 바랍니다"

6월

2018.6.15   From 트럼프

"미국에 도착했는데, 우리가 얼마나 잘 어울렸고 서로 호감을 가졌는지 보도하고 있습니다."

7월

2018.7.3   From 트럼프

"싱가포르 회담은 역사적인 이벤트였습니다. 이행 조치를 위해 폼페이오를 北으로 보내겠습니다"

2018.7.6   From 김정은

"싱가포르 성명 이행을 위해 애써주셔서 감사합니다… 관계 진전이 다음번 만남을 앞당겨 주리라 확신합니다"

2018.7.30　　　From 김정은

"기대했던 종전선언이 없는 것에 아쉬운 감이 있습니다. 다음 만남을 기대하겠습니다"

8월

2018.8.2　　　From 트럼프

"미군 유해 송환 절차 착수에 감사드린다. 완전한 비핵화를 위해 노력해야 할 시점입니다. 폼페이오를 평양으로 보내고 싶습니다. 다시 만나야 한다는 데 동의합니다"

2018.8.12　　　From 김정은

"폼페이오 평양 방문 제의에 동의합니다. 훌륭한 협상으로 이어져 훌륭한 결과를 낳을 것입니다"

2018.9.6　　　From 김정은

9월

"폼페이오 평양 방문 취소에 양해를 구합니다. 폼페이오를 만나기 보다 탁월한 정치감각을 타고난 트럼프 대통령 각하와 만나 비핵화 논의하는 것이 건설적일 것입니다"

2018.9.21　　　From 김정은

"가까운 미래에 다시 만나는 것이 유용할 것임을 인정합니다. 문재인 대통령이 아니라 각하와 직접 한반도 비핵화 문제를 논의하길 희망합니다"

12월

2018.12.24　　　From 트럼프

"멋진 2018년을 보냈습니다. 다음 정상회담 비핵화 실질적 진전이 있길 기대합니다"

2018.12.25　　　From 김정은

"2차 정상회담 준비에 박차를 가하라고 지시했으며, 다음 만남에서 좋은 결과를 성취할 준비가 돼 있습니다"

2018.12.28　　　From 트럼프

"수많은 개최지를 거절했다고 들었는데 방콕이나, 하노이는 수용할 만하다고 전해 들었습니다. 저에게는 장소는 문제가 되지 않습니다. 이른 시일 내 만나길 기대합니다"

출처: 자체 제작.

종합적으로 볼 때 김정은이 전격적으로 대화국면으로 전환한 이유를 미·중관계의 맥락에서 이해하면 합리적 추론이 가능하다. 집권 초기인 2012년부터 2017년까지 핵무력 완성을 위해 질주한 결과를 토대로 미국과 중국을 상대로 북한의 전략적 가치를 확인하기 위한 과정으로 해석된다. 전략경쟁에 돌입한 미국과 중국의 속내를 북한 최고지도자 김정은은 확실하게 파악한 것이다.

구체적인 전략적 삼각관계 모델로 설명하면 북한이 비핵화 카드를 제시하면서 미국과 전격적으로 협상에 돌입하자(김정은의 탑 다운 외교) 중국도 북한에 적극 다가섰다. 북미, 북중 관계가 우호적 관계가 된 것이다. 물론 미중 관계는 시종일관 적대 관계를 유지한다.

협상국면 이전의 3자 비우호적 삼각관계(A)에서 전형적인 로맨틱 관계(B)로 전환되는 과정을 말한다. 북한이 미국은 물론이고 중국과도 냉랭한 관계를 유지했던 A 상황은 핵무력 고도화를 위해 질주한 북한 입장에서 보면 어쩌면 안정적인 국면이라고도 볼 수 있다. 왜냐하면 미국과 중국이 적대적 관계 속에서 북한의 핵능력 확장을 저지할 수단을 마련하지 못하기 때문이다. 북한이 완성된 핵무력을 바탕으로 미국과의 담판을 벌이면서, 중국의 태도 전환을 이끌어 B의 상황(로맨틱 유형)으로 전환하는 데 성공했다. 과감한 미국 접근(싱가포르 회담)을 통해 중국의 태도 전환을 유도한 것이다.

북한의 국면진환 후 삼각관계 유형

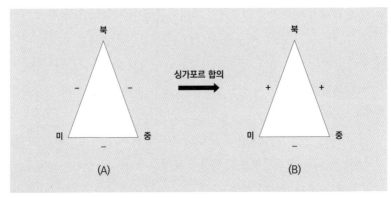

출처: 자체 제작.

1차 북미 정상회담(싱가포르 회담)은 그래서 김정은이 국면을 주도하는 공간으로 평가할 수 있다. 이는 한국 정부가 당시 발표한 것(북한의 비핵화 의지가 있었다)[32]과는 맥락이 달랐다. 북한은 애초부터 핵 포기 의사가 없었으며 오히려 미국과 담판을 통해 사실상 핵보유국으로 인정받으려 했다는 해석이 합리적인 것이다.[33]

실제로 북한이 협상을 진행했다고 해서 핵정책의 전환을 한 것도 아니었다. 2018년 4월 20일 노동당 중앙위원회 전원회의에서 북한은 "핵무력 병진노선의 승리'를 선포하고 '경제건설 총력 집중"이라는 노선을 내놓긴 했지만 핵개발의 중단과는 거리가 먼 내용이었다.

---

32   이종주(2018), pp. 119~120.
33   김진하(2021), p. 163.

특히 핵을 매개로 미국과 관계개선의 여지를 보임으로써 '후원국' 중국을 확실하게 견인한 것은 향후 김정은의 핵전략에 큰 변수로 작용한다. 미국과 중국이 과거와 달리 어떤 상태에서도 협력관계로 되돌아가지 못한다는 것을 확신한 김정은은 이제 공개적으로 '핵보유국화 전략'을 구사하기 시작한다.

2) '영변+카드'로 협상 결렬시킨 미국

하노이 노딜 과정에서 중요한 것은 미국의 태도다. 트럼프 대통령은 김정은에 대해서는 우호적인 평가를 하면서 자극하지 않으려 노력했다. 그럼에도 하노이에서 트럼프는 합의 대신 결렬을 선택했다. 어떤 식으로든 합의사항이 발표돼 2018년 봄부터 시작된 한반도 평화 프로세스와 비핵화 협상 국면이 이어질 것으로 전망했던 세계의 전문가들을 당황하게 만들었다. 특히 2018년 4월 27일 남북 정상이 판문점에서 만나 "남과 북은 완전한 비핵화를 통해 핵없는 한반도를 실현한다는 공동의 목표를 확인하였다"고 선언한 장면을 선명하게 기억하고 있던 한국인들에게 던진 충격은 매우 컸다.[34]

---

34 박경준, "[전문] 한반도의 평화와 번영, 통일을 위한 판문점 선언, 『연합뉴스』, 2018년 4월 27일, 판문점 선언에는 이외에도 "남과 북은 정전협정체결 65년이 되는 올해에 종전을 선언하고 정전협정을 평화협정으로 전환하며 항구적이고 공고한 평화체제 구축을 위한 남·북·미 3자 또는 남·북·미·중 4자회담 개최를 적극 추진해 나가기로 하였다."는 항목까지 포함돼 있었다.

하시만 협상이론에 따르면 결렬도 협상의 중요한 수단이라고 할 수 있다. 따라서 미국이 부분적 합의나 협상의 연장 대신 결렬을 택한 의도는 협상의 실패냐 성공이냐는 차원을 넘어 협상 전략의 시각에서 정밀한 분석이 필요하다.

우선 하노이 회담 당시 상황을 보면 김정은 위원장은 처음부터 회담 성과를 낙관했던 것으로 보인다. 김 위원장은 28일 오전 트럼프 대통령과 35분 정도의 단독 회담 시작과 함께 취재진에 "좋은 결과가 나올 수 있도록 모든 노력을 다하겠다"면서 "나의 직감으로 보면 좋은 결과가 생길거라고 믿는다"고 말했다. 트럼프 대통령도 "오늘뿐만 아니라 장기적으로 봤을 때 우리는 반드시 좋은 성공을 얻을 것"이라고 장담했다

그리고 단독회담에 이어 모습을 드러낸 양 정상은 눈에 띄게 화기애애한 모습으로 호텔 정원을 함께 산책하고 환담했다. 특히 정원 산책 과정에서 "비핵화 준비가 돼 있느냐"는 기자들의 질문에 김 위원장은 "그런 의지가 없었다면 여기 오지 않았을 것"이라고 말해 더욱 기대감을 갖게 했다.[35]

그리고 회담에서 김정은 위원장이 내놓은 협상 카드는 예상한대로 영변 핵시설의 해체를 골자로 하고 있으며, 그 정도라면 후속 협의를 할 수 있을 만한 내용으로 평가하는 기류가 있었다.

그러나 트럼프 대통령은 김정은 위원장에게 미국 정보 당국이 파악한 '영변 외의 5곳의 핵시설' 리스트를 제시하면서 "모두를 해체, 포기해

---

35 김효정, "[하노이 담판 결렬] '좋은 결과' 공언 4시간 만에 분위기 '급반전'," 『연합뉴스』, 2019년 2월 28일.

야 한다"고 요구했다. 트럼프는 북한이 영변 핵시설 폐기만을 조건으로 대북 제재의 해제를 요구하는 것은 받아들일 수 없다고 강조했다. 김정은이 거듭 "영변이 가장 큰 시설"이라고 고집하자 트럼프는 "협상할 준비가 안됐다"고 선언하듯 말하고는 협상장을 나가고 말았다.[36]

심지어 미국 측은 정상회담 결렬 직후 이란과의 핵협상에 등장했던 '스냅백 합의' 카드를 북한이 공개적으로 제시했지만 그것마저 거부해버렸다.[37]

트럼프가 싱가포르에서와 달리 비타협적 자세를 고수한 이유는 무엇일까. 김정은과의 브로맨스까지 과시하며 북한의 밝은 미래상을 담은 USB까지 전달한 트럼프가 북한을 미국 쪽으로 과감하게 끌어들여(편승 유도) 협상을 타결 짓는 대신 더 높은 핵포기 카드를 제시하며 끝내 협상을 결렬시킨 것을 두고 다양한 해석이 제기되고 있다.

우선 하노이 회담 이후 트럼프의 발언을 살펴보면 그의 속내를 알 수 있다. 트럼프는 하노이 결렬 한 달여 뒤인 4월 7일 네바다주(州) 라스베이거스에서 열린 공화당 모임에서 "나는 김정은과 아주 좋은 관계를 갖고 있다"고 말하면서도 "올바른 합의가 나와야 한다"고 강조했다. 북한이 제시한 카드는 미국이 바라는 '올바른 합의'가 나올 수 없다는 뜻이었다.

그리고 4월 11일 문재인 한국 대통령과의 정상회담에서는 북·미협상을 이어나기 위한 스몰딜 가능성을 묻는 기자에게 "어떤 딜(합의)인지 봐

---

36 이정진, "北최선희 "회담 계속해야하나"…'작심 인터뷰'로 미국 압박", 『연합뉴스』, 2019년 3월 1일.

37 최선영, "北최선희 "트럼프, 하노이서 스냅백 전제 제재완화에 긍정적"", 『연합뉴스』, 2019년 3월 25일.

야 한다"면서 "다양한 스몰딜이 일어날 수 있고 단계적으로 조각을 내서 할 수도 있다. 그러나 지금 시점에서 우리는 빅딜에 관해 이야기하고 있다"고 말했다. '빅딜'이라는 단어 속에는 북한에 대한 요구조건을 분명히 하려는 미국의 속내가 엿보인다는 게 당시 한국 내부의 평가였다.

심지어 트럼프는 4월 13일에는 트위터 계정을 통해 "나는 북한 김정은과 우리의 개인적인 관계가 매우 좋고, 우리가 서로 어디에 서 있는지 완전히 이해한다는 점에서 3차 정상회담이 좋을 것이라는 데 동의한다"고 말하기까지 했다.[38]

북한의 최고지도가가 미국 대통령에게 대북 제재 해제에 강력한 의지를 피력한 것이나 트럼프 대통령이 3차 정상회담을 거론한 것 등을 감안해 하노이 이후에도 미·북 간의 후속 협의가 이어질 것이라는 기대감은 남아있었다. 특히 한국 정부가 부지런히 움직였다.

하노이 결렬 이후 약 100일 만인 2019년 6월 30일 김정은 위원장과 트럼프 대통령은 판문점에서 다시 만났다. 문재인 대통령도 함께 했다. 특히 1953년 정전협정 이후 66년 만에 분단의 상징 판문점에서 북·미 정상이 마주 서서 '역사적 악수'를 하는 파격 이벤트가 현실화되자 전 세계가 주목했다. 남·북 정상이 한해 전 4·27 1차 남·북 정상회담에서 역사적 악수를 나눴던 장소에서 전 세계로 생중계되는 가운데 군사분계선을 넘나들며 상징적 장면을 연출한 것이다.

그리고 2분간의 짧은 인사가 될 것이라던 두 사람의 만남은 1시간 7

---

38 강영두, "트럼프 "김정은과 관계 훌륭, 3차 정상회담 좋을 것"…金에 '화답'", 『연합뉴스』, 2019년 4월 13일.

출처: 연합뉴스.

분여 이어졌다. 다시 한번 두 사람의 '특별한 우정'을 확인할 수 있었다.[39] 하지만 화려한 이벤트 이후에 나온 것은 없었다. 곧 열릴 것 같던 3차 북미 정상회담도 열리지 않았다. 기다리고 있는 것은 국면의 전환이었다.

미국은 한국과 함께 연합 군사훈련을 재개했다. 하노이에서 김정은이 유예해달라고 요구한 사안이었다. 그러자 2019년 8월 5일자 트럼프 대통령에 보낸 친서에서 김정은 위원장은 "한반도 남부에서 실시되는 연합군사훈련은 도대체 누구에 대한 것이며, 봉쇄시키려 하며, 물리치고 공격하려는 대상이 누구입니까? …(중략) 저는 분명히 기분이 상했고, 이를 각하에게 숨기고 싶지 않습니다. 분명히, 저는 정말로 기분이 상했습니다"라고 불쾌감을 피력했다.[40] 하지만 김정은 위원장은 "저는 대통령님 당신에 대한 믿음을 지키기 위해 더 많은 노력을 기울일 것입니다."라며 트럼프에 대한 일말의 기대를 감추지 않았다.

트럼프 대통령은 이전과 달리 김정은의 친서에 답장을 보내지 않았다. 싱가포르에서와 달리 하노이에서 보인 트럼프의 행보는 분명히 과거와 달라져 있었다. 협상을 결렬시킨 분명한 이유를 살펴볼 필요가 있다.

하노이 회담에서 미국이 공식적으로 제기한 카드는 '북한의 최종적이고 완전히 검증된 비핵화(FFVD)'였다. 북한이 그토록 혐오하던 'CVID(완전하고 검증가능하며 불가역적인 비핵화)'와는 어감이 달랐지만, 트럼프가 강조한 '올바른 합의'나 '빅딜' 속에는 북한이 제시한 협상안은 애초부터 수용

---

39 송수경, "[남북미 판문점 회동] 극적 드라마 만든 북미정상 '톱다운 케미'", 『연합뉴스』, 2019년 6월 30일.

40 이강덕(2022), 앞의 글, p. 129.

할 수 없었을 것이다. 이는 싱가포르 1차 정상회담 이후 미국 내에서 제기된 정치적 비판에서 벗어나려는 의지와도 관련이 있다. 중요한 것은 트럼프 대통령이 김정은의 의표를 찔렀다는 점이다. 그리고 결렬도 유용한 협상의 한 방법임을 강렬하게 보여줌으로써 트럼프에 대한 미국 내 주류사회의 평가가 단번에 우호적으로 전환된 것이다.[41] 그러나 트럼트의 속내를 미·중 전략경쟁의 시각에서 보면 다른 해석이 가능함을 알 수 있다.

---

[41] 박휘락(2019), 앞의 글, pp. 127~128.

3. 미·중관계의 변화로 달라진 전략적 삼각관계

1) 중국을 포위하는 미국

미국은 하노이 노딜을 전후해 중국에 대한 비난공세를 퍼부었다. 트럼프 대통령은 싱가포르 회담을 앞두고 김정은 위원장이 중국을 방문한 직후인 5월 17일 김정은이 중국에서 시진핑 주석과 2차 정상회담을 마친 후 갑자기 미·북 정상회담을 재검토하겠다고 위협했다고 말했다면서 이는 시 주석이 김정은에게 강경 자세를 취하라고 부추겼을 가능성이 있다고 말했다. 아울러 중국이 김정은을 싱가포르까지 태울 전세기를 내주는 등 시종 북한의 후원자 역할을 한 것은 결국 미국을 상대하는 북한을 중국이 쥐고 흔든 게 아니냐고 의심했다. 이른바 중국 배후론이다. [42]

북한을 네 차례 방문해 트럼프 대통령과 김정은 북한 국무위원장의 1·2차 미·북 정상회담을 조율했던 마이크 폼페이오 전 미국 국무부 장관

---

42 김현기·임주리, "트럼프 "김정은, 시진핑 만난 뒤 강경 모드" 중국 배후 의심," 『중앙일보』, 2018년 5월 19일.

은 다음과 같이 말했다.

"김 위원장은 우리(미국)가 제시하는 것이 올바른 나아갈 길이라고 믿었지만, 사실상 시진핑(중국 국가주석)이 그들(북한)을 움직이고 있었다 (중략) 나 또는 트럼프 대통령과 김 위원장의 만남 전에는 항상 (북한과) 중국 공산당의 만남이 있었다. (중략) 중국 공산당은 북한이 그들에게 중요한 완충 국가이며 미국의 정신을 분산시킬 도구를 제공해 준다고 생각한다. 우리가 북한의 핵무기를 막아내는 데 자원을 소모해야 한다는 것을 안다."[43]

미북 정상회담 과정에 미국이 얼마나 중국을 의식하고 있는지 체감적으로 보여주는 발언이다. 김정은에 대해서는 직설적인 비난을 자제하면서도 중국에 대해서는 노골적인 비난 발언이 미국 고위 관료들 입에서 경쟁적으로 쏟아져 나왔다. 특히 하노이 노딜 이후 트럼프는 직설적으로 중국을 비난했다. 그리고는 대중 무역 보복 조치를 발표했다.[44] 미국의 관심은 온통 중국을 압박하는 데 쏠리고 있었다.

하노이에서 김정은이 기존의 안보다 더 진전된 협상카드를 제시했더라도 중국을 겨냥하고 있는 미국의 전략을 감안하면 하노이 노딜은 정해진 수순에 따른 미국의 선택임을 알 수 있다. 오히려 패권도전국 중국을

---

43 김진영, "폼페이오 "김정은은 미국 믿었지만 시진핑이 北비핵화 방해","『조선일보』, 2022년 7월 13일.

44 이윤영, "트럼프 "중국에 美농산품에 대한 관세 즉각 없애라 요구","『연합뉴스』, 2019년 3월 2일.

압박하는 데 북한을 명분으로 활용하고 있다. 미국에게 북한의 새로운 '전략적 가치'가 생긴 것이다.[45]

2) 미국 주도의 전략적 삼각관계

2차 북미 정상회담(하노이 회담)은 싱가포르 회담과 완전히 달라진 상황을 보여준다. 영변 핵시설을 폐기하는 카드로 대북제재 해제를 넘어 미국과의 관계 개선을 떠본 것은 김정은이었다.[46] 만일 김정은의 의도대로 하노이 회담에서 중대 합의가 나왔다면 김정은은 새로운 국면에서 미국과 담판을 벌였을지 모른다.[47] 더 높은 상위의 정치적 의제에 대한 합의를 말한다.

그러나 미국은 북한의 제의를 거부했다. 북한이 받아들일 수 없는 새로운 카드를 던져 협상을 무산시킨 것이다. 아무리 이단아 기질이 농후한 트럼프 대통령이라고 하더라도 중국과의 전략경쟁에 몰두한 미국의 국가과제 앞에서는 다른 선택지가 없었을 것이다.

중국은 시종 북한을 후원하며 동맹 관계를 강화하는 데 주력했다. 북한이 반미전선에서 이탈하지 못하도록 하는데 정책의 최우선 가치를 둔 것이다. 이 상황에서 미·중관계는 일관되게 적대적 관계에서 벗어날 수 없었다.

---

45 이우탁(2021), 앞의 글, pp. 179~181.

46 신범철, "2018~2019 비핵화 프로세스를 통해 본 북한의 전략적 의도 분석."『전략연구』제26권 2호(한국전략문제연구소, 2019), pp. 37~76.

47 나호선·차창훈(2020), 앞의 글, pp. 43~85.

이제 북·미·중 전략적 삼각관계는 미국이 주도하고 있음을 하노이 노딜 과정에서 잘 드러났다. 싱가포르 합의 이후 한동안 북미 관계의 대전환과 한반도 평화 프로세스의 도래를 전망하던 국면(그림 B)이 한순간 사라졌다. 하노이 노딜에서 보듯 미국은 북한의 제안을 거부하면서 의도적으로 C의 상황으로 이끌었다. 북한과도 다시 적대적 관계로 돌아갔다.

더 중요한 것은 북한의 비핵화 협상 보다는 패권 도전국 중국을 견제하고 압박하는데 주력하겠다는 미국의 전략이 표현된 것이다. 달라진 북미중 전략적 삼각관계의 속성을 담고 있다. 미국의 태도 변화가 없는 한 C 유형의 북·미·중 전략적 삼각관계는 당분간 지속될 것이다. 그 변화 여부는 철저하게 미중 전략경쟁과 연계돼있는 것이다.[48]

미국 주도의 삼각관계

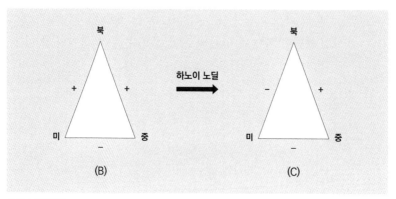

출처: 자체 제작.

48 이우탁(2021). pp. 183~184.

결국 하노이에서 미국이 일방적으로 북한의 협상안을 거절한 것은 미국의 전략을 엿볼 수 있는 장면이었다. 이제 패권도전국 중국을 압박하고 굴복시키는 것이 미국의 최우선 과제가 된 것이다. 그런 미국에게 북한의 '미끼'는 더 이상 통하지 않았다. 이것이 달라진 3차 핵위기의 속성이다. 이는 미중관계의 변화가 북한 핵의 속성의 변화로 이어지고 있음을 분명하게 보여주는 장면이다.

과거 1, 2차 북핵 위기 때는 북한을 상대로 협상을 벌인 뒤 합의를 도출하면 미국과 중국이 협력해 상당한 기간 동안 북한의 '핵동결'과 이에 상응하는 경제적 인센티브 제공 등의 이행조치가 진행되곤 했다. 하지만 하노이 노딜 이후에 미국은 북한과의 비핵화 협상을 이어가지 않고 중국때리기에 전념했다.

미국은 북한과도 계속 부정적인 관계를 유지한다. 미국에 맞서 북중관계만이 우호적 관계를 나타낸다. 전략적 삼각관계에 적용하면 '안정적 결혼' 관계(C) 유형이 되는 것이다. 바로 이 대목이 3차 핵위기의 북·미·중 전략적 삼각관계가 1, 2차 핵위기 때와 다른 양상을 드러내는 것이라고 할 수 있다. 그리고 당분간 전략적 삼각관계의 근본적인 변화를 이끌 주체는 이제 미국이 된 것도 확실하게 알 수 있다. 미중 전략경쟁이 초래한 새로운 현상이다.

북한은 이내 새로운 국면에 맞는 새로운 핵전략을 구체화하기 시작한다. 미국이 중국을 겨냥하고 있음을 확인한 이상 미중 관계가 절대 다시 과거와 같은 협력관계로 돌아갈 수 없다는 것을 알게 됐고, 이는 북한이 핵보유국화 전략을 구사하는 공간으로 활용된다.

제7장

미·중 패권경쟁 본격화와
북한의 핵보유국화

1. 미·중 패권경쟁에 대한 미·중의 대응

1) 미국은 이제 '북한 핵위협'을 활용한다

중국을 본격적으로 압박하는 정책은 트럼프 행정부에 이어 바이든 행정부에서도 이어졌다. 다만 바이든 행정부의 중국 견제 방식은 트럼프 시절과 비교해 확연하게 차이가 난다. 트럼프가 '미국 제일주의'를 앞세워 거칠게 중국을 몰아붙였다면 바이든이 추구하는 안보·군사전략은 '통합억제'(integrated deterrence)로 정리된다.

통합억제는 동맹국과 협력을 통해 전장 환경에서 시너지를 창출하기 위한 새로운 개념이다. 기존 아시아·태평양 지역에서 미국이 유지해 온 '주요 거점(hub-and-spoke)' 형태의 동맹을 대체하는 것으로, 쉽게 말해 과거 냉전시절처럼 미국이 '세계경찰' 역할을 하되 단독으로 하지 않고 동맹과 함께 연합하는 것이다.

기존에 양자동맹으로 묶어두었던 인도·태평양 지역의 동맹체제를 집단 안보체제인 대서양 동맹과 유사한 형태로 재편하려는 시도라고도 할 수 있다. 인도와 일본, 호주를 묶어 쿼드(Quad)라는 안보협의체를 가동하고, 한국과 일본이라는 양자동맹을 '한미일 안보동맹'으로 확대하려는 것 등이 대표적인 사례다.

더 나아가 서방 주요 7개국(G-7회의)에 한국과 호주, 인도, 남아공까지 초대해 자유민주주의 전체주의 간 이념 대결로 몰아가는 것도 같은 맥락이다. 이른바 '신냉전' 대결 구도를 구축하는 데 주력하고 있다. 이를 미국은 민주·인권·법치 기준의 가치동맹이라 부른다.[01] 이 모든 체제가 통합억제를 위한 공간적 장치라 하겠다.

미국은 자국은 물론 동맹국들이 보유한 제반 군사력의 통합도 추진하고 있다. 예를 들어 비핵 동맹국에 제공하는 확장억제의 3대 축인 핵, 재래식 전력, 미사일 방어 등을 통합하여 효용성을 향상한다. 우주·사이버·정보 등의 영역에서 억제력 구축도 중시한다.

통합억제를 추진하는 미국에게 동맹은 주요 구성원으로 매우 중요하다. 그래서 바이든은 기회 있을 때마다 "미국의 반대편에 베팅하지 말라"는 메시지를 반복한다.[02] 미국 주도로 구축되는 통합억제에 역내 미국의 조약 동맹국이 불참할 경우, 동맹공약의 약화와 같은 비용을 부과한다. 동

---

01 2022년 5월 21일 서울에서 열린 한미정상회담에서 바이든 미국 대통령은 ""민주주의와 독재국가 간 경쟁이 심화할 것"이라고 말했다. 한미 양국은 "민주주의, 규범에 기반한 국제질서, 반부패, 인권 등 가치에 뿌리를 둔 한미 글로벌 포괄적 전략동맹 강화에 대한 양 정상의 확고한 의지를 재확인했다"고 평가했다. 김효정, "[한미정상회담] '가치동맹' 행동으로 옮긴다…한중관계 관리는 과제," 『연합뉴스』, 2022년 5월 21일.

02 2013년 12월 6일 부통령 신분이던 바이든은 한국을 방문해 박근혜 대통령과 회담했다. 이 자리에서 바이든은 "미국은 계속 한국에 베팅을 할 것"이라면서 "미국의 반대편에 베팅하는 건 좋은 베팅이 아니다"라고 말했다. 김남권, "바이든 "美 반대편에 베팅 안좋아…美는 한국에 베팅"," 『연합뉴스』, 2013년 12월 6일.

맹전이이론을 적용한다면 미국은 중국을 포위하기 위해 가용한 동맹국과 우호국을 규합하는 데 총력전을 펼치고 있는 것이다. 한국과 일본, 그리고 대만 등 동맹국은 물론이고 인도와 몽골과 베트남 등 중국과 국경을 맞대고 있는 우호국과의 우호전선도 확대하고 있다. 이 전략은 북핵 대응에도 적용되고 있다. 일본, 한국과 함께 3각 동맹체제를 구축해 핵무력을 완성한 북한을 압박하고 있는 것이다.

아울러 북한에도 선택을 요구하는 것일 수 있다. 미국이 요구하는 중국 압박 전선에 북한이 동참할 경우, 북한이 원하는 것을 '선물'로 제시할 수 있다는 메시지를 지속적으로 발신하는 것이다. 북한이 원하는 '핵보유국' 지위 인정 문제가 북한의 선택 여하에 따라 다뤄질 수 있는 공간을 남겨둔 것으로 해석할 수 있는 것이다.

미국은 북한의 선택과는 별개로 철저하게 북한 핵 위협을 활용하는 전술을 구사하고 있다. 동아시아에서의 한미일 3각 동맹체제 구축을 노리는 미국 입장에서는 북한 핵 위협은 한국과 일본을 함께 견인할 명분이 되고 있다.

한일 양국은 '역사적 불화'로 인해 좀처럼 안보 분야에서의 협력을 강화하지 못하고 있는데, 당면한 북한의 핵무력 위협이 이를 상쇄하는 요인이 되고 있다. 이는 한미, 미일 군사동맹을 연계해 사실상 3국 동맹체제를 강화하는 일이기도 하다. 또한, 중국 견제를 위해서도 북한 핵 위협은 좋은 명분이 되고 있다. 기왕에 완성된 북한의 핵무력을 새롭게 수단화하는 것이라 할 수 있다.

미국이 북한 핵을 고리로 중국 견제와 압박에 나선 대표적인 사례가 2016년 벌어졌던 사드(THAAD·고고도미사일방어 체계) 한반도 배치였다. 미국은 주한미군에 사드를 배치하면서 '북핵과 미사일'의 방어를 위해 필요한 조치라고 설명했다. 북한이 고각도로 탄도미사일을 발사할 경우, 이를 방어하는 데 사드 체계가 효용성이 없는 것은 아니지만 기본적으로 사드 체계의 남한 배치는 중국을 겨냥한 것이라는 게 군사전문가들의 시각이다.

특히 레이더가 탐지할 수 있는 거리가 2,000km가 넘는 X-band 레이더의 존재가 중국에 큰 부담이 되고 있다. 중국은 동아시아의 현상변경 우려와 자국의 핵 억지력에 위협이 우려된다면서 강력히 반발했다.[03] 미국은 북한 핵 위협을 명분으로 제시했지만 중국은 이를 믿지 않았다. 주한미군의 사드배치를 미국과 중국 간 균형을 흔드는 일이고 미국의 중국 압박정책의 산물로 인식했다.[04] 이른바 사드 사태로 인한 파장은 한국과 중국 관계를 흔들기도 했다. 미국 입장에서는 북한 핵 위협을 명분으로 중국도 견제하고, 한국을 더욱 미국으로 견인하는 효과를 거두었다고 할 수 있다.

미국의 워싱턴포스트(WP)는 트럼프 대통령이 1987년 체결한 '중거리 핵전력 협정(INF)' 파기를 선언하면서 러시아의 거듭된 협정 위반과 세계에서 가장 야심적인 탄도미사일 개발을 추진하고 있는 중국이 협정에 포함되지 않은 사실을 거론하면서 북한에 대해서도 위협발언을 했다고 보

---

03 이상만·김동찬, "미국 미사일 방어 시스템 구축에 대한 중국의 인식과 대응: 사드 문제에 대한 시사점"『현대중국연구』제19권 2호(현대중국학회, 2017), pp. 261~305.

04 이상현·정재홍, "사드 배치 발표 이후 중국의 인식과 한국의 대응,"『세종정책브리프』정책브리핑 2016~18(세종연구소, 2016), pp. 1~19.

도했다. 트럼프는 "만약 당신들(북한)이 비핵화하지 않으면 우리는 당신 나라 주위를 중단거리 미사일로 포위할 수 있으며 이렇게 되면 당신 정권을 사전 경고 없이 공격할 수 있다"는 의미라는 것이다.[05] INF 체제 파기의 진정한 의도도 중국 견제와 압박을 위한 것으로 분석된다. 그런데 미국은 중국을 겨냥하면서 북한 미사일 위협을 명분으로 거론하고 있다.

미국은 앞으로 중국을 겨냥한 새로운 미사일 방어시스템(MD)을 구축하거나 중국 대륙을 직접 겨냥하는 탄도미사일 등을 중국 인근에 주둔하는 미군에 배치하면서 외형적으로는 '북한 핵 위협'을 거론할 가능성이 커 보인다. 사드 배치가 북한의 대륙간탄도미사일 발사 강행 직후에 단행된 것처럼 북한의 핵과 미사일 위협이 고조되면 미국의 운신의 폭은 그만큼 넓어지는 셈이다.

당연히 중국에서는 미국의 미사일 방어 정책의 핵심 목표가 패권도전국인 중국을 겨냥한 것이라고 보고 있다.

사실 동서냉전 시절 미국은 미사일 방어시스템을 패권도전국을 굴복시키는 수단으로 활용해왔다.[06] 새로운 패권도전국 중국을 제압하기 위해 다시 MD 카드를 꺼내 들 것이라는 게 중국의 우려이다.

스인홍 교수는 미국의 국가미사일방어체제(NMD)의 진정한 목표는 중국이라고 주장했다. 현시점에서 미국의 지위에 도전할 가능성이 있는

---

05 유영준, "WP "미 INF 파기, 강력한 대북 비핵화 경고 메시지""『연합뉴스』, 2018년 10월 26일.

06 이수형, "미국의 미사일방어정책: 역사적 고찰과 전략적 함의",『한국과국제정치』제32권 3호(극동문제연구소, 2016), pp. 3~6; Alexander Flax, "Ballistic Missile Defense: Concept and History," Daedalus, 114-2(Spring 1985), pp. 33~52.

나라는 중국이며, 미국의 미사일 방어정책의 진정한 대상은 바로 중국이라는 것이다.[07] 미국이 북한 핵 방어를 명분으로 사드를 배치하고 동아시아 MD 구축을 서두르는 배경이 바로 미·중 전략경쟁의 공간과 연결되는 것이다.

한미 간 논의되고 있는 전시작전권 이양과 유엔사령부 개편 문제도 복잡해졌다. 이 문제는 이미 노무현 정부 시절 미국과의 협상에서 전작권 환수가 결정됐으며, 우여곡절 끝에 그 환수일을 2012년 4월 17일로 합의했다. 그런데 이명박 박근혜 정부를 거쳐 환수날짜가 무기한 연기됐다. 2014년 박근혜 정부에 의해 전작권 환수 연기가 추진될 때만 해도 미국은 전작권 전환에 적극적이었다.

2017년 문재인 정부에서 전작권 전환을 국정과제로 설정하고 서두르자 이제 미국은 태도를 달리한다. 미국의 마크 에스퍼 국방장관과 서욱 한국 국방장관이 2020년 10월 14일 미 국방부 청사에서 제52차 한미안보협의회의(SCM)를 열었으나 전시 작전통제권의 한국 전환 문제와 관련해 시각차를 드러냈다. 한국이 전작권 전환 조건의 조기 구비를 강조하며 전환 의지를 드러낸 반면 미국은 전환에 시간이 걸린다는 전망을 했다.[08]

미국이 내세운 명분은 물론 북핵 위협의 증대 등 한반도 안보상황이 한국군의 독자적 군사작전 능력에 맡기기에는 불안하다는 것이다. 그러나 그 이면에는 중국 대륙 코앞에 있는 한반도 남쪽에서 중국을 견제하는

07　時殷弘, "美国国家导弹防御计划与中国的对策," 『太平洋学报』 第4期(2000年), pp. 39~44.

08　류지복, "한미 국방, 전작권전환 시각차…"조건 조기 구비" vs "시간걸려"" 『연합뉴스』, 2020년 10월 15일.

데 미군이 작전통제권을 쥐고 있는 것이 더 유리하겠다는 계산을 하고 있음이 강하게 느껴진다. 한국 내 보수 세력은 미국의 전작권 반환 지연 움직임에 적극 호응하고 있다.

미국은 북한 핵 위협을 명분으로 전략자산의 한반도 전개를 상시적으로 유지하려 한다. 미국의 핵심 전략자산이 한반도 주역 해역에서 위력을 과시할 때마다 중국은 강력히 반발했다.

2016년 1월 북한의 제4차 핵실험이나 남북한 긴장이 고조될 때마다 미군은 태평양 괌에 배치돼 있던 B-52 '스트래토포트리스' 전략폭격기를 한반도 상공에 전개했고, 중국 당국은 "안보균형을 깨는 행위"라며 강력히 반발했다.[09] 북한을 고리로 중국을 직접 위협하는 미국의 군사행동이 더욱 직접적인 형태로 펼쳐지는 것이며, 미·중 패권경쟁의 상징성을 한반도 주변 해역에서 체감하는 장면으로 인식될 것이다.

윤석열 정부 출범 이후 미국은 한국의 요청을 근거로 확장억제 강화에 적극적으로 나서고 있다. 한미 양국은 2022년 9월 16일 워싱턴에서 4년 8개월 만에 고위급 확장억제전략협의체(EDSCG) 회의를 개최했고, 이어 11월 3일에는 한미 국방장관이 참석하는 안보협의회의(SCM)를 개최했다. 양 회의는 긴급한 시의성이 있었다. 우선 북한의 핵무력 완성을 현실로 받아들였다는 것이고, 그런 북한을 막기 위해 새로운 대응책(플랜B) 모색을 본격화하고 있다는 것을 공개적으로 알린 것이다.

EDSCG 회의의 결과 발표된 공동성명에서 미국은 "핵, 재래식, 미사일

---

09 이준삼, "美전략폭격기 B-52, 동해상공 작전…북중러 동시겨냥,"『연합뉴스』,
    2019년 10월 27일.

방어 및 진전된 비핵능력 등 모든 범주의 군사적 능력을 활용하여 대한민국에 확장억제를 제공한다는 미국의 철통같고 흔들림 없는 공약"을 첫 번째로 강조했다. 그리고 "북한의 어떠한 핵 공격도 압도적이며 결정적인 대응에 직면하게 될 것"이라는 점을 명확히 했다. 공동성명에 확장억제수단운용연습(TTX) 활용 강화, 핵·비핵 위협 관련 정보 공유, 훈련·연습의 증진 등 구체적인 표현을 담은 것은 확장억제 공약의 신뢰성을 강화하기 위한 것이다.[10]

국제정치학에서 억제(deterrence)란 3가지 요소로 구성되는데, 우리가 보복할 수단이 있음을 뜻하는 능력(capability), 그리고 그 보복을 확실히 할 뜻이 있음을 상대가 정확히 알도록 하는 의사전달(communication), 마지막으로 상대가 어떤 행동을 할 경우 확실하게 보복할 것임을 장담할 수 있는 신뢰성이다.

또 SCM 회의 결과를 담은 공동성명에서 미국 국방장관 오스틴은 "미국이나 동맹국 및 우방국들에 대한 비전략핵(전술핵)을 포함한 어떠한 핵 공격도 용납할 수 없으며, 이는 김정은 정권의 종말을 초래할 것"이라고 경고했다. 앞서 미국 국방부는 2022년 10월 27일 〈2022 핵태세보고서〉에서 "어떠한 상황에서도 북한의 핵공격을 용납할 수 없다. (중략) 북한이 미국이나 동맹국, 파트너에 핵공격을 하면 정권의 종말을 가져오게 될 것"이라고 선언했다.[11]

---

10 김지현, "美핵우산 신뢰성 높였다…전략자산 전개 규모 확대 전망." 『연합뉴스』, 2022년 9월 17일.

11 김경희, "美 "김정은 핵 사용하면 北 정권 종말…대북 확장억제 강화"," 『연합뉴스』, 2022년 10월 28일.

양국은 특히 맞춤형 억제전략(TDS, Tailored Deterrence Strategy) 개정의 진전을 평가했는데 '맞춤형 억제전략'이란 북한의 핵과 대량살상무기(WMD) 위협에 대한 한미동맹 차원에서의 공식적인 대응책을 뜻한다. 한반도에서 어떤 위협요소가 존재하는지를 식별하고 연구해 여기에 맞추어 공격받는 것을 '억제'할 수 있는 '적절한' 수단과 도구를 제공하는 일이다.

일견 한국의 요청에 의해 추진되는 미국의 확장억제 강화 방안은 내막을 자세히 들여다보면 철저하게 미국의 대중 전략에 따른 군사적 조치임을 알 수 있다. 동아시아 지역에서도 유럽의 나토와 같은 확실한 집단안보체제를 지향하는 미국의 '중국 포위' 전략은 갈수록 강화되는 흐름이며 이 과정에서 '완성된 북한 핵무력의 위협'은 좋은 명분을 제공하고 있는 것이다. 당연한 얘기이지만 미국은 패권도전국 중국을 압박하고 굴복하는데 정책의 최우선 가치를 부여하고 있다. 따라서 미·중 전략경쟁의 양상에 따라 미국의 선택지가 결정될 것이다.

2) '사회주의 현대화'로 패권 도전하는 중국

미국의 새로운 행보에 중국도 기민하게 대응하고 있다. 특히 '21세기 황제'로 등극한 시진핑 중국 국가주석은 미국에 맞서 세계 패권에 도전하겠다는 야심을 노골화했다.

2022년 10월 16일 자신의 '3연임'을 확정지은 시 주석은 중국공산당 20차 당대회 업무보고 연설에서 중국이 가야 할 새 방향을 제시했다.

2017년 19차 당 대회에서 중국 인민들에게 '2개의 100년 목표'[12]를 제시하며 중국몽을 화두로 던진 시 주석이 세계 패권을 쥐기 위한 새로운 이정표를 던진 것이다.

바이든 미국 행정부가 '민주주의 가치'를 명분으로 중국을 압박하는 데 맞서 시진핑은 '사회주의 현대화'를 중국 공산당의 새로운 가치로 제시했다. 미국과 소련의 동서 냉전의 실패로 사회주의가 자본주의에 실패한 것으로 평가받고 있지만 이는 역사를 제대로 인식하지 못한 것이라는 새로운 주장을 담고 있다.

중국 공산당이라는 거대 조직이 이끄는 중국은 이제 첨단기술에서 미국에 앞설 만큼 발전했으며, 이는 현대화를 통해 사회주의가 자본주의를 이길 수 있다는 논리로 연결됐다. 기술은 물론 금융을 포함한 경제시장에서도 충분히 사회주의의 경쟁력을 배가시킬 수 있다고도 강조한다. 이렇게 가치와 첨단기술, 그리고 세계질서의 새로운 지향 등 모든 면에서 미국과 맞서기로 한 중국에게 러시아와 북한의 전략적 가치가 배가된다.

탈냉전 이후 국가적 위상이 떨어진 러시아와는 반미와 반서방 노선을 함께 하고 있다. 특히 2022년 러시아의 우크라이나 침공으로 중국과 러시아 관계는 과거 냉전 시절 사회주의 동맹과 같은 밀착 관계를 구축하게 됐다. 이는 미국이 유럽동맹과 함께 러시아에 대한 강력한 경제제재를 가했고, 궁지에 몰린 푸틴 러시아 대통령이 생존을 위해 중국의 손을 잡

---

12 시진핑은 당시 발표한 '전면적인 샤오캉 사회의 필승으로 신시대 중국 특색 사회주의의 위대한 승리를 쟁취하자'는 당대회 보고서에서 이의 달성 시기를 2035년으로 알렸다. 이와 더불어 중국 건국 100주년인 2049년에 사회주의 현대화 강국이 되는 목표를 달성하겠다는 포부도 밝혔다.

게 된 것이 결정적이었다.

중국으로서는 유라시아에 걸쳐 강력한 영향력을 갖고 있는 러시아를 중국의 협력국으로 할 수 있다는 것은 미국과의 패권경쟁을 위해서는 매우 중요한 요소가 된다. 냉전이 한창이던 1970년대 미국이 최대적국인 소련을 견제하기 위해 중국을 협력국으로 끌어들인 것과 정반대의 모습이다.

실제로 2022년 2월 4일 중국 베이징에서 열린 시진핑 주석과 푸틴 러시아 대통령 간 정상회담에서 두 사람은 공동성명을 통해 "세계는 거대한 변화에 직면해 있고, 새로운 리더십에 대한 요구가 커져가고 있다"면서 러시아의 유라시아경제동맹과 중국의 일대일로 사업을 통합시켜 "아시아 태평양과 유라시아 지역의 통합을 가속화할 것"이라고 선언했다.

또 "일부 국가와 군사·정치 동맹체 및 연합체들이 다른 측의 안보를 희생하면서 직·간접적으로 일방적인 군사적 우위를 차지하려는 목표를 추구하고 지정학적 경쟁을 강화하며 대립과 대결을 부추기고 국제안보 분야 질서와 글로벌 전략 안정성을 훼손하고 있다"고 미국을 직접 겨냥했다.

양국은 "민주주의가 일부 국가들의 특권이 아니라 인류 공통의 가치이며, 그것의 신장과 보호는 모든 국제사회의 공통의 과제라는데 인식을 같이 한다"면서 "일부 국가들이 다른 나라들에 자신의 민주적 기준을 강요하는 것은 민주주의 침해"라고 비판했다.[13]

---

13 유철종, "중·러 "나토 확장 중단하라"…중 "러 안전보장 요구 지지""『연합뉴스』, 2022년 2월 4일.

그 다음 날 중국공산당 기관지 인민일보(人民日報)는 중·러 정상회담의 의미를 "미국 주도의 서방 패권주의를 거부하고 국제관계의 새 시대를 열었다"고 평가했다.[14] 중국과 러시아가 손잡고 미국과 그 동맹국과 대항하는 신냉전의 세계질서가 현실화되고 있는 것이다.

2022년 10월 27일 공개된 미 국방부 국방전략서(NDS)는 중국을 "추격하는 위협"으로, 러시아를 "급성 위협"으로 규정했다. 중국과 러시아가 파트너로서 관계를 강화함에 따라 이들이 미국 본토 안보에 더 위험스러운 도전이 되고 있다고 지적했다.

미국과 적대하는 두 강국을 이렇게 구분한 것은 러시아가 우크라이나 전쟁과 핵무기 사용 위협으로 "급성 위협"으로 떠오르기는 했어도 미국의 패권에 도전하는 의도와 능력을 지닌 중국만큼의 위협은 아니라는 뜻이다. 이렇게 보면 미국의 패권도전국은 중국이며, 러시아는 중국의 보조적 협력자로 자리매김되고 있음을 알 수 있다. 과거 냉전시절 소련과 중국의 위상이 역전된 것이다.[15]

중국은 러시아가 미국과의 전선에서 중국의 하위적 협력자로 함께 해준다면 자국의 약점을 보완해줄 확실한 우군을 확보하는 셈이다. 중·러 양국이 체결한 무제한 협력협정(No Limit Pact)은 중국과 러시아의 상호 보완성을 더욱 강화시켰다.

양국이 분야를 가리지 않고 무제한 협력하겠다는 것은 미국의 제재

---

14 김진방, "中매체들, 중국·러시아 정상회담 극찬…"국제관계 새시대 열어""『연합뉴스』 2022년 2월 5일.

15 김경희, "美 "국가안보 최대위협 中, 당면위협 러…北 핵·미사일 주시""『연합뉴스』, 2022년 10월 28일.

를 함께 극복해야 하는 양국에게 경제공동체적인 대응을 강화해준다. 중국은 러시아로부터 에너지와 식량을 안정적으로 확보할 수 있고, 러시아는 중국의 도움으로 미국의 제재를 이겨낼 수 있는 것이다.

이런 상황에서 패권도전국인 중국에게 과거의 혈맹인 북한의 전략적 가치는 높아질 수밖에 없다. 북한도 '사회주의 혈맹'을 강조하며 중국과 러시아와 함께 손잡고 미국과 대항하겠다고 나서고 있다.

중국 내에서 일제 치하 반일 투쟁에서 '혁명적 동지' 의식을 갖고 있는 북·중 양국관계가 재조명되고, 특히 한국전쟁에서 '항미원조(抗美援朝·미국에 맞서 조선을 도움)' 명분으로 중국이 참전한 역사가 부각되는 것도 이런 맥락이다.

중국에게 북한은 미국의 영향력이 직접 중국 대륙에 미치지 못하도록 하는 '완충지대'로서의 전략적 가치를 갖고 있을 뿐 아니라 미국과의 패권경쟁이 불을 뿜는 현재의 관점에서 중국 영향권 내에 북한이 속하는 것만으로도 미국에 대한 '지렛대 효과'를 충분히 발휘할 수 있다.

이 때문에 북한의 탄도미사일 도발이나 핵실험 강행 이후 유엔 안보리에서 대북 결의안을 채택하려 할 때마다 중국은 러시아와 함께 반대하고 있다. 두 나라는 2017년까지만 해도 북한의 핵실험이나 탄도미사일 발사 후 유엔 안보리가 추진한 대북제재에 동참했었다. 하지만 미국과의 대결전선이 공고해진 2020년 이후에는 안보리 결의 때마다 반대하고 있다.

두 나라에게 북한의 핵무력 완성 행보는 과거의 비핵산 이슈에서 이제는 미국과의 세력균형 이슈로 전환된 것으로 평가할 만하다. 공식적으로는 여전히 북한을 핵보유국으로 인정할 수는 없겠지만 이제 미국에 맞설 사회주의 동맹국 북한의 가치를 감안해 핵무력 보유를 문제 삼지 않게 된 것이다. 이는 북한의 핵보유국화 가능성을 높여주며 한반도의 안보상황을 근본적으로 흔드는 중대 문제로 연결된다.

2. 북한의 공세적 핵전략과 핵보유 전략국가

1) 북한의 공세적 핵전략

2021년 1월 5일부터 진행된 노동당 8차 대회 사업총화보고를 통해 김정은은 더욱 공세적인 핵전략을 공개했다.[16] 8차 당대회는 하노이에서의 충격을 흡수한 김정은이 내부 총화를 거쳐 새로운 대미 정책을 공개할 것으로 이전부터 주목돼온 무대였다. 특히 곧 취임할 미국의 바이든 행정부에 어떤 메시지를 던지냐도 관심이었다.

김정은은 총화보고에서 "미국에서 누가 집권하든 미국이라는 실체와 대조선정책의 본심은 절대로 변하지 않는다"며, "앞으로도 강대강, 선대 선 원칙에서 미국을 상대할 것"이라고 천명했다. 아울러 "새로운 조·미(북미)관계 수립의 열쇠는 미국이 대조선(대북) 적대시 정책을 철회하는 데 있

---

16 조선노동당 8차 당대회는 사실상 김정은 위원장의 외교정책 2기가 시작되는 시점으로, 북한의 대외전략 기조와 향후 정책 방향성을 가름할 수 있는 행사로 평가됐다. 2016년 5월 7차 당대회에 이어 5년 만에 개최됐다.

다"고 강조했다.[17] 전임 트럼프 대통령처럼 자신과 탑 다운 담판을 진행하자는 '구애'의 손짓과 더불어 제재 해제 등 자신이 요구한 사안에 대해 전향적인 태도를 보이는 것을 '대북 적대시 정책의 철회'로 제시한 것이다.

만일 미국이 자신의 '선의의 메시지'를 거부할 경우에는 '강 대 강'의 길로 갈 것이라는 점도 분명히 했다. 김정은은 "핵억제력을 보다 강화하면서 최강의 군사력"을 키워내 핵강압으로 한미동맹에 맞서나가겠다고 선언한다.[18] 당규약도 개정했다. 그리고는 '핵선제 및 보복타격능력'의 고도화를 주문했다.[19]

그러나 바이든 미국 대통령은 김정은이 '강요한 선택'을 외면했다. 트럼프와 김정은 담판을 비판하던 바이든 대통령은 전통적인 민주당 스타일대로 '바텀 업(bottom up)' 방식의 실무협상 기조를 유지했고, 대북 제재 해제는 고려조차 하지 않았다.

게다가 바이든 행정부가 중국을 겨냥한 '통합억제'를 기반으로 한국과 일본 등 동맹과 함께 압박 공세를 펼치자 김정은은 2021년 하반기부터 '핵강압 태세로의 전환'을 서두른다. 미국과의 대결 구도를 다시 한 번 분명히 조성하면서 위기조성외교를 통한 국면 전환을 모색하게 된 것이다.

2022년 4월 25일 저녁 평양 김일성 광장에서 열린 조선인민혁명군

---

17 "김정은, "조선로동당 제8차대회에서 한 결론," 「노동신문」, 2021년 1월 13일; "조선로동당 제8차대회에서 하신 경애하는 김정은 동지의 보고에 대하여", 「노동신문」, 2021년 1월 9일.

18 "조선로동당 제8차대회에서 하신 경애하는 김정은 동지의 보고에 대하여," 「노동신문」, 2021년 1월 9일.

19 "조선로동당 제8차대회 5일회의 진행," 『노동신문』, 2021년 1월 10일.

창건 90주년 기념 열병식에 흰색 원수복에 '대원수 계급장'을 달고 등장한 김정은은 다음과 같이 선언한다.

"우리 핵무력의 기본사명은 전쟁을 억제함에 있지만 이 땅에서 우리가 결코 바라지 않는 상황이 조성되는 경우에까지 우리의 핵이 전쟁 방지라는 하나의 사명에만 속박되어 있을 수는 없습니다. 어떤 세력이든 우리 국가의 근본리익을 침탈하려 든다면 우리 핵무력은 의외의 자기의 둘째가는 사명을 결단코 결행하지 않을 수 없을 것입니다. 공화국의 핵무력은 언제든지 자기의 책임적인 사명과 특유의 억제력을 가동할 수 있게 철저히 준비되어 있어야 합니다."[20]

핵무기를 전쟁 방지용으로 두는 데 그치지 않고 국가 근본이익이 침탈되는 상황으로 판단되면 선제적으로 핵무기를 사용하겠다는 의미다. 그 대상에 미국은 물론이고 한국과 일본도 포함된다는 것을 구체화, 공식화한 것이다.

2022년 9월 8일 북한의 최고인민회의는 핵무력정책에 대한 법률을 채택하였다. 이 법률은 2013년 제정된 핵보유국 법(자위적 핵보유국의 지위를 공고히 할데 대한 법)을 대체하는 것으로, 국무위원장의 자의적 판단에 따른 핵사용 가능성을 열어 놓은 공격적 내용을 담고 있다. 이 법률 서문에서 북한은 자신들의 핵무력이 '국가의 주권과 영토완정, 근본이익 수호'의 수

---

20 "조선인민혁명군창건 90돐 경축 열병식에서 하신 경애하는 김정은 동지의 연설," 『조선중앙통신』, 2022년 4월 25일.

단이라고 명기하였다.

이 표현은 중국이 양안관계에서 대만에 대하여 사용하는 것으로, 한반도에서 자신들이 군사적 우위를 바탕으로 주도권을 행사하겠다는 의지를 밝힌 것으로 평가됐다. 10월 31일 외무성 대변인 담화에서도 북한은 '영토 완정'이라는 표현을 사용하며 무력에 기초한 대남위협을 계속했다.[21]

법령은 핵무기 사용 조건도 처음으로 규정(제6조)했는데, 눈길을 끄는 것은 제2항에서 김정은 등 북한 지휘부에 대해 '제거작전'의 움직임을 보이기만 해도 선제 핵타격을 할 수 있다고 명시한 것이다.

법령은 또 "국가 핵무력에 대한 지휘통제체계가 적대세력의 공격으로 위험에 처하는 경우 사전에 결정된 작전 방안에 따라 도발원점과 지휘부를 비롯한 적대세력을 괴멸시키기 위한 핵타격이 자동적으로 즉시에 단행된다"고 밝혀 유사시 한·미 양국 군이 비핵 공격을 하더라도 핵으로 반격에 나서도록 이미 작전계획을 수립해뒀음을 드러냈다.

이와 함께 '비핵국가'라도 '다른 핵무기 보유국과 야합하여 조선민주주의인민공화국을 반대하는 침략이나 공격행위에 가담'(5조 2항)하는 경우 핵무기를 사용할 수 있다고 밝혔는데, 이는 한미 확장억제와 한·미, 미·일 연합훈련 등을 겨냥한 것으로 풀이된다.[22]

---

21 최용환, "북한의 연이은 군사적 도발, 원인과 전망," 『이슈브리프』 408호(국가안보전략연구원, 2022), pp. 3~4.

22 유용원, "[유용원의 밀리터리 시크릿] 선제 핵타격 위협하며 '참수작전' 꿈도 꾸지 말라는 북한," 『조선일보』, 2022년 9월 13일. 정성장, "북한의 핵지위통제체계와 핵무기 사용 조건의 변화 평가: 9.8 핵무력정책 법령을 중심으로," 『세종논평』

핵 지휘권과 사용 조건을 이렇게 담은 것은 북한의 핵전략이 분명하게 선제타격으로 전환했음을 다시 한 번 천명하는 한편 미국이 '선 대 선' 메시지를 거부한 만큼 이제는 '강 대 강'의 길을 걷겠다는 의지를 강력하게 표출한 것이다. 핵을 보유한 나라 중에서 이처럼 선제타격을 법에 명시하는 국가는 없었다.[23]

북한은 2022년 하반기 더욱 과감한 도발을 감행했다. 김정은은 9월 25일부터 당 창건일 하루 전인 10월 9일까지 전술핵 운용부대를 7차례나 방문해 핵탑재용 미사일 발사훈련을 지도하고도 일정 기간 공개하지 않았던 자신들의 핵무기 실전운용 능력을 모두 언론에 공개했다.

특히 화성-12형 중거리탄도미사일(IRBM)은 일본 상공을 통과해 약 4,500km의 최장 비행거리로 날아갔다. 일본은 대피령까지 내리는 등 민감하게 반응했고, 미국도 놀랐다.[24] 화성-12형은 2017년 2발을 괌 위협 목적으로 북태평양에 쐈을 때도 괌·하와이 주민과 관광객들이 대피하는 소동까지 벌어진 바가 있다. 화성-12형은 김정은은 언제라도 긴장을 조성하고 정세를 주도할 수 있음을 보여준 것이다.

북한은 이러한 미사일의 발사 장면과 제원도 모두 공개했다. 이동식 미사일 발사대(TEL)에서 발사하는 고체 추진제 미사일은 감시도 어렵고 임의의 장소에서 24시간 기습발사가 가능하다. 이른바 '게임체인저'라고

2022-06(세종연구소, 2022).

23 변창구, "북한의 제6차 핵실험에 대한 인식과 대응: 현실주의적 관점에서," 『통일전략』 제17권 4호(한국통일전략학회, 2017), p. 116.

24 김호준, "北미사일 열도 통과에 日 '충격'…대피령에 열차운행 중단도," 『연합뉴스』, 2022년 10월 4일.

불리는 SLBM 다음으로 생존성이 뛰어나 한·미의 선제공격에도 살아남아 제2격 능력(세컨드 스트라이크)이 가능하다는 점을 각인시킨 것이다. 자신들의 핵·미사일 발사를 감시도, 요격도, 응징도 어려우니 상대하지 말라는 의미다.[25]

북한의 새로운 전략은 중국을 향해 통합억제를, 그리고 북핵 위협에는 확장억제의 강화를 내세운 미국에 맞서 새롭게 정비한 북한식 억제전략이라고 할 수 있다. 이는 미국과 중국이 충돌하는 신냉전의 세계질서에 대한 북한식 대응이다.

김정은은 2022년 9월 8일 제14기 제7차 최고인민회의에서 한 시정연설에서 현 국제정세가 '미국 주도의 일극체제에서 다극체제로 전환'되고 있다고 평가하고, 이러한 정세가 자신들의 군사력증강에 유리한 조건과 환경, 명분을 제공하고 있다고 주장하였다. 즉, 북한은 미·중 전략경쟁과 러시아-우크라이나 전쟁 등에 따른 한미일 대 북·중·러의 냉전적 갈등 구조에 적극 편승하려 시도하고 있다.

바이든 미국 행정부가 통합억제 전략이라는 동맹전선을 구축하는 만큼 북한도 안전장치로서 북·중·러 북방 3각동맹 체제를 강화하고 있다. 중국과 러시아라는 전통적 사회주의 동맹국과 함께 하면 미국과 국제사회의 제재와 압력을 견딜 수 있다고 판단하고 있는 것이다.

김정은은 2021년 조선노동당 8차대회 총화보고에서 중국·러시아와 그간 쌓아온 친선관계를 과시하면서 "우리 자주권을 존중하는 세계 모든

---

25 김황록, "'北, 이미 이겼다'…핵 3단계 전략 2년뒤 완성, 곧 '충격적 행동' [Focus 인사이드]," 『중앙일보』, 2022년 10월 15일,

나라와 친선단결을 강화하고 국제적 정의를 실현하기 위한 당의 대외정책적 입장이 명시됐다"고 강조했다.[26]

김정은은 2021년 7월 1일 시진핑 중국 국가주석이 톈안먼 광장에서 열린 공산당 100주년 기념 연설에서 "누구라도 중국을 건드릴 망상을 한다면 14억 중국 인민이 피와 살로 쌓아 올린 강철 장성 앞에 머리가 깨져 피를 흘릴 것"이라고 선언하자 김정은은 시 주석에게 보낸 축하 메시지에서 "공동의 위업을 위한 투쟁"과 "하나의 운명"을 거론하며 "그 어떤 형세 변화에도 중국 공산당과 굳게 단결할 것"이라고 화답했다.[27]

시진핑(習近平) 중국 국가주석의 3연임이 확정된 20기 전국대표자회의 다음 날인 2022년 10월 24일 북한의 노동신문은 신문 6개 면 중 3개 면을 할애해 소식을 전했다. 노동신문은 1면에 전날 김정은 국무위원장이 시 주석에게 보낸 축전 전문과 함께 사설 '습근평(시진핑) 총서기 동지의 영도를 받는 중국공산당과 인민의 앞날을 축원한다'를 게재했다.

사설은 "조·중 두 나라 사이의 친선협조관계는 복잡다단한 국제정세 속에서도 더욱 긴밀해지고 끊임없이 강화 발전되고 있다"며 "두 나라 관계는 떼려야 뗄 수 없는 특수한 친선관계"라고 강조했다. 이어 "사회주의를 위한 조·중 두 나라의 앞길을 가로막으려는 제국주의자들의 책동이 악랄하게 감행되고 있는 엄혹한 현실은 두 당, 두 나라 인민이 굳게 단결하

---

26 김진하(2021), 앞의 글, p. 169.

27 "조선민주주의인민공화국 국무위원장 김정은 동지께서 중국 공산당 중앙위원회 총서기, 중화인민공화국 국가주석 습근평 동지에게 축하를 보내시었다," 『노동신문』, 2021년 7월 1일.

고 협조를 보다 강화할 것을 요구하고 있다"고 덧붙였다.[28]

북한의 중국접근 행보는 격화되는 미·중 패권경쟁의 구조 속에서 중국과의 동맹 관계를 확고히 함으로써 미국의 압박에 효율적으로 대응하려는 의지가 담겨있다. 대북 국제제재 포위망에 구멍을 내고, 더불어 중국과의 대·미 공동전선 구축으로 미국에 대항해야 할 시기에 맞게 대응하는 셈이다.

특히 바이든 행정부 출범 이후 미국은 중국과의 대결에서 '민주주의-독재체제'의 대결이라는 진영 간 충돌을 강조하고 있는 만큼 북한의 입지는 더욱 중국 쪽에 쏠릴 수밖에 없는 상황이다. 김정은은 미·중 패권경쟁으로 인한 새로운 냉전적 대결 질서가 상당히 장기화될 것으로 인식하고 있다.[29]

하지만 북한은 중국을 끌어들이는 동시에 미국에 대한 여지는 끝까지 남기고 있다. 미국이 호응할 경우 언제든 다시 담판을 벌이겠다는 것을 분명히 한 것이다. 미국과 중국 사이에서 전략적 행보를 하면서 자국의 전략적 가치를 최대한 끌어올리려는 속내를 갖고 있는 것이다.

한편, 하노이 노딜 이후 김정은은 한국 정부에 대해 더 이상 중재자의 역할은 물론이고 기대조차 하지 않은 행보를 했다. 이는 남북관계의 경색으로 이어지는 요인이 됐다. 남북관계에서 상징성이 큰 개성 공동연락사무소 철수(2019년 3월 22일)에 이어 4월 열린 최고인민회의에서 김정은은

---

28 김승욱, "북한, 中시진핑 3연임 하루도 안 돼 '대서특필'," 『연합뉴스』, 2022년 10월 24일.

29 최용환(2022), 앞의 글, p. 2.

한국정부에 대한 불만을 표출한 뒤 대남관계를 사실상 중단시켰다. 문재인 대통령을 향해서도 막말을 쏟아냈다.[30]

2) 핵보유 전략국가 추진

핵무기를 개발한 국가의 핵전략을 명료하게 정리하기는 힘든 일이다. 핵을 보유하고 있는 국가들은 가급적 자국의 핵전략을 공개하지 않으려 하기 때문이다. 그런 측면에서 북한은 이례적인 사례다. 핵교리와 핵법제화 등을 통해 자국의 핵전략을 대외적으로 적극 알리고 있다. 공개적인 '핵선언 전략'은 과거 소련과 미국과 같은 핵강국이 구사하는 방식이다. 사실상 핵보유국인 파키스탄이나 인도·이스라엘 같은 지역단위 핵국가들은 이런 일은 하지 않았다.

김정은 집권 이후 10여 년에 걸쳐 진행된 북한의 핵전략은 짧은 기간 동안의 탐색기나 협상 기간을 제외하고는 지속적으로 일정한 경향성을 유지하고 있음을 알 수 있다. 그것은 핵능력 고도화를 통한 '국가 핵무력 완성', 그리고 핵보유국의 길을 걷는 것으로 정리된다.[31]

북한이 펼친 핵 교리를 분석해보면 두 단계로 구분할 수 있다. 첫째

---

30 2019년 8월 16일 조국평화통일위원회 대변인 담화에서는 문재인 대통령을 겨냥하여 "정말 보기 드물게 뻔뻔스러운 사람" "삶은 소대가리도 앙천대소할 노릇" 등 거친 막말을 쏟아냈다. 류미나, "北, 文대통령 경축사 비난⋯"南과 다시 마주 앉을 생각없어"," 『연합뉴스』, 2019년 8월 16일.

31 서보혁·안소연(2022), 앞의 글, p. 88.

단계는 2013년 2월 12일 '자위적 핵보유법'의 제정이다. 북한은 이 법에서 "침략과 공격을 억제·격퇴하고, 침략의 본거지에 대한 섬멸적인 보복을 가하는데 복무한다."고 핵무기를 규정했다. 그러면서 '적대적인 핵보유국' 이외에는 핵무기를 먼저 사용하지 않겠다고 명시했다.[32]

핵보유를 우선하는 교리로 '적대적 핵 보유국가와 이에 가담하는 국가들에 대한 핵전쟁 억제, 선제 핵타격에 대한 보복, 핵 공격에 대한 방어의 수단'에만 사용범위를 설정했고 선제 핵사용은 규정하지 않았다. 말하자면 핵무기의 용도가 '억제' 수준이었다. 그후 북한은 이후 6차 핵실험(수소폭탄 실험)까지 하며 2017년 11월 핵무력 완성을 선포했다.

그리고 2018년 초부터 2019년 봄까지 김정은은 미국과의 정상회담 등 협상국면이 하노이 노딜로 끝난 직후인 2019년 12월 31일, 당 중앙위 7기 5차 전원회의와 2021년 1월, 8차 당대회에서 잇따라 '정면돌파전'을 직접 선포한다.

두 번째 단계는 2022년 9월 8일 개최된 최고인민회의 제14기 제7차 회의에서 '조선민주주의인민공화국 핵무력 정책에 대하여'라는 11개 항의 법령을 채택한 것이다. 선제 핵공격은 물론 한국을 향해서도 노골적인 핵 위협을 하고 나섰다. 9년의 시간 차이는 북한 핵무력의 완성을 위해 질주한 결과가 실제 핵정책의 변화와 연결되고 있음을 잘 보여준다. 북한의 핵교리가 '억제에 기반한 전략핵'에서 사용을 전제한 전술핵 등으로 전환했음을 말해준다.

따라서 핵무기 운용의 목표와 수단, 방법 등의 계획도 수립했다고 보

---

32 권태영 외, 『북한 핵·미사일 위협과 대응』 (서울: 북코리아, 2014), p. 192.

는 게 합리적이다. 핵억제전략 측면에서 보면 실존 및 최소억제전략에서
제한억제전략으로 확장돼가고 있는 것으로 평가된다.

2022년 핵무력정책법과 2013년 핵보유국법 비교

	2022 핵무력정책법	2013 핵보유국법
전문- 목표·임무	(목표) 책임적인 핵무기보유국으로서 핵전쟁을 비롯한 모든 전쟁을 반대하며 국제정의가 실현된 평화로운 세계 건설을 지향한다. 핵정책을 공개하고 핵무기 사용을 법적으로 규제하는 것은 핵보유국 간 오판과 핵무기의 람용을 막음으로써 핵전쟁 위험을 최대한 줄이는데 목적을 둔다. (임무) 핵무력은 국가주권, 령토완정, 근본리익을 수호하고, 조선반도와 동북아에서 전쟁을 방지하며, 세계의 전략적 안정을 보장하는 위력한 수단이다.	(전문) 공화국은 침략세력을 일격에 물리치고 사회주의제도를 보위하며 인민의 행복한 생활을 담보할수 있는 당당한 핵보유국이다. 9. 핵전쟁위험을 해소하고 궁극적으로 핵무기가 없는 세계를 만들기 위해 투쟁하며, 핵군비경쟁을 반대하고 핵군축 국제활동을 지지한다.
핵 지휘 통제	1) 핵무력은 국무위원장의 유일적지휘에 복종한다. 2) 국무위원장은 모든 핵무기 관련 결정권을 가진다. 국무위원장이 임명하는 국가핵무력지휘기구는 핵무기 관련 결정과 집행의 전 과정에서 국무위원장을 보좌한다. 3) 핵지휘통제체계가 적대세력 공격으로 위험에 처하는 경우, 사전 결정된 작전방안에 따라 도발원점과 지휘부 등 적대세력을 괴멸하기 위한 핵타격이 자동적으로 즉시 단행된다.	4. 핵무기는 적대적인 다른 핵보유국이 우리 공화국을 침략하거나 공격하는 경우 그를 격퇴하고 보복타격을 가하기 위하여 조선인민군 최고사령관의 최종명령에 의하여서만 사용할 수 있다.

	2022 핵무력정책법	2013 핵보유국법
(핵교리) 핵무기 사용 원칙· 사용 조건	국가와 인민 안전을 엄중히 위협하는 침략과 공격에 대처하여 최후 수단으로 핵무기를 사용하는 것을 기본원칙으로 한다. 비핵국가가 다른 핵무기보유국과 야합하여 공화국을 반대하는 침략이나 공격행위에 가담하지 않는한 이 나라들을 상대로 핵무기로 위협하거나 핵무기를 사용하지 않는다. 1) 공화국에 대한 핵무기, 기타 대량살륙무기공격이 감행되였거나 림박했다고 판단되는 경우 2) 국가지도부와 국가핵무력지휘기구에 대한 적대세력의 핵, 비핵공격이 감행되였거나 임박했다고 판단되는 경우 3) 중요 전략적 대상에 대한 치명적 군사적공격이 감행되였거나 임박했다고 판단되는 경우 4) 전쟁 확대와 장기화를 막고 전쟁의 주도권을 장악하기 위한 작전상 필요가 불가피한 경우 5) 국가 존립과 인민의 생명안전에 파국적인 위기를 초래하는 사태로 핵무기로 대응할 수밖에 없는 불가피한 상황의 경우	5. 적대적인 핵보유국과 야합하여 우리 공화국을 반대하는 침략이나 공격행위에 가담하지 않는 한 비핵국가들에 대하여 핵무기를 사용하거나 핵무기로 위협하지 않는다.
준비 태세	핵무력은 핵무기 사용명령이 하달되면 즉시에 집행할수 있게 경상적인 동원태세를 유지한다.	
핵안보– 유지관리, 보호	1) 공화국은 핵무기의 보관관리, 수명과 성능평가, 갱신 및 폐기의 모든 공정들이 행정기술적규정과 법적 절차대로 진행되도록 철저하고 안전한 핵무기보관 관리제도를 수립하고 그 리행을 담보한다. 2) 공화국은 핵무기, 관련기술, 설비, 핵물질 등이 루출되지 않도록 철저한 보호대책을 세운다.	6. 핵무기의 안전한 보관관리, 핵실험 안정성보장 규율을 엄격히 준수한다. 7. 핵무기, 핵기술, 무기급핵물질이 비법적으로 누출되지 않도록 보장하는 보관관리체계와 질서를 세운다.

	2022 핵무력정책법	2013 핵보유국법
핵 비확산	책임적인 핵무기보유국으로서 핵무기를 다른 나라에 배비하거나 공유하지 않으며, 핵무기와 관련기술, 설비, 무기급핵물질을 이전하지 않는다.	8. 적대 핵보유국과 적대관계가 해소되는데 따라, 상호 존중과 평등 원칙에서 핵전파방지, 핵물질 안전관리를 위한 국제노력에 협조한다.
핵 군축	(삭제)	9. 핵전쟁 위험을 감소하고 궁극적으로 핵무기가 없는 세상을 건설하기 위해 투쟁하며 핵군비경쟁을 반대하고 핵군축을 위한 국제적인 노력을 지지한다.

출처: 전봉근, "북한 '핵보유국법'과 '핵무력정책법'의 비교 평가와 한국의 대응책 모색," 『주요국제문제분석』28호(국립외교원 외교안보연구소, 2022), p. 8. 부분 인용.

북한 '핵무력 정책법'에서 규정한 핵무기 사용 5대 조건

❶ 핵무기 또는 대량살육(살상)무기 공격이 감행됐거나 임박했다고 판단되는 경우
❷ 국가지도부·국가핵무력지휘기구에 대한 적대세력의 핵·비핵 공격이 감행됐거나 임박했다고 판단되는 경우
❸ 중요 전략적 대상들에 대한 치명적인 군사적 공격이 감행됐거나 임박했다고 판단되는 경우
❹ 유사시 전쟁확대·장기화를 막고 전쟁 주도권을 장악하기 위한 작전상 필요가 불가피한 경우
❺ 기타 국가의 존립·인민의 생명 안전에 파국적 위기를 초래하는 사태가 발현해 핵무기로 대응할 불가피한 상황이 조성되는 경우

표에서 보듯 핵무력정책법은 핵무장과 '핵보유국' 지위를 기정사실화하고 2013년의 핵보유국에 있었던 핵무장 정당화를 위한 해명성 조항(적대시 정책과 핵 위협 대처)을 삭제했음을 알 수 있다. 이는 '책임있는 핵보유국'인 북한 입장에서 더 이상 비핵화 협상은 전면 거부하며, 미국을 향해 '핵군축 협상'을 요구하는 논리로 연결된다.

이렇게 핵보유국으로 나아갈 수 있었던 것은 하노이 노딜

이후 미국과 중국의 전략경쟁이 가열되면서 북한에게 새로운 공간이 열린 것이 큰 요인이 됐다.

북한은 이제 핵보유국임을 노골적으로 과시하고 있다. 특히 한국에 대해서는 핵무력 차원에서의 비대칭 위상을 강조하는 것이다. 다음은 김정은의 2022년 7월 27일 전승절 기념행사 연설문이다. '북한=핵보유국, 남한=비핵보유국'임을 강조하며 남한을 위협하고 있다.

> "남조선은 이 시각도 우리에 비한 저들 군사력의 렬세를 조금이나마 만회해보려고 무기개발 및 방위산업강화책동에 더욱 열을 올리고 미국의 핵전략장비들을 대대적으로 끌어들이려 하고있으며 여러가지 명목의 전쟁연습들을 확대해나가고있습니다.(중략) 남조선것들의 허세성발언들과 형형색색의 추태는 핵보유국의 턱밑에서 살아야 하는 숙명적인 불안감으로부터 출발한 것으로 보아야 합니다.(중략) 저들이 실제로 제일 두려워하는 절대병기를 보유하고있는 우리 국가를 상대로 군사적행동을 운운한다는것은 가당치도 않은것이며 매우 위험한 자멸적인 행위입니다."[33]

김정은의 여동생인 김여정 노동당 부부장도 2022년 8월 19일 노동당 기관지 노동신문에 자신의 명의로 실은 담화에서 윤석열 대통령의 광복절 경축사 내용을 비난하면서 "세상에는 흥정할 것이 따로 있는 법, 우리

---

33 "[전문]김정은 위원장의 69주년 전승절 기념 연설 조국해방전쟁참전자들은 우리 공화국의 가장 영웅적인 세대이다," 『조선중앙통신』, 2022년 7월 28일.

의 국체인 핵을 경제협력과 같은 물건짝과 바꾸어보겠다는 발상이 윤석열의 푸르청청한 꿈이고 희망이고 구상이라고 생각하니 정말 천진스럽고 아직은 어리기는 어리구나 하는 것을 느꼈다"고 비아냥댔다.[34]

핵보유국이라는 차별성을 강조하면서 한국에 대해 위협적 언사가 갈수록 수위가 높아지고 있음을 느낄 수 있다. 특히 핵을 '우리의 국체'라고 규정한 것은 주목할 만하다. 북한의 국격을 핵보유국으로 명시한 것이다.

실제로 핵 무력 법제화를 한 이후 북한의 도발 행보는 과거와 비교할 수 없을 정도로 과감해지고 있다. 단적인 예가 2022년 10월 한·미연합 해상훈련이 벌어지고 있을 때 북한이 열차와 저수지 등에서 탄도미사일을 불시에 발사한 일이다. 북한은 통상 한·미연합훈련이 끝난 뒤나 미 핵항모 강습단이 한반도 해역을 떠난 후에나 도발하곤 했었다.

북한의 이례적 행보는 법제화 이후 실제로 '그런 능력'이 있음을 증명하려는 자신감의 표출로 풀이된다. 한미 연합능력으로 북한의 핵무력을 선제 무력화하는 것이 얼마나 어려운지를 보여주려는 것이다. 특히 강 대 강의 대치에서 절대 밀리지 않겠다는 의지도 보인다.

북한에게 핵무기가 결정적으로 유용한 이유는 그것이 미국에게 연루의 위험을 극대화할 수 있기 때문이다. 북한의 수소폭탄 실험 이후 국제사회에는 "서울이나 부산을 방어하기 위하여, 샌프란시스코, 로스앤젤레스 또는 호놀룰루를 위태롭게 할 것인가?"라는 질문이 제기되기도 했다.[35]

---

34 배영경, "北김여정, 尹담대한 구상에 "어리석음 극치…절대 상대 않을것"," 『연합뉴스』, 2022년 8월 19일.

35 박휘락, "북핵 고도화 상황에서 미 확장억제의 이행 가능성 평가," 『국제관계연구』 제22권 2호(고려대 일민국제관계연구원, 2017), pp. 99~100.

게다가 2022년 11월 18일 북한이 평양 순안 일대에서 동해상으로 발사한 '화성포-17형'(공식 명칭은 '화성-17형'이 아니라 '화성포-17형') 대륙간탄도미사일(ICBM)의 비행거리는 약 1천km, 고도 약 6천 100km, 속도 약 마하 22(음속의 22배)로 탐지됐다. ICBM을 고각 발사 방식으로 쏘아 올려 6천 100km를 상승했다는 것은 정상각도(30~45도)로 발사했다면, 비행거리, 비행시간(68분 이상), 낙하지점 등을 고려할 때 사거리가 1만 5천km 이상일 것으로 추산된다. 이는 뉴욕이나 워싱턴 등 미국 동부까지 타격할 수 있는 것으로 분석됐다.[36]

미국은 알래스카와 캘리포니아에 요격미사일을 배치해 북한 핵 위협에 대처하고 있는 것으로 알려졌지만 완벽한 방어를 자신할 수 있을지 의문이 제기되고 있다.

2023년 4월 18일 미국 군사위원회 전략군 소위원회의 미사일방어 예산 청문회에서 나온 발언을 살펴볼 필요가 있다.

우선 존 힐 국방부 우주 및 미사일방어 담당 부차관보가 언급한 '북한이 핵으로 공격하면 핵으로 보복할 수 있다'는 발언이 눈길을 끌었다. 이는 바이든 행정부가 2022년 10월 공개한 미사일방어검토보고서(MDR) 내용에 바탕을 두고 있다. MDR은 중국과 러시아의 핵·ICBM 위협에는 전략적 억제수단으로 대응한다고 기술하면서 북한에 대해서는 미사일방어를 "핵 및 비핵 수단을 통한 직접적인 비용 부과(cost imposition)"로 보완한다고 규정했다.

---

36 하채림, "北, 15일만에 ICBM 재발사…美본토 타격권 '화성-17형'," 『연합뉴스』, 2022년 11월 18일.

필자가 이날 청문회에서 주목한 빌언은 바로 힐 부차관보에게 질문을 한 민주당 세스 몰턴 의원이 "현재 우리는 44개의 요격미사일을 보유하고 있으니 (북한 ICBM) 11대 곱하기 4"라며 "북한이 미국 본토를 타격할 수 있는 ICBM을 단 한대만 더 가지면 요격미사일이 부족해진다"고 지적한 부분이다.

이는 북한이 2월 8일 인민군 창건 75돌 열병식에서 화성-17형 ICBM을 최소 11기 이상 내놓은 것과 깊은 관련이 있다.

흔히 미국 본토를 적의 미사일 공격에서 방어하기 위해 운영하는 '지상 기반 대기권밖 방어체계'(GMD)의 교리상 ICBM 1대당 4~5개의 요격미사일을 발사하게된다. 그러니까 북한이 화성-17형과 같은 미사일을 11기 이상 동시에 발사하면 미국 본토 방어에 문제가 생길 수 있는 것이다. 실제로 2월 열병식에 등장한 화성-17형 이동식 발사대(TEL) 번호는 321·361 등이 식별됐다. 연속해서 번호를 붙였다면 화성-17형 TEL만 41대 이상을 보유한 것으로 추정된다.

또 화성-17형에 '다탄두 개별목표설정진입체'(MIRV (Multiple independently targetable re-entry vehicle)를 4개 이상 탑재할 경우에도 미국의 ICBM 본토 방어체계는 허점이 생길 수 있다.[37]

핵 전문가들은 세계 어떤 국가도 자국이 핵공격 위협을 받는 상황에

---

37 이우탁, "北탄도미사일 위협 고조와 미국의 '신형 요격미사일' 대응", 『연합뉴스』, 2023년 4월 20일. 미국도 본격적으로 신형 미사일요격 체계 구축에 박차를 가하고 있다. 특히 북한과 중국·러시아 등으로부터의 새로운 미사일 위협에 맞서 GBI를 대체할 차세대 요격 미사일(NGI) 개발을 서두르고 있다. 미국은 NGI의 배치를 당초 계획한 2030년보다 2년 당긴 2028년까지 완료할 계획이다.

서 다른 나라를 지켜주지 못하는 게 현실이라고 지적한다.

두 단계에 걸쳐 진화한 김정은 정권의 핵전략은 미국과 그 동맹국(한국 등)을 향한 '핵강압전략'으로 펼쳐지고 있다. 이는 북한의 전략적 위상을 활용하려는 의지에서 비롯됐다고 봐야한다. 미국이라는 핵 강대국을 오히려 억제하기 위해 미국의 동맹국을 억압하는 형태인 것이다. 핵능력에 있어 미국에 절대 열세이지만 미국이 한반도에 개입하지 못하도록 강제할 수단을 활용해 한반도 상황(남북한)에서 북한이 주도권을 쥐려는 것이다.

이는 핵보유국의 위상에서 '강압 핵전략'을 통해 미국의 확장억제 철회를 노리는 것으로 해석된다. 특히 국가목표 달성을 위해 핵무력을 동원하는 새로운 핵전략을 공개적으로 천명하는 상황이 됐음을 알 수 있다.

김정은이 직접 밝힌 '정면돌파전'은 미국을 향해 북한의 핵보유국 인정과 이에 따른 핵군축 협상으로 전환하자는 의지로 풀이된다. 아울러 선제 핵공격 독트린을 공개한 것과 함께 북핵의 위협대상으로 한국은 물론 일본 등 미국의 동맹국을 겨냥하고 있음도 숨기지 않았다.[38]

이렇게 본다면 한국은 직접적인 북한 핵무력의 위협 대상이 됐다고 보는 게 냉엄한 현실이다. 1948년 북한 정권이 세워진 이후 변함없이 이어져 온 북한의 대남전략 목표는 '전 한반도 공산화 통일'이다. 핵무력 정책법의 표현은 '영토 완정(完整·일국의 영토를 단일주권으로 완전하게 통일한다)'이다. 즉 김일성이 북한 정권을 수립할 때부터의 일관된 목표인 한반도

---

38 브루스 W. 베넷, 최강, 고명현, 브루스 E, 백톨, 박지영, 브루스 크링너, 차두현,『북핵 위협, 어떻게 대응할 것인가』(서울, 아산정책연구원-미국 랜드연구소, 2021) pp. 5~22.

북한 ICBM·IRBM 최대 사거리

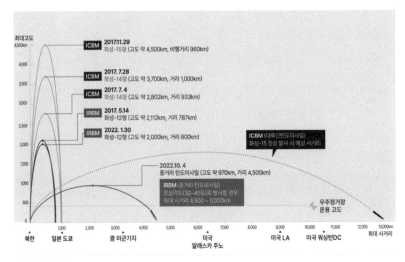

자료: 로이터, CNS북미사일시험DB, NTI.
출처: 연합뉴스, 김토일 기자(20221004).

무력통일과 닿아있다. 북한은 이제 핵무력과 연계된 새로운 대남 전략을
구체화하고 나섰다.[39]

북한이 당분간 현재의 핵전략을 바꿀 가능성은 커 보이지 않는다. 북한
핵전략은 핵무기 개발의 완성에 이어 핵무기의 운용을 위한 세부 교리와
운용태세를 구축했으며, 앞으로는 그러한 핵무기의 실전 전력화와 한반도
상황에 맞는 전술핵 운용력을 제고하는 쪽으로 이동할 것으로 전망된다.

---

39 박휘락, "'핵무력 완성' 이후 북한의 한미동맹 무력화 전략–최소 억제와 평화협
    정,"『통일전략』18권3호(한국통일전략학회, 2018). pp. 113~148.

미국을 향한 억제와 남한을 상대로 한 위협은 갈수록 고도화되고 노골화되고 있다. 남한의 지도를 펴놓고 구체적인 공격 목표를 노골적으로 좌표 설정하는 등 핵전쟁 훈련 모습을 북한 관영매체에 공개하는 것은 한반도에 핵전쟁이 현실화할 수 있다는 위협을 드러내놓고 하는 것이라 할 수 있다.

이미 북한은 핵능력에 있어서도 보복을 염두에 둔 전략적 투발수단인 ICBM, SLBM 능력 확장은 물론 전술핵을 이용한 한반도 선제타격 옵션도 유지하고 있음을 볼 때 확증보복태세와 비대칭적 확전태세를 포함한다고 판단된다.

지난 10여 년의 대미관계도 2·29 합의와 두 차례 북·미 정상회담 기간을 제외하면 비핵화 협상은 미·중 전략경쟁 과정에서 미국의 대중 인식과 이에 따른 북핵 문제에 대한 정책우선순위를 파악하려는 공간으로 활용된 측면이 강했다. 북·미 정상회담 등을 통해 대미 편승 가능성을 제기한 것도 미국의 관심을 끌어내고, 중국의 긴장도를 높이는 행보로 해석된다.

북한의 공세적인 핵전략은 미·중 전략경쟁이 본격화되는 세계정세 변화에 대한 북한의 대응적 성격이 강하다고 평가된다.

3. 북한의 '사실상 핵보유국화' 의미와 파장

1) 북한의 핵보유국화와 북·미·중 전략적 삼각관계

하노이 노딜 이후 2022년까지 미국과 중국 관계는 세계 패권을 놓고 정면충돌하는 양상으로 비화됐다. 그리고 북한은 미·중 전략경쟁의 역동성을 활용해 핵보유국의 길을 걸을 수 있었다. 이 공간에서 펼쳐진 3국 간 전략적 삼각관계 모습은 이전의 1, 2차 핵위기 때와 달랐다. 미·중관계라는 삼각관계의 기본 축이 달라진 것이다. 이제 양국은 북한이라는 변수와 상관없이 적대적 관계에서 벗어나기 힘들게 됐다.

하노이 노딜 이후 북한은 한동안 미국의 반응을 주시하다가(강 대 강 선 대 선 메시지) 이내 미국과의 비핵화 협상을 전면 거부하고 핵무력 정책법 공포 등 핵보유국의 길을 선포했다. 특히 북한은 완성된 핵무력을 계속 보유하기 위해 미국의 압박에 함께 대항해줄 '강한 동맹'이 필요했다.

그로 인해 중국에 더욱 밀착하는 행보를 하게 됐고, 이는 북한의 핵보유국화를 강화하는 요인으로 선순환적으로 작용하게 됐다. 과거 미국에의 편승 가능성을 이용해 중국을 끌어들이던 일들이 이 시기에는 거의 나타나지 않게 된다. 중국도 북한과의 관계 강화에 주력했다.

따라서 하노이 이후 펼쳐진 북·미·중 전략적 삼각관계 모습은 한 가지 유형으로 표현된다. 미국은 중국은 물론이고 북한과도 적대적 관계를 지속하고, 북한과 중국은 우호적인 관계 속에서 연대를 과시했다. 이는 '안정적 결혼' 유형이다. 바이든 행정부와 시진핑 중국 국가주석이 천명한 대로 미·중 양국이 물러설 수 없는 기세로 펼치는 전략경쟁이 가열되면서 이런 양상은 더욱 강화됐다.

미·중 전략경쟁시기 삼각관계(안정적 결혼)

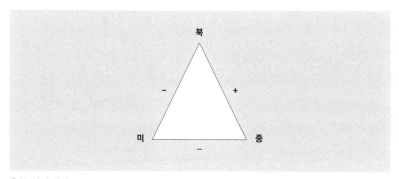

출처: 자체 제작.

북한은 미국과의 비핵화 협상을 전면 거부하며 최후의 핵무력 완성 단계로 올라서는 조치를 취하고 있다. 예를 들어 전술핵실험이 될 가능성이 큰 후속 핵실험이나 핵탄두 소형화와 대기진입 기술을 진일보시킨 대륙간탄도미사일 시험발사 등이다.

미국도 패권도전국 중국을 압박하는 동시에 중국과의 우호관계를 강화하는 북한을 동시에 견제하고 있다. 비핵화 협상 의지를 철회하진 않았지만 협상 수준을 낮춘 구체적인 제안은 나오지 않았다. 그것이 바이든 행정부가 강화하는 동맹과 함께 하는 '통합억제'이다. 자연스럽게 북한과 중국, 러시아의 동맹체제와 미국과 한국, 일본이라는 3국 간 협력체제의 대결 구도가 형성되고 있다.

대북 제재의 효용성도 중국의 태도로 인해 제한적일 수밖에 없게 됐다. 중국은 북한의 핵무력 완성을 위한 추가적인 행위를 미국이 유엔 안보리 결의 위반으로 규정하고 안보리에서 추가적인 대북 제재를 가하려 해도 과거와 달리 이제는 공개적으로 반대하고 있다. 오히려 중국은 대북 경제지원을 확대하고 있고, 이는 북한에게 큰 도움이 되고 있다.

대북 제재와 관련해서는 자력갱생을 기치로 다시 내건 북한체제의 내성도 생각해야 한다. 실제로 '자력경생'을 외치며 버티기로 일관하는 전체주의적 북한 체제의 특수성도 대북 제재의 효용성을 떨어뜨리게 하고 있다는 분석이 제기되고 있다.[40]

아울러 아직 최종적으로 입증된 사안은 아니지만 최근 큰 논란이 되고 있는 북한에 의한 사이버 공간에서의 '금융 공격' 사안도 주목할 만하다. 특히 암호화폐 해킹이 김정은 정권의 중요 외화 수익원으로 자리매김하고 있는 것으로 평가된다.[41] 실제로 2022년 3월, UN안보리 대북제재위원회 보고서는 북한이 암호화폐 거래소 해킹을 통해 핵미사일 개발에 필

---

40 임수호, "대북 경제제재와 북한의 적응력," 『이슈브리프』 384호(국가안보전략연구원, 2022), pp. 3~6.

41 김보미, "북한의 암호화폐 공격과 미국의 대응," 『INSS전략보고』 No. 191 (국가안보전략연구원 2022, 11), pp. 1~2.

요한 자금을 조달해왔다고 적시했다.[42]

암호화폐 해킹이라는 새로운 불법 자금조성 방안은 국제 대북 제재 망으로 잡기 어려운 공간이다. 이 때문에 미국은 한국은 물론 국제공조를 통해 북한의 해킹 루트를 차단하기 위해 총력을 기울이고 있다. 2차 북핵 위기 시인 2000년대 북한이 무기수출과 불법 마약, 위조지폐 밀매 등의 수법으로 대량살상무기 제조 자금의 상당액을 충당했다면 이제는 암호화 폐라는 새로운 수단이 부상한 것이다. 암호화폐는 거래내용을 암호화하는 데다 미국의 금융당국이 추적하기 어려운 구조로 거래되고 있다.

국가목표를 핵무력 완성으로 설정한 북한이 대북 제재망을 피해 이처럼 새로운 길을 찾는다는 것은 그만큼 김정은의 목표 달성 의지가 강하다는 것을 알 수 있다.[43] 향후 이 분야에서 미국이 북한의 불법 행위를 적발해 새로운 대북 제재를 가하려 해도 중국은 반대할 가능성이 크다. 이를 가능케 하는 것이 바로 미·중 전략경쟁으로 초래된 구조적 환경이다.

시진핑이 '사회주의 현대화'라는 새로운 도전을 통해 2050년께 미국

---

42 심지어 앤 뉴버거 미국 백악관 국가안보회의(NSC) 사이버·신흥기술 담당 부보 좌관은 2022년 7월 28일 신미국안보센터(CNAS)가 주최한 세미나에서 북한 미사일 개발 비용의 3분의 1에 해당하는 금액을 암호화폐 해킹을 통해 마련하고 있다고 말했다. 강병철, "北, 사이버 활동으로 미사일 재원 3분의 1 충당", 『연합뉴스』, 2022년 7월 29일.

43 김정은은 2022년 11월 18일 대륙간탄도미사일 '화성 17호' 시험 발사 장소에 딸인 김주애까지 대동하고 나타났다. 미래세대를 상징하는 딸을 미사일 발사장에 등장시킨 배경을 놓고 "핵과 미사일 개발은 미래세대를 지키는 것"이라는 메시지를 발신한 것으로 풀이됐다. 자녀세대를 외침으로부터 안전하게 지키는 데 핵이 얼마나 중요한지를 감성적으로 받아들이게 하는 고도의 정치연극이라는 것이다. 김병연, "[중앙시평] 화성 17호, 김주애 그리고 중국", 『중앙일보』, 2022년 12월 7일.

을 넘어 세계패권국으로 발돋움하겠다는 의지를 천명한 이상 북한은 그런 중국과 연대해 미국에 맞서는 행보를 이어갈 것으로 보인다. 이는 편승보다는 중국과 함께 균형을 추구하는 북한의 미래를 전망하게 한다. 그 핵심 수단이 핵무력이라 할 수 있다.

그렇다면 이런 상황을 '사실상 핵보유국' 지위 획득 측면에서는 어떻게 표현할 수 있을까. 이스라엘이나 인도, 파키스탄과 비교할 때 새로운 형태의 '사실상 핵보유국'의 탄생을 의미한다.

핵확산의 역사에서 이와 유사한 사례를 찾아보면 과거 1990년대와 2000년대에 걸쳐 인도의 핵보유가 미국에 의해 용인되는 과정을 상기할 수 있다. 당시 미국은 남아시아에서 중국의 영향력을 제한하기 위해 전략적 가치가 큰 인도에 대해 완성된 핵무력의 보유를 용인했었다. 인도에 대해 가해졌던 제재가 완화 또는 해제되고 인도와 원자력 협정도 체결했다. 중국 입장에서 보면, 미국과의 전략경쟁에 도움이 된다는 판단에서 북한의 핵보유를 용인하고 미국에 의한 대북 제재 강화에 반대하는 것이 유리해진다.

이제 북핵 이슈는 중국에게 핵비확산보다는 세력균형 이슈로 전환되는 모습을 알 수 있다. 중국에 대한 북한의 전략적 가치가 높아진 결과라 하겠다. 앞에서 살펴본 대로 국제사회에서 '사실상 핵보유국'이 되기 위해서는 세계 최강 미국의 '묵인 또는 용인'이 있어야 하는데 그런 면에서 북한은 새로운 형태라고 하겠다. 미국의 용인을 바라긴 하겠지만 구애하지는 않는다는 의미다.

미국의 용인이 없을 경우 북한은 핵무장국은 될 수 있어도 '사실상 핵보유국'으로 존재할 수 없다는 의견이 제기된다.[44] 하지만 미국도 이미 완성된 북한의 핵무력 위협을 활용해 중국을 견제하는 경향을 갖고 있음을 확인했다. 그렇게 보면 미국도 결과적으로 '전략적 활용' 형태로 북한의 핵무력을 받아들이게 되는 것이고, 이는 북한의 사실상 핵보유국화로 연결되는 공간이 될 수 있다.

그런 측면에서 '전략적 용인(또는 활용)'의 형태로 북한은 사실상 핵보유국으로 존재하는 상황이 가능하다고 할 수 있다. 미국의 용인을 받았던 이스라엘과 인도, 파키스탄과 다른 형태이긴 하지만 북한 스스로도 자국의 헌법, 법률로 규정하는 등 이미 '핵보유국' 행세를 거침없이 하고 있다.

북한의 핵보유국화는 핵확산 측면에서도 살펴볼 필요가 있다. 이스라엘과 인도, 파키스탄이 신흥 핵보유국이 된 이래 국제 비확산 체제는 비교적 안정적인 질서를 유지했다. 남아공과 우크라이나 등에서 핵폐기가 진행됐고, 한국과 일본, 대만, 브라질 등 한때 비밀 핵개발 의혹을 받던 나라들도 미국과의 핵협정 체결 등으로 에너지 차원에서의 핵개발에 주력했다.

하지만 북한의 사실상 핵보유국화 과정은 미·중 전략경쟁이 벌어지고 있는 2020년대의 일이라는 게 매우 중요하다. 과거 탈냉전기에 시작된 2차 핵시대가 30여 년이 흐른 뒤 완전히 새로운 국면이 열리고 있는 것이다. 특히 북한이 미국과 중국 사이에서 '전략적 묵인'의 형태로 핵보유국으로 존재하게 될 경우 한반도를 비롯한 동북아 지역에서의 핵균형의 변화가 현실화되는 의미가 있다.

---

44 전봉근(2022), 앞의 글, pp. 1~2.

또 중동지역에서 '북한의 길'을 가려고 하는 이란에 주는 영향도 매우 클 것으로 전망된다. 한반도와 중동에서 자칫 '핵 도미노' 현상이 일어날 가능성이 있는 것이다. 미국으로서는 신경 쓰일 수밖에 없는 대목이다.

앞서 살펴본 대로 제2차 핵시대의 도래를 놓고 국제안보를 안정시키고 핵전쟁의 위험을 감소시킬 것인지, 아니면 반대일지를 놓고 논쟁이 벌어져왔다. 바로 신흥핵보유국의 등장에 따른 국제 핵질서(International nuclear order)의 낙관론자와 비관론자 사이의 논쟁이다.[45]

핵확산 비관론자들은 신흥 핵보유국가들이 적대국가가 인접해 있으며 조기경보체제가 발달되어 있지 않고 운반수단의 성능이 낮기 때문에 느슨한 위임형 핵 지휘통제체계를 선택할 것으로 보고 있는데, 이 경우 우발적인 사고나 승인받지 않은 핵무기 사용 가능성이 높아져 국제안보를 불안정하게 만들 것이라고 우려한다.

신흥 핵보유국가들이 대부분 국내 정치시스템이 불안정해 쿠데타 발생 가능성도 크고 테러 집단이 핵무기를 탈취할 가능성 등을 감안할 때 가능성 있는 우려로 볼 수 있다. 비관론을 대표하는 학자가 바로 세이건이다. 국제사회가 북한에 대해 우려하는 내용이기도 하다. 북한 핵무기 관리체제의 부실을 걱정하는 것이다.

이에 따라 북한은 앞으로 국제사회를 향해 핵보유국 위상을 과시하면서 한편으로는 국가핵무력지휘기구의 보좌, 핵무기, 물질, 기술의 안전을 보장하기 위한 핵안보 관리체제, 핵무기, 물질, 기술의 해외 이전을 금

---

45 Scott D. Saan, "Peril of Proliferation: Organization Theory, Deterence Theory, and the Special of Nuclear Proliferation," *International Security*, 18-4(1999), pp. 71~72.

지하는 핵비확산정책을 적극적으로 알려 나갈 것으로 보인다. 국제사회의 각종 우려를 적극적으로 불식시키는 '책임 있는 핵보유국'의 면모를 강조하려는 것이다.[46]

핵확산 낙관론자들은 신흥 핵보유국들도 냉전시기의 미·소 핵강대국처럼 자국의 핵무기를 안정적으로 통제할 수 있다고 보고 있다.[47] 낙관론의 대표적 학자인 왈츠는 역내 국가들의 핵무장 경쟁이 궁극적으로 안정된 질서로 이끌 것이라고 했다.[48]

왈츠는 북한의 핵무장이 한국과 일본의 핵무장 가능성을 높일 것이라고 보고 있다. 인류의 핵개발 역사를 돌아볼 때 미국의 첫 원자탄 개발은 소련의 대응으로 이어졌고, 중국의 핵무기 개발은 결국 인도, 그리고 인도와 인접한 경쟁국 파키스탄으로 이어진 것과 같은 일이 북한의 핵개발이 종국에는 한국과 일본의 핵개발로 이끌게 될 것이라는 설명이다.

어떤 관점을 견지하든 이제 한반도 핵균형이 흔들리게 된 것만은 분명해졌다. 북한의 현상변경 시도로 인해 한반도 정세는 새로운 국면으로 넘어가고 있다.

---

[46]   전봉근(2022), 앞의 글 p. 7.

[47]   유진석(2018), 앞의 글, pp. 37~65.

[48]   월츠와 세이건은 1995년 *The Spread of Nuclear Weapons: A Debate*라는 논쟁 형식의 단행본을 출간했다.

2) '비핵화 시대' 종언과 한반도내 세력균형

돌이켜보면 지난 30년간 한국의 비핵화 정책은 성과를 거두지 못한 것으로 평가할 수밖에 없다. 이른바 '비핵화 시대의 사실상 종언'을 언급하는 이유다. 세력균형이론을 한반도내에 적용해보면 북한의 핵무력 완성은 '힘의 변곡점'이라고 할 수 있다.

한국의 약 50분의 1 수준인 북한의 경제력을 고려할 때 북한이 첨단무기체계로 무장한 한미동맹에 대응할 군사적 역량을 구축하는 것은 불가능하지만 '핵무력 완성'을 바탕으로 공개 협박과 무력시위를 통해 한미동맹을 위협하면서 한반도에서 주도권을 잡을 수 있는 수단을 확보한 것이다.

세력균형이론은 평화가 유지되기 위한 조건으로 국가 간 능력이나 군사력측면의 균등(Parity)을 주장한다. 세력균형의 변화는 모든 경쟁 관계에서 주요변수로 작용한다. 군사력에서 균등 상태가 깨지면 힘이 우월한 쪽이 상대방에게 더 큰 피해를 줄 수 있어 비용이 낮아지므로 전쟁 가능성이 커진다고 본다.[49]

따라서 국가는 목표달성을 위해 내적으로 군사력·경제력을 증대하고 국가전략을 수립하게 된다. 외적으로는 동맹을 맺어 힘을 강화하거나 상대방의 동맹을 약화시키고자 한다.[50]

---

49 Kenneth N. Waltz, *Theory of International Politics*(Reading MA: Addison-Wesley Pub.Co., 1979), pp. 103~116.

50 Waltz(1979), pp. 118~119.

북한이 보유한 '핵무력' 중에서 미국본토 공격이 가능한 것만 폐기하고 나머지는 미국으로부터 사실상 인정받는 상황이 오면 이는 사실상 미국의 한국에 대한 '동맹 방기'라고 할 수 있다. 이런 상황에서 한반도에서 지난 70여 년간 변함없이 존재해온 세력균형을 지탱해준 것은 한미동맹의 의미는 추락하는 것이다. 주한미군의 존재 이유가 흔들리고 한반도 세력균형도 자연스럽게 변화한다.

비핵화 30년의 반성과 재인식

지난 30년간의 북핵 역사를 되돌아볼 때 북한이 핵개발 포기를 공개적으로 약속 또는 선언했던 3번의 합의가 있었다. 첫 번째 합의는 1991년 12월 31일 남북한이 합의한 〈한반도의 비핵화에 관한 공동선언〉이다. 이 선언 내용을 보면 남북한은 함께 '핵무기의 개발 포기'는 물론이고 '플루토늄의 재처리와 우라늄농축'도 하지 않기로(금지대상) 약속했다. 남북한 사이의 상호사찰도 합의했다. 이런 내용은 한국이 북한에 요구해 삽입한 것이었다. 남북 비핵화공동선언의 이행을 검증하기 위한 후속 협의도 1992년 진행됐다.

하지만 북한은 주한미군의 전술핵무기 보유 여부에 대한 사찰 등을 고집하며 자신들의 핵시설 사찰을 거부했다. 결국 남북한 사이의 이 협상은 1992년 12월 종결되고 말았다.

북한의 두 번째 핵개발 포기 합의는 1차 북핵 위기를 봉합한 1994년 미국과 북한 사이에 합의된 '제네바 합의'였다. 북한은 2000MW 용량의 경수로 건설과 매년 50만t의 중유 지원을 대가로 영변 핵시설의 동결과 해체에 동의했다.

그러나 그 이후의 역사가 증명하듯 이른바 HEU 파동으로 시작된 2차 북핵 위기의 발발로 제네바 합의 이행은 중단됐고, 북한은 다시 핵개발에 주력한다. 제네바 합의는 애초부터 북한에게 10년간의 유예 기간을 제공한 것이라는 비판을 받았었다.

세 번째 합의는 미국과 북한, 그리고 중국에 더해 한국과 일본, 러시아가 참여했던 북핵 6자회담에서 2005년 채택한 '9·19 공동성명'이다. 북한은 이 합의에서 '모든 핵무기와 현존하는 핵계획을 포기'하기로 약속했다. 물론 북한의 핵동결에 대한 상응조치로 2000KW 경수로와 중유, 그리고 매년 200만kW의 대북한 송전까지 제공하기로 한 합의였다. 우여곡절 끝에 '9·19 공동성명'을 이행할 후속 합의인 2006년 '2·13합의'와 2007년 '10·3 합의'도 현실화됐다. 하지만 이 역시 끝내 이행되지 못했다.[51]

역사적 경험이 주는 교훈은 단순하지만 강렬하다. 현재는 물론이고 향후 상당 기간 북한의 비핵화는 실현되기 어렵다는 점이다. '핵보유 전략국가'로서 한반도내 주도권을 쥐려는 김정은의 국가전략은 비핵화의 정반대의 길이다. 북한은 현재 중국과 러시아 외에는 국제사회에서 철저하게 고립된 국가이다. 게다가 2022년 들어 유럽 대륙에서 벌어진 우크라이나 전쟁에 보듯 핵을 포기한 나라의 전략적 위상은 추락하게 되고, 체제 생존도 위험해지는 것을 목도한 김정은이다.

일각에서는 북한의 고립 심화와 경제난 가중 속에서 핵무력 고도화

---

51 이용준,『대한민국의 위험한 선택』(서울: 기파랑, 2018), pp. 154~157.

에 북한의 경제력을 쏟아 붓는 것에 대한 북한 내부의 반발이 초래될 가능성도 제기하지만 철저한 통제사회인 북한, 그리고 시민사회 세력 부재 등의 현실을 감안하면 북한 체제 내부에서의 비핵화 목소리 제기 가능성은 크지 않다고 볼 수 있다.

북한의 현 안보상황, 그리고 최고지도자의 핵무력에 대한 의지 등을 감안할 때 현 단계에서 북한의 자발적 핵폐기를 기대하는 것은 요원한 일일 것이다.

따라서 이제 한국 정부도 실현가능성이 희박한 북한의 '완전한 비핵화'보다는 북한의 핵위협 속에서 한국민의 생존을 담보할 핵억지력 확보에 집중하는 것이 바람직하다.

역사에서 확인하듯 북한의 자발적 의지 없이는 결코 북한의 비핵화가 성공할 수 없다는 것은 의심할 여지가 없다. 대표적인 비핵화 성공사례로 평가되는 남아프리카공화국과 우크라이나의 핵폐기 과정을 살펴보면 이를 체감할 수 있다.

소련 연방의 붕괴로 갑작스럽게 세계 3위의 핵무기 보유국가가 됐던 우크라이나는 1994년 12월 전격적으로 핵폐기 선언을 한 뒤 1996년까지 4회에 걸쳐 핵탄두를 모두 러시아로 이전했다. 또 2002년 1월까지 우크라이나는 자국 영토 내 모든 전략 폭격기들을 해체해 러시아로 이전하거나 비군사용으로 전환했고, 모든 대륙 간 탄도 미사일도 사일로(silo)에서 추출해 폐기하거나 폐기를 위해 분해했다.

1994년 1월 14일 미국의 클린턴 대통령과 옐친 러시아 대통령은 크라추크 우크라이나 대통령과 3자협정을 체결하고 우크라이나가 NPT에 가입한 비핵국가로 남는다는 조건으로 국경선 존중과 핵무기 공격으로부터 우크라이나를 보호하는 등의 안전보장을 제공하기로 약속했다.

우크라이나가 비핵국가로 전환하게 된 것은 최고 지도층의 정치적 결단에서 비롯된 것임을 알 수 있다. 그 이면에는 러시아라는 핵 강국을 이웃으로 두고 있는 우크라이나가 소규모 핵을 갖는 것은 오히려 안보에 위협이 될 것이라고 우크라이나 지도자들은 판단했다.[52]

남아공도 1990년 초 "모든 핵폭발 장치(nuclear device)가 해체되고 파괴되는 최종 조치를 취했다."고 선언했다. 남아공은 이미 6기의 핵무기를 개발했고, 비핵화를 결정할 당시 7번째 핵무기를 개발 중이었다. 그런데도 전격적으로 핵 포기를 선언한 배경은 정치적 이유가 컸다.

인종차별정책을 펼치던 당시 백인 정부는 곧 이어질 흑인 정권의 등장을 앞두고 핵무기의 악용을 원천적으로 막아야 한다는 절박함이 있었다. 또 인종차별정책의 철폐와 정권교체를 앞두고 국제사회의 제재가 완화되는 것도 영향을 미쳤다. 그리고 가장 큰 이유로는 미국이 주도하는 시장경제와 자유 민주주의 진영으로 복귀하려는 정치적 의지가 작동한

---

52 조성렬(2017), 앞의 책 pp. 169~173. 한편, 2022년 러시아의 우크라이나 침공을 계기로 과거 우크라이나가 선택했던 '자발적 폐기' 사례가 다시 부각됐다. 만약 우크라이나가 핵무기를 포기하지 않았다면 러시아가 주저하지 않고 우크라이나를 침공할 수 있었겠느냐는 것이다. 핵무기가 갖고 있는 억지력의 가치를 새삼 일깨워준 장면이다. 북한도 우크라이나의 교훈을 자주 언급한다. "위대한 김정은 시대는 우리 인민의 반만년의 숙원이 성취되는 영광의 시대이다," 『노동신문』, 2022년 7월 4일 논설은 "역사와 현실이 보여주듯이 외부적 압력에 굴복하여 군력 강화를 중도반단(중간에 흐지부지됨)하는 나라와 민족은 애당초 시작하지 않은 것보다 못한 비참한 운명에 처하게 된다"고 강조해 비핵화에 나선 우크라이나가 20여 년이 흐른 지금 러시아 침공을 당한 것을 직접 비교했다.

결과였다.[53]

    따라서 이미 핵을 가진 북한이 어쩔 수 없이 자신들의 핵무력을 자발적으로 포기하도록 하기 위한 빅 픽처(큰 그림)가 필요하다. 그것이 바로 한반도 핵균형론을 제시하는 이유다.

---

53 조성렬(2017), 위의 책, pp. 166~169.

제8장

긴급 프로젝트:
'한반도 핵균형론'

1. 안보패러다임의 전환이 필요하다

북한 핵문제가 30년간에 걸쳐 현재에 이르기 까지 한국은 적극적인 역할을 하지 못했다고 고백해야 한다. 여러 이유가 있겠지만 기본적으로 북핵 문제를 미국과 북한사이의 문제라는 인식에서 벗어나지 못했기 때문이다. 하지만 이제 북한이 사실상 핵보유국이 된 이상 더 이상 이런 방관자적 태도는 곤란하다. 북한이 서울 상공을 겨냥한 핵공격 시뮬레이션을 하는 공포의 현실을 아프게 받아들이고, 우리들의 생존을 담보하기 위한 대담한 전략을 구축해야 하는 것이다.

더 이상 북한의 진화된 핵전략이 미국을 향한 위협적 메시지(위기조성 행위) 성격이 강하다는 안이한 분석을 할 때가 아니다.

무엇보다도 북한이 한미동맹의 전략적 중심인 미국을 '핵무력'으로 공략할 수 있게 되었다는 점은 한반도 세력균형 측면에서 커다란 변화를 예고하고 있다. '핵무력'은 한국에 대한 미국의 확장억제를 약화하는 핵심 수단이며 북한에게는 스스로가 강조하듯 '만능의 보검'이 될만한 전략적 가치가 있는 것이다.

새로운 안보 패러다임을 구축하기 위해서는 원칙과 현실 사이의 적

절한 균형점을 모색해야 한다.[01]

한국인의 생존을 담보해야 할 새로운 담론이 필요한 시점이다. 바로 한반도 핵균형론이다.

'한반도의 완전한 비핵화'라는 목표는 여전히 우리가 장기적으로 추구해야할 과제이며 북한의 대화 복귀와 실질적 비핵화 진전을 유도하기 위해 국제적인 노력을 포기해서는 안되지만 지금 시급히 필요한 것은 북한에 의해 균형이 깨진 상황을 타개하기 위한 실효적인 전략이다.

북한의 핵 위협을 머리 위에 짊어지고 평온한 삶을 영위하는 것은 불가능한 일이다. 따라서 이를 차단할 대응책을 마련하는 것은 한국이 당면한 가장 시급한 과제가 돼야 한다.

무너진 한반도내 핵균형을 바로 세워, 어떤 일이 있어도 북한의 핵공격을 완벽하게 막을 억제력을 구축해야 한다. 철저하게 '핵에는 핵으로'라는 관점에서 북한의 핵무력 수준에 비례해 절대 부족함이 없는 수준의 억제력이 구축돼야 할 것이다.

그러기 위해서는 한반도에 맞는 '맞춤형 핵억제' 방안을 마련해야 한다. 그 방안이 미국의 확장억제의 강화가 됐든, 전술핵 재배치가 됐든, 한국인의 생존과 안전을 담보할 '신뢰할 수 있는' 방안 마련이 시급하다.

그리고 이 전략의 구축 과정은 북한이 그러했던 것처럼 철저하게 미국과 중국의 전략경쟁이 만들어내는 공간을 파고 드는 방식이 돼야 한다.

---

01 전성훈, "북한의 核 독점 시대에 우리의 대응: 미국 전술핵의 한반도 재배치", 『이슈브리프』, 아산정책연구원(2017년 8월 7일).

미국과 중국의 세력균형 전선에 북한 뿐 아니라 한국도 참여하는 의미도 있다.

2. 한국의 대응 시나리오: 다양한 정책 옵션들

한국이 검토할 수 있는 정책 옵션은 목표를 어디에 두느냐에 따라 다양하게 제시될 수 있다. 그리고 가장 중요한 기준은 한국민의 선택과 실현 가능성이다.

1) 확장억제 강화와 '핵공유'

정책적 옵션을 언급하면서 가장 먼저, 그리고 정책당국에서 거론하는 방안은 '확장억제' 강화이다 한국을 위해 '핵우산'을 펴주고 있는 미국이 한국에 제시하는 방안이기도 하고 한국 정부도 현재 적극 호응하고 있다.

확장억제의 역사는 길다. 한국전쟁 종전 이후 미국은 북한의 남침 재발을 막기 위해 한국에 확장억제를 약속했다. 또 수만명의 주한미군(USFK)을 주둔시켰다. 북한이 한국을 공격하려면 미군을 공격해야 하고, 미국 대통령이 의회의 승인 없이 북한과 전쟁을 할 수 있기 때문에 이를 인계철선(trip wire)이라 불렀다.

미국은 1978년 한미 국방장관 회담에서 "한국이 미국의 핵우산 하에 있으며 앞으로도 계속 있을 것이라고 재확인했다"고 밝혔다. '핵우산'이라는 표현을 명시했다. 한국의 안보를 위하여 핵전쟁도 불사하겠다는 의지를 분명히 한 것이다.

미국은 확장억제 이행을 위해 전술핵무기를 한국에 배치했다. 1957년 말에 최초 배치된 전술핵무기는 냉전 종식과 더불어 미국이 해외에 배치되어 있던 전술핵무기를 파기 및 감축한다는 성명을 발표함에 따라 한국에서도 1991년 말 모두 철수됐다. 그해 12월 18일 한국 정부는 '한반도 핵부재 선언'을 발표했다.

북한의 비밀 핵개발 움직임이 포착돼 1차 북핵 위기가 발생한 것은 그 직후였고, 30여 년이 지난 현재 북한은 노골적으로 한국을 향해 핵위협을 가하고 있다. 그러자 한국내에서 미국의 핵우산에 대한 불안감이 분출됐고, 급기야 독자 핵개발 여론이 고조됐다.

미국의 바이든 행정부는 확장억제 강화 방안을 제시했다. 이 작업은 단계적으로 진행됐다. 먼저 2022년 9월 16일 워싱턴에서 4년8개월 만에 고위급 확장억제전략협의체(EDSCG) 회의를 개최했고, 이어 11월 3일에는 한미 국방장관이 참석하는 안보협의회의(SCM)를 열었다. 현실로 다가온 북한의 핵무력 완성에 맞설 새로운 대응책(플랜B) 모색을 본격화하고 있다는 것을 공개적으로 알린 것이다.

EDSCG 회의 결과 발표된 공동성명에서 미국은 "핵, 재래식, 미사일 방어 및 진전된 비핵능력 등 모든 범주의 군사적 능력을 활용하여 대한민국에 확장억제를 제공한다는 철통같고 흔들림 없는 공약"을 첫 번째로 강조했다. 그리고 "북한의 어떠한 핵 공격도 압도적이며 결정적인 대응에

직면하게 될 것"이라는 점을 명확히 했다.02

또 미국 국방장관 오스틴은 "미국이나 동맹국 및 우방국들에 대한 비전략핵(전술핵)을 포함한 어떠한 핵공격도 용납할 수 없으며, 이는 김정은 정권의 종말을 초래할 것"이라고 경고했다.03 이런 종류의 강력한 메시지가 SCM 공동성명에 들어간 것도 처음 있는 일이다.

양국은 맞춤형 억제전략(TDS, Tailored Deterrence Strategy)의 진전을 평가했는데 '맞춤형 억제전략'이란 북한의 핵과 대량살상무기(WMD) 위협에 대한 한미동맹 차원에서의 공식적인 대응책을 뜻한다. 한반도에서 어떤 위협요소가 존재하는지를 식별하고 연구해 여기에 맞추어 공격받는 것을 '억제'할 수 있는 '적절한' 수단과 도구를 제공하는 일이다.

한미연합군의 현행 전시작전계획 5015는 양국 대통령, 국방장관, 합참을 통해 한미연합사령부(CFC)로 내려오는 전략기획을 기반으로 작성되며, 전시 한미연합군이 어떻게 전쟁을 할지 상세한 계획을 적시하고 있다. 그런데 여기에는 재래식 무기의 사용계획은 있어도 핵전쟁 계획은 들어있지 않다.

이런 의미에서 북한의 핵사용 시나리오를 상정한 확장억제수단 운용연습(DSC TTX)이 중요하다. '도상연습'을 뜻하는 TTX는 전략폭격기 등 실제로 핵투발 수단을 투입하는 훈련을 하는 것이 아니라 의사결정 과정을 시뮬레이션하는 것이다. 매년 열리는 전구급 한미연합훈련에서 정

---

02 김지현, "美핵우산 신뢰성 높였다⋯전략자산 전개 규모 확대 전망",『연합뉴스』, 2022년 9월 17일.

03 김경희, "美 "김정은 핵 사용하면 北 정권 종말⋯대북 확장억제 강화""『연합뉴스』, 2022년 10월 28일.

치 또는 경제와 연결된 전면전 상황을 가정하기 위해 쓰이는 시나리오인 MSEL(Master Scenario Events List), 국가적 차원의 위기와 해결 과정을 묘사하는 정치군사게임(POL-MIL Game)과도 관련이 있다.

양국 정책 라인의 확장억제 논의에도 불구하고 한국내 독자 핵개발 여론은 식지 않았다. 북한이 서울 상공 800m에서 핵무기를 폭발시키는 듯한 도발적 훈련 장면을 공개하면서 한국내 분위기가 심상치 않게 전개됐다. 윤석열 대통령이 2023년 1월 11일 외교부와 통일부 업무보고에서 조건부이긴 하지만 '자체 핵보유' 언급을 한데 이어 최종현 학술원의 여론조사 결과(국민 10명 중 7명이 독자핵개발 찬성-북한 비핵화 불가)가 나온 것이 1월 30일이었다. 북한의 노골적 핵위협 속에 한국내 자체 핵무장 여론이 고조되자 미국의 기류가 민감해졌다.

미국의 확장억제 강화 의지는 바이든 대통령에 의해 분명하게 확인된다. 바이든 대통령은 2023년 4월 26일 윤석열 대통령을 워싱턴으로 국빈초청해 정상회담을 가진 뒤 북한이 핵공격을 감행하면 "정권의 종말을 초래할 것"이라고 강력히 경고했다. 그러면서 "이것이 북한에 대한 확장억제 강화"라고 못박았다.

한미 양국정상은 확장억제와 관련된 내용을 '워싱턴 선언'으로 명문화해 발표했다. '워싱턴선언'의 핵심내용은 한미 간 '핵 협의그룹'(NCG-Nuclear Consultative Group)의 신설과 전략 핵잠수함(SSBN) 등 최첨단 전략자산의 한반도 정기적 전개 그리고 미국의 핵무기 사용 관련 정보공유 확대라 할 수 있다. 한미 양 정부가 매년 한미 안보협의회(SCM)를 통해 핵우산 등 확장억제 의지를 밝혔지만 정상 차원에서 문서화 한 것 역시 이번

이 처음이다.[04]

특히 NCG 신설이 눈길을 끌었다. 미국이 유사시 핵전력 운용에 있어서 정보공유, 협의 절차, 공동 기획, 그리고 공동실행 차원에서 미국의 핵자산 운용 관련 기획에 한국의 참여도를 높였다는 점이 큰 성과라고 양국 당국자들이 강조했다.

한국 정부로서는 현실적인 선택을 한 것이라고 할 수 있다. 뒤에서 자세히 살펴보겠지만 한국의 독자 핵개발은 국제 비확산체제를 주도하는 미국으로서는 현 단계에서 용인할 수 없는 방안이다. 만일 한국이 현 단계에서 비밀핵개발을 추진할 경우 미국과 유엔 안보리에 의해 추진될 경제제재는 수출주도형 한국 경제에 파멸적 영향을 미칠 사안이다.

워싱턴 선언은 현 단계에서 할 수 있는 대북 핵억제 방안을 담고 있다. 먼저 NCG 창설에 대해 살펴보자. 일부 전문가는 NCG의 수준을 언급할 때 북대서양조약기구(NATO·나토)의 핵기획그룹(NPG)보다는 낮은 수준이라고 평가한다. NPG는 장관급, NCG는 차관보급 협의체라는 점과 나토 지역에는 전술핵무기가 배치돼있다는 점 등이 차별적인 요소로 거론된다.

하지만 NCG의 경우 한미 양국만이 참여하는 협의체인 데다 기존에 운용돼온 확장억제 전략협의그룹(EDSCG)에 더해 새롭게 핵전략 세부 협의 등이 가능하다는 점에서 NCG를 최대한 활용할 경우 대북 핵억제력을 강력하게 구축할 수 있다. 미국이 단독 국가와 핵 운용과 관련한 정보공유나 공동기획을 결정한 것은 이번이 최초이다.

---

04 이준서, "한미정상 '워싱턴 선언'…"北핵공격시 美핵무기 등 압도적 대응"(종합3보)", 『연합뉴스』, 2023년 4월 27일.

특히 북한의 핵 공격에 대비한 전략 수립에 한국이 참여하고, 미국의 핵 작전을 한국의 재래식 역량으로 지원하는 방안을 공동으로 기획·이행하는 한편, 핵전력 운용 주체인 미국 전략사령부가 참여하는 한미 연합 도상 훈련을 실시하기로 한 것은 주목할 성과다. 기존의 차관급 협의체인 EDSCG가 광범위한 정책을 협의하는 데 주안점을 뒀다면, NCG는 핵 운용에 특화된 협의체로서 확장 억제라는 난해하고 추상적인 개념이 현실 세계에서 실제로 어떻게 이행되는지를 보여주는 의미있는 협의기구가 될 수 있다.

또 SSBN 등의 한반도 전개가 정기적이고 지속적으로 이뤄진다는 것도 의미가 크다. 미국 오하이오급 SSBN 1척에는 히로시마 원폭 32배 강도의 핵탄두 192개가 탑재되기 때문에 SSBN에 대해 북한이 느낄 위협은 가히 가공할 만하다. 어쩌면 한국 영토내에 핵무기를 배치하는 것보다 더 위협적일 수도 있을 것이다.

이처럼 미국이 강력한 의지를 나타낸 것은 한국 내 일고 있는 자체 핵무장 또는 미군 전술핵 재배치 주장을 의식한 것으로 분석된다. 북핵·미사일에 대한 한국민의 우려를 충분히 알고 있고 미국의 전략 자산을 총동원해 막아줄 테니 안심하라는 메시지다.

윤석열 대통령은 워싱턴 일정을 마친 뒤 보스턴으로 이동해 하버드대 케네디 스쿨에서 강연을 했는데, 이 자리에서 "워싱턴 선언은 1953년 재래식 무기를 기반으로 한 상호방위조약에서 핵이 포함된 한미상호방위조약으로 업그레이드된 것"이라고 규정했다.[05] 정부 당국자들은 종종 '한

---

05 이동환, "尹, 하버드대 대담…"워싱턴선언, 핵 포함된 한미상호방위 개념"(종합)",

국형 핵공유'라는 표현을 쓰며 여론전을 펼쳤다.

국제정치학에서 억제(deterrence)란 3가지 요소로 구성되는데, 우리가 보복할 수단이 있음을 뜻하는 능력(capability), 그리고 그 보복을 확실히 할 뜻이 있음을 상대가 정확히 알도록 하는 의사전달(communication), 마지막으로 상대가 어떤 행동을 할 경우 확실하게 보복할 것임을 장담할 수 있는 신뢰성(credibility)이다. 과연 미국 대통령의 확장억제 약속을 한국민들이 신뢰할 수 있느냐가 관건인 것이다.

군사적 실효성 면에서 보면 워싱턴 선언은 비판 여지가 있는 것이 사실이다. 미국의 핵전문가인 제프리 루이스 미들베리 국제연구소 동아시아 비확산센터 교수는 NBC와의 인터뷰에서 워싱턴 선언에 대해 "미국이 여전히 한국을 지지하고 있다는 점을 알려 한국 대중들을 안심시키려는 의도를 갖고 있다"고 평가하면서도, 이러한 약속이 "군사적 가치는 없다"고 말했다.[06]

제2의 한미상호방위조약'이라고 워싱턴 선언의 의미를 부여하고 있지만 이는 국제법적 구속력을 지니고 있지 않을 뿐 아니라 정치적 수사에 가깝다는 지적이 많이 제기됐다.

오히려 윤 대통령이 2023년초 외교부와 국방부 업무보고 때 언급한 '자체 핵을 보유할 수도 있다'는 발언으로 촉발된 한국내 독자핵무장론의 확산을 미국이 막았다는 점을 주시해야 한다는 주장이 제기됐다.

『연합뉴스』, 2023년 4월 29일.

06 강건택, "외신 "워싱턴선언, 韓핵개발 목소리 막으려는 美고심 반영"(종합)", 『연합뉴스』, 2023년 4월 26일.

실제로 워싱턴 선언에서 한국은 NPT와 한미원자력협정 의무 준수를 확약했다. 이 때문에 일부 전문가들은 향후 한국의 독자핵개발 공간을 막아버린 결과를 초래했다고 비판하기도 한다. 독자 핵무장 논의는 적어도 윤석열 정부 임기 중에는 정부 주변에서는 다시 부상하기 어려울 것이다.

이 때문에 워싱턴 선언 이후 한국내에서 '핵 잠재력(Nuclear latency)' 확보 필요성에 대한 논의가 지속적으로 이어지고 있다. 핵 잠재력이란 핵무기를 실제로 만들지는 않지만 단기간에 핵무기를 만들 수 있는 능력을 확보하는 것을 의미한다. 핵확산금지조약(NPT)를 위반하지 않으면서도 북한에 대한 한국 자체적인 억제력을 나름 확보하는 의미가 있다고 안보 전문가들은 강조한다.

이는 사실상 능력 면에서 볼 때 핵을 보유한 것이나 다름없는 상태를 말하는데 흔히 '일본 옵션'이라고도 부른다. 1968년에 체결된 미·일 원자력협정에서 일본은 자국 내 시설에서 사용 후 핵연료를 재처리할 권리를 얻었다. 또 1988년 개정된 협정에서는 일본 내에 재처리시설과 플루토늄 전환 시설, 플루토늄 핵연료 제작 공장 등을 두고 그곳에 플루토늄을 보관할 수 있는 '포괄적 사전 동의'도 획득했다.

현재 일본은 영국, 프랑스 등에서 위탁 재처리한 뒤 나온 플루토늄을 재반입해서 현재 무려 약 46t의 플루토늄을 보유하고 있다. 엄청난 양의 핵물질을 쌓아놓고 있는 일본은 3개월에서 6개월 안에 핵실험을 실행할 모든 조건을 갖추고 있는 것으로 평가된다.

한국의 핵 잠재력을 확장하기 위해서는 현재의 한미 원자력협정을 개정해야 하는 것이 첫 번째 과제이다. 한국의 경우 2015년 개정된 한미 원자력협정에서 일부 재활용 기술(파이로프로세싱) 연구와 해외 위탁 재처리가 가능한 상태가 됐으나, 여전히 사용 후 핵연료 재처리를 인정받지 못했다. 현재 국내 원전에 필요한 5%의 저농축 우라늄은 전량 해외로부터 수입하고 있다.

한미원자력협정 개정을 통해 한국의 핵잠재력, 구체적을 말해 핵개발 완성기간을 일본처럼 단축시켜 북한에 대한 한국 스스로의 핵억제력을 구축해보자는 제안인 것이다. 핵무기를 제조할 기술적·산업적 기반을 확보한다는 것은 일종의 보험 성격으로 인식될 것으로 보인다.

관건은 미국의 반응이다. 이 문제는 앞으로 NCG 운용 과정에서 한미 양국간에 지속적으로 제기될 가능성이 크다. 특히 일본과 한국의 핵협력이 진행될 경우 내밀하면서도 복잡한 한미일 3국 간 외교전이 펼쳐질 수도 있다.

한국인들은 정서적으로 '핵공유'를 선호하는 기류가 강하다. 적어도 미국이 유럽에서 펼치는 '나토식 핵공유'를 한반도에서도 실천하라는 요구이다. 미국은 현재 나토 5개 회원국(독일, 벨기에, 네덜란드, 이탈리아, 튀르키예)에 전술핵무기를 배치·운영하고 있다.

미국은 나토 회원국들과 NPG를 함께 운용하는데, NPG는 '핵 정책기획'을 주관하고, 정례협의체를 운용하면서 핵무기 안전 및 보안, 핵무기 통제 등의 역할을 수행한다. 의사결정은 비핵보유국에게도 발언권을 부여하여 '암묵적 동의(Silent Consent)' 방식의 만장일치제를 채택하고 있다. 나토의 군사조직인 유럽동맹군최고사령부(SHAPE)가 실질적인 작전기획을 담당하는데 SHAPE의 사령관은 미군 4성 장군이다.

앞서도 살펴봤듯 나토식 핵공유와 '4.26 한미 정상회담' 이후 한국 정부당국자들이 언급했던 '한국형 핵공유'는 내용 면에서 많이 다르다. 역시 가장 큰 차이는 나토 지역에는 전술핵무기가 배치돼있지만 한반도에는 배치돼있지 않다는 점이다.

한미정상회담 다음날(4월 27일) 에드 케이건 백악관 국가안보회의(NSC) 동아시아·오세아니아 담당 선임국장은 '한국 정부는 워싱턴 선언을 사실상 핵공유라고 설명하는데 이런 설명에 동의하느냐'는 질문에 "우리는 워싱턴 선언을 사실상의 핵공유라고 보지 않는다고 생각한다"고 잘라 말했다.

하지만 여러번 강조하듯 SSBN의 정기적 한반도 전개는 가볍게 평가할 게 아니다. 한반도 주변에 존재하는 것만으로도 '신뢰할 만한 핵우산'이 될 수 있는 것이다.

사실 나토식 핵공유라고 해도 핵무기를 핵무기를 사용할지 그러지 않을지 여부는 전적으로 미국 대통령만이 결정할 수 있다. 때문에 핵전쟁계획인 작계 8010-12를 만들 때도 전략사령부(STRATCOM)가 독자적으로 맡는다. NPG라는 것도 미국의 전술핵무기를 신고 날아가기 위해선 일정부분 계획을 사전에 해당국과 상의해야 하는 의미가 강하다. 따라서 워싱턴 선언 등을 면밀히 분석해보면 당국자들의 말처럼 나토식 핵 공유 모델에 따라 '한국형 확장억제'를 강화하기로 한 것이라고 평가할 수 있다.

한미 양국이 천명한 확장억제 방안에 대해 한국내 여론은 아직 분명한 방향성을 잡고 있지 못한 듯하다. 향후 여론의 추이는 좀 더 지켜봐야 할 것이다. 특히 NCG의 구체적인 운용을 살펴보면 그 실효성을 가늠할 수 있을 것으로 보인다.

북한이 핵무력 고도화를 위해 질주하는 가운데 한국에 대한 핵위협을 노골화하는 상황에서 과연 미국의 확장 억제가 100% 작동할 것인지에 대한 의구심을 갖는 것은 어쩌면 당연한 일이다.

한국의 핵무장 옵션의 기대 효과와 한계

	기대 효과	한계 및 부담
독자 핵무장 한국의 독자 핵무기 개발 및 배치	대북 독자적 핵 대응력확보	한미동맹 와해, 국제사회의 외교·경제적 제재 등
전술핵 재배치 주한미군 기지에 전술핵 반입	'핵에는 핵' 대응력 갖춰 대북 전략적 균형 달성	남북 군사충돌 시 핵전쟁 확전 우려, 중국-러시아 의 외교·경제적 보복
나토(NATO)식 핵공유 주한미군 기지에 전술핵 반입 및 유사시 한국 공군 전투기로 투하		
조건부 한시적 전술핵 재배치 전술핵 배치와 비핵화 협동 동시 추진 (협상시한 넘기면 전술핵 배치)	중국-러시아의 대북 압박 등 비핵화 협상 촉진	중국-러시아 반발
미국 핵전략자산 상시 순환 배치 저위력 핵무기 장착한 전략핵잠수함, 폭격기 등 한반도 상시 전개	미국의 즉각적 핵보복력 과시 통한 확장억제 실행력 제고	북한의 기습 핵도발 등 억제에 한계

앞장에서 살펴봤듯 북한은 미국의 '지상 기반 대기권밖 방어체계 (GMD)'를 무력화할 '다탄두 개별목표설정진입체'(MIRV. Multiple independently targetable re-entry vehicle)의 개발에 거의 성공한 상태다.

미국이 '한반도의 완전한 비핵화'라는 실현 불가능한 목표를 고집하면서 사실상 '한국만의 비핵화'를 계속 강요하는 것이 과연 현실적으로 한국민의 삶을 확실히 담보할 수 있느냐는 물음인 것이다. 특히 남북한

간의 우발적 충돌 시 북한이 재래식 무기 분야에서의 열세를 만회하기 위해 전술핵무기를 사용할 경우 미국이 '압도적이며 결정적인 대응' 차원에서 전략핵무기로 대응할 수 있느냐에 대해 문제를 제기할 수 있다.

북한이 끊임없이 과시하고 있는 것처럼 미국 본토까지 사정거리에 두는 전략핵무기로 로스앤젤레스나 뉴욕을 위협할 경우 과연 미국이 북한과 핵전쟁을 감내하고 한국을 지켜줄 수 있을지를 생각해야 한다는 지적이다.[07]

최근에는 대만 변수도 많이 거론된다. 시진핑 주석의 4기 연임결정을 하게 될 2026년께 중국이 실제 대만을 침공할 가능성이 제기되고 있다. 중국의 대만 침공은 미중간 패권경쟁 구조를 테스트하는 거대한 실험장이 될 것이다. 미국의 참전에 이어 일본의 가세는 물론이고 한국도 참전해야 할수도 있는 엄청난 안보사안이다. 한반도 주변 해역에 정기적으로 기항하는 SSBN이 결국 중국을 겨냥한 전략무기(억지력)가 될 수도 있다. 한반도 주변이 미중 패권경쟁과 핵위협의 주전장으로 떠오르는 것이다.

이런 상황에서 북한의 핵무력은 갈수록 고조되고 있다. 미국으로서는 북한 핵공격이 현실화될 경우 핵전쟁에 연루될 위험성, 한국의 가치 평가, 중국 및 러시아와의 확전 가능성, 국내여론 측면에서 고려해야할 변수가 한둘이 아닌 것이다. 결국 북한 핵능력이 강화될수록 북한의 최소억제전략 구현 정도는 높아지고, 그만큼 미국의 확장억제 이행 가능성도 낮아질 것이라고 봐야 한다. 또 한미가 전략자산 운용 공조를 강화하기로 함에

---

07 정성장, "한미확장억제의 실효성에 대한 의구심을 더욱 키워준 한미확장억제전략협의체 회의 공동성명" 『분석자료』(2022.9.17.).

따라 중국 반발도 그만큼 커질 것으로 보인다.

결국 워싱턴 선언의 이행이 윤석열 정부 임기 동안 진행될 것이고, 그 내용을 확인한 한국인들이 다시 어떤 판단을 하느냐가 향후 확정억제 논의의 향방을 가를 것으로 전망된다.

2) 전술핵 재배치 방안

워싱턴 선언 이전 한국 내에서는 미국의 전술핵무기[08] 재배치 방안이 지속적으로 거론돼 왔다. 미국의 전술 핵무기가 한국에 배치될 경우 북한 핵무기 억제효과가 증대되는 것은 분명해 보인다. 현장에 배치된 핵무기는 멀리 떨어져있는 전략핵무기보다 사용 가능성이 높을 것이고, 적(북한)도 그렇게 생각할 것이기 때문이다. 일반적으로 강대국이 막대한 비용을 치르면서 전술핵무기를 배치하는 것은 그 자체로 동맹국 수호에 대한 강

---

08 전술핵무기를 구분하는 뚜렷한 기준이나 정의가 존재하는 것은 아니지만 대체적으로 제한된 군사적 표적을 제거하는데 주로 사용된다. 대체적으로 군사적 상황 또는 전장에서 사용할 수 있도록 만들어진 핵무기를 말한다. 따라서 통상적인 전략핵무기에 비하여 사거리나 위력이 상대적으로 짧거나 작다. 전술핵무기에는 핵탄두를 장착한 폭탄이나 단거리 미사일이 주종을 이루지만, 핵무기로 제작된 포탄, 지뢰, 어뢰 등도 포함될 수 있고, 핵배낭과 같이 사람이 운반할 수 있는 핵무기도 존재한다. 그리고 전술핵무기의 위력은 보통 0.1 내지 수백kt로 전략핵무기에 비해 매우 약하다는 특징이 있다. 전략핵은 도시 하나를 날려버릴 수 있는 엄청난 파괴력을 지닌다. 통상 20kt 이하의 핵무기를 전술핵무기로 지칭한다. 전술핵과 전략핵무기 구분은 폭발력을 기준으로 한다. 용어 자체도 '전술핵' 보다는 '비전략핵'이라는 표현이 더 정확하다고 한다.

력한 의지를 표방하는 것이다. 특히 북한의 핵무기 위협을 앞에 둔 한국이라는 비핵보유국의 핵불균형을 단기간에 효과적으로 시정할 수 있기도 하다. 남북한 모두의 지역에 핵무기가 존재하는 것으로 '공포의 균형'(balance of terror)이 이뤄지기 때문이다.[09]

한국전쟁 이후 미국은 한국내에 전술핵무기를 배치했다. 1970년대가 가장 많았는데 약 900발이나 됐다고 한다. 1958년, 자주포에 넣어서 쏘는 M442 핵포탄과 평양까지를 사정권에 두는 사정거리 1,100Km 마타도르 크루즈 미사일(MGM-1C)이 반입됐다. 군산 공군기지에서는 한때 F-4 팬텀 4기가 핵폭탄을 장착하고 상시 대기 태세를 갖추고 있었다.

그러나 미국은 중국과 외교관계 수립이후 주한미군의 전술핵 배치 수량을 크게 줄여 100~200발 수준을 유지했다. 그리고 1991년에는 북한에 핵개발의 명분을 없애기 위한 차원에서 나머지 전술핵도 철수하게 되었다. 미국은 소련과의 협의를 통해 한반도의 주한미군 핵무기를 철수하기로 합의한 상황이었다. 이에따라 한국은 1991년에 미군 전술핵 철수가 이뤄짐과 동시에 한반도 비핵화 공동선언을 하였고 현재까지 해당 선언을 준수하고 있다.

최근 한국내에서 일고 있는 전술핵배치는 그러니까 1991년 한반도에서 철수한 전술핵을 주한미군 등에 다시 배치하고 한미 양국이 공유하는 방안을 주로 상정한다. NPT를 위반하지 않으면서도 한국 안보를 직접적으로 담보할 수 있는 방안이라는 것이다.

---

09 박휘락, "미 전술핵무기 한국 재배치에 대한 시론적 분석," 『신아세아』24-2(2017) pp. 48-49.

하지만 이 방안의 실효성은 냉정하게 판단해봐야 한다. 우선 미국은 한국내 전술핵 재배치 방안에 대해 매우 부정적인 입장이다. 바이든 미국 대통령은 직접 4월 26일 워싱턴 한미정상회담 이후 가진 기자회견에서 한반도에 핵무기를 배치하지 않을 것이라고 확인했다.

일부 전문가들은 미국이 한국에 배치할 수 있는 전술핵무기가 충분하지 않다는 점도 고려해야 한다고 지적했다. 미국의 경우 전술핵무기로 분류하고 있는 것은 B61계열의 핵탄두인데, 냉전종식과 더불어 대부분을 폐기하였고, 현재 본토에 500기, 유럽에 180기를 보유하고 있으며, 다양한 B61계열들을 B61-12로 통합하는 방식으로 개량해 나가고 있다.[10] 그래서 전술핵 재배치 논의는 애초부터 현실성을 결여한 방안으로 분류하기도 한다.

하지만 최근 러시아와 중국 등이 전술핵무기 성능 개량에 주력하고 있고, 미국도 이에 대응하는 추세라는 점은 주목해야 한다. 실제 러시아는 우크라이나 전장에서 전술핵무기를 사용하겠다는 위협을 갈수록 노골화하고 있다.

현대과학기술의 발달로 핵무기의 위력과 정밀타격능력이 향상됨에 따라 전술핵무기의 효용은 더욱 높아지고 있다. 소형의 전술핵무기로 막대한 피해를 끼칠수 있게 되었을뿐만 아니라 정밀타격을 통하여 치명적인 피해를 끼칠 수 있게 되었기 때문이다. 또한 탄도미사일방어(BMD)가 강화되면서 ICBM에 탑재된 전략미사일은 공중에서 요격당할 가능성이 높아지는 반면에 단거리거나 야포 등의 다양한 형태로 만들어진 전술핵

---

10 박휘락, 앞의 논문 p.48.

무기를 요격하는 것은 쉽지 않다는 점도 고려해야 한다. 북한이 최근 남한을 겨냥해 '화산-31' 전술핵무기 탄두 모형을 공개한 것을 상기하면 된다.

따라서 미국이 시대에 맞는 새로운 전술 핵무기를 개발할 경우에는 전술핵무기 재배치 방안도 새롭게 조명받을 가능성은 상존한다.

실제로 워싱턴 한미정상회담이 끝난 직후인 2023년 5월 2일 존 볼턴 전 전 미국 백악관 국가안보좌관은 정치전문매체 '더힐' 기고에서 북핵 위협에 대응해 한미 정상이 발표한 '워싱턴 선언'이 한국의 우려를 달래는 데 미흡하다며 미국 전술핵무기의 한국 배치가 더 효과적이라고 주장했다.

볼턴은 "전술핵무기는 미국의 단독 통제하에 유지될 것이며, 배치된 미군과 한국 동료 방어를 즉각적으로 지원하는 데 유용하다"고 강조했다. 핵잠수함 등 전략무기를 통해 한반도에 대한 확정억제를 강조하는 것보다 한국 땅에 전술핵무기를 배치하는 것이 훨씬 한국민의 우려를 불식시키는 "피부로 느끼는 조치"라는 설명이다. 그의 주장은 향후 한국은 물론 미국내 여론 변화의 가능성을 보여주는 대목이어서 주목된다.

전술핵 재배치 방안이 현실성이 있든 없든, 그리고 한국이 간절히 요청하더라도 이를 결정하는 것은 철저하게 미국의 세계 전략에 달려 있음을 명심해야 한다. 패권 도전국 중국을 견제하는데 필요하다고 판단한다면 미국은 언제든 필요한 전술핵무기를 업그레이드 시켜 한반도에 재배치할 것이라고 필자는 생각한다.

3) 독자 핵개발과 한국민의 염원

한미 정상회담에서 도출된 워싱턴 선언으로 인해 독자 핵개발 방안은 당분간 수면 아래의 이슈가 될 것으로 보인다. 하지만 만일 북한의 핵위협이 현재와 비교할 수 없는 절박한 수준으로 고조되고 '대만 침공' 이슈가 현실로 다가올 경우에는 상황이 어찌될지 장담할 수 없다. 미국의 핵우산에 대한 불신 우려를 근원적으로 해소할 수 있는 것으로 한국인들은 독자 핵개발 방안을 원하는 심리가 기저에 깔려있기 때문이다.

그 이전에 몇 가지 객관적 변수를 고려해야한다. 먼저 한국이 감당해야 할 대가는 가혹하다. 한국의 핵개발은 그 자체로 국제적인 비확산체제의 심각한 훼손을 의미한다. 일본은 물론이고 대만도 자극해 미국이 가장 우려하는 '핵 도미노'가 발생할 수 있다.

또 한국의 경우 독자 핵개발을 위해서는 NPT를 탈퇴해야 하는데 이를 곧바로 유엔 안보리 회부와 국제사회의 제재에 직면하는 결과로 이어진다. 이미 한국은 지난 2004년 노무현 정부 시절 일부 원자력 과학자들이 0.2g이라는 소량의 우라늄을 실험 삼아 비밀 농축한 일이 발각돼 국제사회에 공개사과하고 재발방지를 약속하는 등 호된 홍역을 치룬 적도 있다. 당시 미국은 한국을 안보리에 회부해야 한다고 강력히 주장했었다.

또 독자 핵개발을 위해서는 고농축 우라늄 생산과 사용후 핵연료 재처리를 금하는 한·미원자력협정을 수정하거나 파기해야 하는데 이 과정에서 한·미동맹의 심각한 균열이 발생할 수 있다.

아울러 대만까지 이른바 '핵도미노 파도'에 가세할 경우 중국도 전략적으로 연계될 수 밖에 없다. 따라서 NPT체제내 P5에 속한 미국과 중국이 한국(과 일본)의 핵개발을 용인할 가능성은 현재로선 거의 없다고 봐야한다.

흔히 프랑스의 핵개발 역사를 비교하곤 하는데, 프랑스는 NPT체제 성립 이전에 핵개발에 성공한 국가여서 비교 자체가 의미가 없다. 또 엄격한 의미에서 인도와 파키스탄의 핵개발 역사도 시기적으로 큰 차이가 있음을 알아야 한다. 두 나라는 모두 수출주도형 경제가 아니었기 때문에 양국에 가해진 미국을 비롯한 국제사회의 일시적 제재를 견딜 수 있었다고 볼 수 있다. 하지만 한국이 핵개발로 인해 제재를 받을 경우 철저하게 수출주도형인 한국 경제에 치명적인 타격을 미칠 가능성을 생각하지 않을 수 없다.

그럼에도 한국인들의 심리적 기저에는 독자적 핵개발에 대한 염원이 쉽게 사라지지 않는 것이 사실이다. 학계에서도 사실상 핵보유국이 된 과거 사례를 자세히 들여다보는 연구가 많이 진행되고 있다.

앞에서 살펴본 대로 미국이 인도의 핵개발 당시 비핵확산 원칙에 예외를 인정할 당시 미국은 중국에 대한 압박을 위해 인도의 전략적 가치가 높다고 판단하고 인도의 핵보유를 용인했다. 이런 일이 한국에는 벌어지지 않을까라는 가능성의 영역을 연구하는 것이다.

독자 핵개발에 따른 유엔 안보리 제재 등을 거론할 때에도 이 논리는 적용된다. 만일 중국과 러시아가 한국을 유엔 안보리에서 제재하려 할 경우에는 상임이사국 미국이 반대하면 된다는 얘기다. 이는 북한의 추가적인 탄도 미사일 발사나 핵실험 시 중국과 러시아가 안보리에서 북한을 감싸고 도는 것과 같은 현상이다.

또 이스라엘의 경우처럼 핵무기 개발에 성공하더라도 핵보유 사실을 공개적으로 확인하지 않는 정책(NCND)도 잘 살펴봐야할 사례에 속한다.

더더욱 중요한 것은 한국(그리고 일본)의 핵무장 문제에 대한 미국내 여론도 얼마든지 변할 수 있다는 사실이다. 아직까지는 미국 워싱턴의 주류 세력은 핵 비확산 세력이 막강한 영향력을 행사하고 있지만 대중 압박 전략을 최우선 외교안보정책으로 설정한 만큼 워싱턴 기류 변화 가능성은 상존한다.

바이든 행정부 이전의 일이긴 하지만 미국의 시카고국제문제협의회 (CCGA)가 한국리서치에 의뢰해 2021년 12월 1일부터 4일까지 한국의 18세 이상 1500명을 대상으로 여론조사를 실시하기도 했다.[11] 또 미국 다트머스대학의 제니퍼 린드, 대릴 프레스 교수는 2021년 10월 7일 워싱턴포스트에 '한국은 자체 핵폭탄을 만들어야 하는가'라는 제목의 공동 기고문을 실었다.[12] 이들은 한반도에서 전쟁이 나도 미국이 한국을 돕기 어렵게 됐다고 인정한다. 한반도 전쟁에 미국이 개입하게 되면 미국 본토가 북한 핵무기 공격에 표적이 될 수 있는 만큼 과거처럼 참전이 쉽지 않을 것이라는 우려다.

한국은 NPT를 탈퇴하고 핵무기를 개발할 명분을 가지고 있다고 이들은 봤다. NPT 10조는 '자국의 최대이익을 위태롭게 하는 특별사건에 직면하게 될 경우 NPT를 탈퇴할 수 있다'고 돼 있는데, 북한의 핵무기는 한국에 대한 위협이며 NPT 10조의 '특별사건'으로 분명히 인정받을 수 있을

---

11 류지복, "'한국인 71%, 자체 핵무기 개발 지지…10년 후 최대위협은 중국'", 『연합뉴스』, 2022년 2월 23일.

12 류지복, "미 정치학자 '한국 핵무기 보유 결정하면 미국은 지지해야'", 『연합뉴스』, 2021년 10월 9일.

것이라는 설명이다.

특히 미국내에서 공화당 인사들을 중심으로 한국과 일본의 핵무기 개발에 대해 과거와 다른 '용인' 기류가 있다. 학계의 논쟁도 고조되고 있다.[13]

바이든 행정부가 '워싱턴 선언'을 통해 한국의 NPT 준수를 확약받는 방식으로 한국내 독자 핵무장론에 제동을 걸긴 했지만 차기 미국 대선 결과에 따라 미국내 여론이 바뀔 가능성도 있다. 트럼프 전 미국 대통령은 과거 대통령 후보시절과 대통령 재임 시절 기회 있을 때마다 한국과 일본에 주둔한 대규모 미군의 "주둔비용이 비싸다"거나 "한국과 일본은 무임 승차하고 있다"는 말을 했었다.[14]

과거 1970년대 박정희 전 대통령이 자주 국방의 기치 아래 비밀 핵개발 프로젝트를 가동할 때와는 국제정세는 물론이고 미국내 여론의 흐름이 달라지고 있다는 것은 분명한 사실이다. 미국 CNN은 윤 대통령의 발언(독자 핵무장론 관련 발언) 열흘 뒤인 1월 21일 '한국인들은 왜 미국의 핵우산에 신뢰를 잃어가고 있나(Why are South Koreans losing faith in America's nuclear umbrella?)'라는 제목의 기사를 웹사이트 상단에 배치했다. 해당 기사는 "10년 전만 해도 한국에서 핵무기 보유 주장은 진지하게 여겨지지 않는 비주류적 생각이었지만, 이제는 주된 쟁점이 됐다"며 한국의 자체 핵 무장론을 비중 있게 다뤘다.

---

13 이병철, "한국 핵무장 담론의 새로운 방향 모색"『국방연구』(국방대 안보문제연구소, 2020.6) 27-58.

14 류지복, ""트럼프, 주한미군철수 수차례 언급…韓 다루기 끔찍하다 말해"", 『연합뉴스』, 2021년 10월 9일.

차기 대선에서 바이든 대통령이 재선에 성공할 경우 한국의 독자 핵
무장에 대해 반대하는 미국 정부의 입장이 쉽게 바뀌지는 않을 것이다.
그러나 북한의 노골적 핵위협에 따라 한국내 여론이 출렁이고, 미국과 중
국의 패권경쟁의 양상이 복잡해질 경우 미국내에서도 한미동맹을 위해,
그리고 패권도전국 중국을 견제하기 위해 무엇이 가장 현실적인 선택인
지 숙고하는 기류가 형성될 수도 있을 것이다.

한국 내 일부 전문가들은 한국의 독자적 핵무장 방안을 '핵 자강론'으
로 표현하기도 한다. 대표적인 학자가 세종연구소 정성장 박사이다. 그는
'핵자강 포럼'까지 만들어 활동하고 있는데, 그의 주장이 매우 강렬하다.

일각에서는 절충적인 방안을 제기하기도 한다. 현실적으로 미국 정부
가 한국의 독자적 핵무장을 수용하기 어려운 점을 감안해 NPT 체제 내에
서 할 수 있는 방법을 찾아보자는 것이다. 사용 후 핵연료나 우라늄 농축
시설을 한국 내에 비축하는 것이 대표적인 아이디어이다 '실존적 억지'
(existential deterrence) 개념을 정책화하자는 논리와 연결되는데 이를 위해
서는 미국과 원자력 협정을 개정해야 한다. 앞서 살펴본 '핵잠재력 방안'
이다. 미국이 한국 내 여론을 감안해 협정 개정은 수용할 가능성이 있다
고 이 아이디어를 제시하는 사람들은 강조한다.[15]

---

15 김지헌, "北, 제재 해제 위한 대미압박 타이밍 노려 핵실험 결정할 것", 『연합뉴스』,
    2021년 10월 9일.

한국, 일본과 손잡고 비밀 핵개발 착수?

한국의 독자 핵무장 문제가 나올 때마다 함께 등장하는 문제가 일본의 핵무장 가능성이다. 그렇다면 한국과 일본이 이 부분에서 손을 맞잡고 미국에 공동대응할 가능성은 없을까.

여러 핵공학자들의 의견을 종합하면, 한국이 독자 핵개발 프로젝트를 추진할 경우 핵실험까지 완수하는데에는 최소 1년 이상이 소요될 것이라고 한다. 핵개발 관련 기술이야 이미 1950년대에서 1970년대에 이르면 웬만한 나라도 어렵지 않게 획득할 수 있다. 그리고 한국은 세계적인 원전 선진국이다.

하지만 한국은 원자력을 군사적 용도로 활용하는데 필요한 기술과 시설 등은 여전히 부족한게 현실이다. 그리고 가장 중요한 것은 고농축우라늄이나 플루토늄 등 핵물질 확보에서 한국은 매우 제한적인 환경이다. 앞서도 설명했듯이 핵물질은 산업용과는 비교할 수 없는 고농축 우라늄(95% 정도)이나 원전 가동 후 나온 '사용 후 핵연료'를 재처리하여 얻을 수 플루토늄이 필요한데 한국은 아직 재처리 시설이 없고, 고농축 우라늄을 만들 원심분리기 등도 보유하지 못했다. 2015년 개정된 한·미 원자력협정에서도 재처리는 인정받지 못했고, 핵무기로 전용이 불가능한 재활용 기술(파이로프로세싱)의 연구만 일부 허용받았을 뿐이다.

이에 따라 비밀 핵개발 프로젝트를 가동하더라도 핵공학자들과 기술자 선정 외에 핵물질 확보 등을 위한 제반 과정을 거치려면 최소 1년 이상의 기간이 필요하다는 계산이 나온 것이다.

그런데 이 기간에 미국과 국제원자력기구(IAEA)가 한국의 비밀 프로젝트의 움직임을 포착하고 제재를 가할 경우 한국은 막대한 피해를 입게 된다는 것을 앞서 살펴봤다. 자세히 설명하지 않더라도 수출 주도형 무역에 의존해야 하는 한국 경제의 체질상 미국의 제재를 이겨내지는 못할 것이다.

그러나 한국이 일본과 함께 비밀 핵개발 프로젝트를 추진할 경우 얘기는 달라진다. 일본은 30년 전부터 미국의 재처리 금지 방침에서 예외를 인정받아 비핵보유국 중 유일하게 플루토늄을 쌓아놓고 있다. 따라서 일본의 경우 3개월에서 6개월 내에 핵실험을 실행할 모든 조건을 갖추고 있는 것으로 평가되고 있다. 이 정도 기간이면 한국도 경제 제재 등을 견디어낼 수 있을 것이다. 일단 핵실험에 성공하면 상황은 달라진다. 그 다음은 앞서 서술한 정치 외교적 공간으로 넘어가며 한국의 안보전략과 미국의 대응 국면이 펼쳐진다.

이 과정에서도 일본 변수가 중요하다. 미국의 최대 동맹국인 일본이 한국과 손을 잡고 있을 경우 미국의 대응은 한국만을 상대하는 것과는 사뭇 달라질 수 있다. 쉽게 말해 미국이 일본을 제재하기는 한국에 비해 훨씬 어렵다는 것을 고려해야 한다.

한국과 일본도 원자력협정을 체결했다. 후쿠시마 원전에서 최악의 방사능 누출사고로 일본이 어려움을 겪던 2012년에 발효한 이 협정은 전문(前文)과 16조의협정문 본문, 부속서, 의정서, 합의의사록으로 구성됐다. 한국이 희망했던 원자력 분야의 협력 확대와 일본이 원했던 원자력 수출을 위한 양면적 성격이 결합된 내용이었다. 하지만 일본의 요청으로 핵확산금지조약(NPT)와 국제원자력기구(IAEA) 등의 핵비확산 규제가 강하게 담겨있다. 협정 전문(前文)과 4조에서 양국의 원자력 협력은 원자력의 평화적 이용에 한정했으며, 군사적 이용 시는 협정을 종료한다는 내용도 명기했다.

핵잠재력 확보 차원에서 한일원자력협정 개정을 통해 뭔가 방법을 모색해보자는 제안이 제기되고 있다. 전진호 광운대 교수는 2023년 5월 19일 세종연구소가 개최한 특별정세토론회에서 '한미원자력협정과 미일원자력협정 비교 및 시사점'을 주제로 한 발표에서 "핵잠재력 면에서 일본이 한국보다 비교 우위에 있으나 일본 역시 미일 협정으로 상당한 제약을 받는 것은 마찬가지이기 때문에 한일 양국은 핵잠재력 확보를 위해 협력할 공간은 충분히 존재한다"고 설명했다. 한국과 일본이 협력할 수 있는 원자력협력 분야를 개발하고 지속적인 협력관계를 구축하는 것이 장기적인 관점에서 한국의 핵잠재력 확보로 연결될 수 있고, 향후 미국과의 원자력협정 개정 문제 등에서도 공간을 만들 수 있다는 것이다.16

문제는 일본과 손잡고 핵개발 프로젝트를 추진하는 것을 한국인의 정서상 용납할 수

---

16 이우탁, ""한일 양국, 핵잠재력 확보 위해 협력할 공간 충분"", 『연합뉴스』, 2023년 5월 19일.

있느냐이다. 결국 한국내 반일 정서와 식민지의 아픈 상처를 여전히 극복하지 못한 일본 변수가 큰 걸림돌이 될 것이다. 이 경우 북한의 핵무기 위협을 등에 짊어진 한국인들이 북한이냐, 일본이냐를 선택해야 하는 묘한 갈림길에 설 수도 있다.

3. 한반도 핵균형론으로 가는 길

1) 새로운 안보전략의 방향

이처럼 다양한 정책 옵션들이 백가쟁명 식으로 제기되는 상황에서 한국이 추구해야할 새로운 안보전략은 어떻게 설정해야할 것인가. 필자는 '한반도형 핵균형' 또는 '한반도 핵균형론' 이라는 개념과 정책을 제안한다.

한반도형 핵균형 제안의 가장 시급한 과제는 어떠한 경우에도 북한이 한반도내에서 핵균형 상태를 일방적으로 변경하거나 한국에 비해 전략적으로 우월적 지위를 차지하는 상황을 막아야 한다는 것이고, 핵심 목표는 한반도에서 핵전쟁 위협을 제거하는 것이다.

한미 양국 정부가 강구하고 있는 확장억제 방안도 위의 목표 실현에 한치의 오차가 있어서는 안된다. 미국의 대통령이 북한을 향해 "핵공격 시 정권 종말"의 메시지를 던진 만큼 확장억제는 북한의 변화하는 핵전략에 맞춰 실효성있게 전개돼야 한다. 워싱턴 선언에 포함된 한미 NCG의 향후 운용에서 이 문제가 가장 핵심적인 논의사항이 되도록 해야 한다.

그러나 한국 내부적으로는 또다른 준비도 차질없이 해야 한다. 앞서도 살펴봤듯이 북한은 미국 본토를 위협할 다양한 핵공격 카드를 갈수록 고도화하고 있다. 1961년 프랑스의 드골 대통령은 존 F 케네디 미국 대통령을 만났을 때 "파리를 지키기 위해 뉴욕을 희생할 수 있습니까?"라고 했다고 한다. 이제 "서울이 핵공격을 받을 경우 뉴욕의 희생을 감수하면서까지 북한에 핵응징을 할 수 있느냐"는 본질적인 물음을 바탕으로 한국이 할 수 있는 카드를 모두 강구해야 한다. 그 방안은 핵잠재력 확보는 물론이고, 앞서 살펴본 전술핵 재배치 방안, 나아가 독자 핵개발 방안 등이 모두 망라돼야 하며, 이는 철저하게 비밀리에 준비해야하는 작업이다. 이것이 한반도 핵균형이라는 긴급 프로젝트의 첫 번째 단계이다.

이 프로젝트를 추진하는 가장 중요한 축은 무엇이 돼야 할까. 지금까지 살펴본대로 '현재의 지배국' 미국의 향후 행보는 철저하게 중국을 어떻게 압박하고 굴복시키는데 초점이 맞춰져있다. 따라서 미중전략경쟁의 양상에 따라 미국의 선택지가 결정될 것이다. 이런 속성을 축으로 삼아야 한다. 북한이 미중전략경쟁의 틈새를 파고든 것처럼 한국도 미국과 중국 관계의 변화를 잘 활용하는 안보전략을 구사해야 한다.

미중패권경쟁의 시각에서 바라보면 NPT 체제의 미래도 가늠해볼 수 있다. 미중 패권경쟁으로 인해 과거에는 비확산 이슈로 다뤄졌던 북한의 핵무기 개발이 세력균형 이슈로 전환되면서 북한의 핵보유국화가 가속화된 것처럼 현재의 비확산체제를 지탱하는 NPT도 조만간 성격 변화를 할 가능성을 배제할 수 없는 것이다.

중국은 최근 사우디와의 협력을 강화하고 있는데, 그 이면에는 핵문제가 도사리고 있다. 사우디는 오래전부터 미국에 원자력협력을 요구해

왔다. 그 배경은 당연히 중동의 라이벌인 이란의 핵개발 때문이다. 사우디의 실권자인 무함마드 빈 살만 왕세자 겸 총리는 "이란이 핵을 가지면 사우디도 가질 것"이라고 말해왔다. 시아파 종주국이 핵을 갖게 되면 수니파 종주국 사우디도 가져야 한다는 논리인데 이란의 핵 개발을 보며 조급해진 것이다. 이런 틈새를 중국이 파고들어 사우디와의 원자력 협력에 나서고 있는 것이다. 빈 살만 왕세자는 지난해 12월 시진핑(習近平) 주석과 핵 협력 공동성명을 채택했다. 사우디는 올 초 우라늄 채광 및 우라늄 농축 원전 연료 수출 계획을 밝혔다. 우라늄 농축을 통한 핵 개발의 길을 걷겠다는 뜻이다. 중국과 사우디의 원자력 협력은 1970년대부터 유지돼온 NPT 체제가 흔들리고 있다는 것을 의미한다. 미중패권구도 속에서 NPT도 양국 패권경쟁을 위한 수단화의 길을 걷는다면 그 미래는 알 수 없다. 사우디가 핵무기를 갖게 되면 남미·아프리카 국가도 잇달아 중국에 손을 벌릴 것이다. NPT체제를 주도하는 P5 동반자로서의 미중 관계는 패권경쟁 구도하에서 철저하게 반목하게 되고, 이는 핵확산 움직임을 증폭시키는 에너지가 될 수 있다. 중국이 현재 그 길로 가는 것이다. 그렇게 되면 한국의 핵개발을 반대하는 미국도 중국의 움직임에 영향을 받을수 있다는 논리로 연결된다. 사우디가 이란이라는 주적으로 인해 핵개발에 나설 경우, 이미 핵무장을 완성한 북한을 주적으로 삼고 있는 한국은 NPT 조항 10조에 의거한 '자위적 개념'을 정책에 반영할 수 있기 때문이다. 사실상의 '핵 비상사태'에 맞는 실효적 대응에 해당되는 것이다.

핵 자강론을 주창하는 일부 학자들은 향후 한국의 NPT 탈퇴 또는 '이행정지 방안'을 적극 고려해야 할 것이라고 주장한다. 비엔나 협약을 보면, 조약의 위반 외에도 '후발적 이행불능'이나 '사정의 근본적 변경'도 이

행정지를 위한 사유로 원용될 수 있다는 것이다.[17]

　NPT 탈퇴라는 중차대한 문제가 현실의 문제가 됐을 때 반드시 고려해야 하는 것이 바로 '일본 변수'이다. 북한의 핵위협에 가장 취약하고 절박한 나라가 한국과 일본이라 할 수 있다. 따라서 한국 뿐 아니라 일본이 함께 독자 핵개발을 추진할 경우 미국은 한국만을 상대로 제재를 가할 때와는 전혀 다른 고민을 하게 될 것이다.

　한일 양국의 핵무장 추진은 미국이 약속한 대북 확장억제에 대한 신뢰성 문제에서 비롯된 만큼 북한이 남한과 일본을 상대로 한 전술핵무기 실험과 배치에서 새로운 환경을 조성할 경우 한일 양국의 '자위적 비상사태' 논리가 부각될 수 있다. 이럴 경우 미국은 한일 양국에 대해 새로운 대응을 할 수 밖에 없을 것이다.

　물론 세계 유일의 원폭 피해국인 일본의 경우 미국의 확장억제 약속을 저버리고 핵개발에 나설 가능성은 크지 않을 것이다. 그럼에도 북한의 핵위협이 현실의 문제가 될 경우에 대비해 한국은 일본과 '동병상련'의 입장에서 '핵협력'을 할 방안을 강구해야 할 것이다.

　두 번째는 대만 변수이다. 시진핑 중국 국가주석이 4연임을 확정짓는 2026년께 중국이 실제 대만을 침공할 수 있다는 전망이 있는데, 이 경우 한반도에는 어떤 영향이 있을 것인가.

　미국의 싱크탱크인 전략국제문제연구소(CSIS)는 2023년 1월 9일 '다

---

17 대표적인 학자가 세종연구소 소속의 정성장 박사이다. 그는 한국핵자강전략포럼 대표를 맡고 있다. 2023년 2월 15일 토론회에서 그는 한국이 NPT '탈퇴' 대신 '이행정지'라는 카드를 이용하면 국제사회의 직접적인 제재를 피할 수 있다는 논리를 개진했다.

음 전쟁의 첫 전투(The First Battle of the Next War)'라는 이름의 '워 게임' 보고서를 냈다. 2026년 중국이 대만 점령을 목표로 공습과 상륙작전을 감행할 경우를 상정해 24차례의 시뮬레이션을 돌려 그 결과를 공개한 것이다. 어떤 결과가 나왔을까. 미국과 중국 모두 막대한 피해를 입는다. 미군의 경우 이라크·아프가니스탄에서 벌어진 20년 동안의 전투에서 희생된 미군 규모의 절반에 육박하는 수준이다. CSIS는 또한 "중국 해군은 괴멸돼 상륙부대의 핵심이 망가질 것"이라며 "군인 수만 명이 전쟁 포로가 될 것"이라고 전망했다. CSIS는 "미국은 '패배한' 중국보다 더 긴 고통을 겪으며 승리의 대가를 치르게 될 것"이라며 "승리가 전부는 아니다"라고 했다.

결국 중국의 침공 목표 달성은 실패하고 대만은 물론이고 미국 등 관련국들도 큰 손실을 입게되는데 우리가 궁금한 것은 한반도 관련 내용이다.[18] "주한미군의 4개 전투비행대대 중에 2개 대대가 차출돼 전투에 참여할 것"으로 돼있다. 미국이 한국의 의사와 관계없이 한국에 있는 주한미군이 중국과 대만 전쟁에 개입하는 것이다.

또 중국이 대만 포위를 위해 대규모 해군을 동원할 경우 미군은 중국 대륙과 대만에 인근한 오산공군기지와 군산공군기지, 나아가 제주해군기지를 활용할 가능성이 크다고 봐야한다. 이러한 내용을 종합해보면, 대만 전쟁시 우리의 의사와 관계없이 전쟁에 연루될 위험이 매우 크다. 미국이 주한미군이나 역외 군사력을 한국에 전개해 대만 전쟁에 투입하면 중국도 보복에 나설 가능성이 높을 것이다.

---

18 최재서, "'中이 2026년 대만 침공하면…미·중·일·대만 모두 피해 막심'", 『연합뉴스』, 2023년 1월 9일.

북한은 대만 문제와 관련해 중국의 입장을 전적으로 지지하고 있고 조중 우호협력 및 상호원조 조약에는 자동개입 조항까지 있다. 또 북한은 최근 핵무력과 미사일 전력을 대폭 강화하고 있다. 북한의 핵과 탄도미사일은 지리적으로 주한미군과 주일미군을 모두 사정권에 두고 있다. 대만 사태는 중국과 대만, 중국과 미국 뿐 아니라 한국과 북한, 그리고 일본이 모두 개입하는 동아시판 대충돌로 비화될 수 있는 것이다.

세 번째의 축은 미중 관계의 미래가 과연 과거의 냉전과 같은 제로섬 게임으로 갈 것인지, 아니면 새로운 길을 열어나갈 것인지를 잘 분석하고 한국의 대응을 조율해야 한다는 점이다.

미국 외교계 원로 헨리 키신저 전 미국 국무장관은 100세를 앞두고 영국 주간지 이코노미스트와 진행한 인터뷰(2023년 5월 17일자)에서 "인류의 운명은 미국과 중국이 잘 지내느냐에 달려있다"라며 "5~10년 안에 전쟁을 피할 방법을 찾아야 한다"라고 말했다. 현재와 같은 패권경쟁이 가열될 경우 "향후 5~10년 안에 '3차 세계대전'이 벌어질 수 있다"는 경고에 방점을 찍을 수도 있지만, 미중 화해의 길을 개척한 그의 과거 행적을 생각하면 공존을 위한 실리적 해법을 주문한 것으로 받아들여진다.

재닛 옐런 미국 재무장관도 2023년 4월 20일 존스홉킨스대학에서 한 연설에서 "미국은 중국과의 디커플링(분리)을 원하지 않는다. 그것은 재앙 같은 결과를 초래할 것이기 때문이다."라고 말했다. 옐런 장관은 더 나아가 "미국과 중국 경제는 너무도 긴밀하게 연결되어 있다. 공생의 길을 찾을 필요가 있고, 찾을 수 있다"고도 강조했다.[19]

---

19 이우탁, "미중 신냉전, 구냉전과 차이는…"경쟁하지만 서로 연결돼 있어"", 『연합

이처럼 미국과 중국이 벌이는 패권경쟁을 과거 냉전 시대의 미·소 관계와 다른 측면에서 바라보는 시각이 최근 들어 점차 늘고 있다. 대표적으로 최근 유럽연합(EU)이 강조해온 새로운 대중 접근법인 '디리스킹(de-risking·위험 제거)'을 들 수 있다. 디커플링(분리)과 대비돼서 최근 많이 언급되는 디리스킹은 중국과 완전히 결별하는 것이 아니라 중국발 리스크를 관리해나가자는 취지로 제안된 개념이다. 이 개념은 구 냉전 시절 협력의 여지를 철저히 외면했던 미국·소련 관계와 현재의 미국·중국 관계는 근본적인 속성이 다르다는 점을 배경으로 하고 있다. 실제로 과거 냉전의 두 축이었던 미국과 소련은 군사와 경제, 이념의 영역에서 철저히 분리돼 있었고, 세계를 둘로 나누고 분리된 진영 내에서만 내부거래에 집중하는 모습을 보였다.

그러나 미국과 중국은 여전히 경제적으로 밀접하게 연결돼있다. 중국의 미국 국채 보유량도 지난 2월 말 현재 8천 488억 달러(약 1천 124조원)에 달한다. 이 수치는 최고치였던 2013년 1월의 1조 3천 167억 달러 대비 35.6%나 감소한 것이다. 미국의 전방위 압박에 맞서 중국이 미국 국채 보유량을 급속히 줄이자 미국 금융시장이 흔들리고 있다는 분석도 나온다.

옐런 장관의 발언은 미국의 중국을 압박하고 견제할수록 미국도 피해를 보는 이른바 '신(新) 냉전'의 작동원리를 보여주는 장면이다. 이에 따라 신냉전과 구냉전의 공통점과 차이점을 두고 새로운 담론이 진행되고 있다. 대립하는 두 강대국이 경쟁하는 점에서는 유사하지만, 구냉전에서는 자본주의와 사회주의의 대결이나 핵무기 보유고 등을 두고 철저히 분리된 채 경쟁하는 양상이었다면, 신냉전에서는 민주주의와 전체주의라는 가치의 충돌을 바탕으로 하면서도 경제·국제관계에서 서로 긴밀히 연결된 채 경쟁하고 있다는 것이다. 미국이 패권에 도전하는 중국을 자국이 주도하는 세계 첨단기술 공급망에서 퇴출하는 수단까지 동원하고 있지만, 양국 교역은 여전히 증가하고 있다. 또 대만 문제로 으르렁대면서도 양국 간 고위인사 교류는 이어지고 있다.

이처럼 신냉전의 속성이 과거의 냉전과 다르긴 하지만 미국과 중국의 패권경쟁은 본질적으로 일방의 굴복을 전제로 한 패권싸움이다. 과거 냉전시절과 다른 양태이지만 양국은 서로를 향해 언제든 급소를 날리려 하고 있고, 주변 동맹국들을 주저없이 개입시키고 있다. 이런 속성은 앞에서 자세히 살펴본 바 있다.

한반도형 핵균형을 도모하기 위해서는 미국과 중국의 충돌이 앞으로 어떻게 전개될 지를 잘 분석하면서 한국민의 생존을 확보하는 전략을 구사해야 한다. 결국 미중 패권경쟁 구도 속에 한국은 필연적으로 연결될 수밖에 없는 운명이다. 북한이 그러했던 것처럼 한국도 미중패권경쟁의 구도에 행위자로 가세하는 것이다.

앞에서 살펴봤듯이 인도가 사실상 핵보유국으로 미국으로부터 '묵인'받은 결정적인 변수는 중국을 압박할 전략적 가치에서 비롯됐다는 것을 상기할 필요가 있다. 테러와의 전쟁에서 전략적 가치를 확보한 파키스탄 사례도 마찬가지이다.

아울러 북한이라는 숙명적인 적대국이 핵무기를 보유한 상황은 인도와 파키스탄이 서로를 향해 '공포의 핵균형'을 유지할 필요에 따라 핵무기를 보유하게 된 역사도 충분히 한반도 상황에 적용할 만하다.

미국이 패권도전국으로 설정한 중국을 견제하고 압박하기 위해 통합 억제를 동원하고, 그 핵심 동맹국으로 일본과 한국을 설정한 것을 역이용하는 것이다. 만약 대중국 압박을 위한 전략적 가치, 그리고 북한에 대한 핵균형을 위한 명분 등에 의해 한국의 핵무기 개발이 미국에 의해 일정정도 용인될 경우에는 이스라엘이 취했던 'NCND 독트린'이 유효해질 수 있다. 한국(그리고 일본)이 핵무기를 보유하게 되더라도 그 사실을 절대 공개적으로 언급하지 않으며 '보이지 않는 전략적 균형'을 유지할 경우 한반도내 핵균형을 유지하면서도 미국과 국제 비확산체제에 던질 파장을 최소화할 수 있다는 장점이 있다.[20]

　　그리고 한국(그리고 일본)의 핵개발 계획은 어디까지나 북한의 핵불균형이 해소될 때까지만 유효한 정책이며, 북한과의 비핵화가 합의될 경우 북한이 보유하는 핵무기와 관련 프로그램, 시설 등과 함께 한국의 핵관련 물질과 프로그램도 비핵화 대상에 포함된다는 점도 분명히 해야 한다. 한반도 핵균형 정책의 궁극적 목표가 한반도 비핵화(북한의 핵보유국화 무력화)

---

20 라몬 파체코 파르도 킹스칼리지런던 국제관계학과 교수·브뤼셀자유대 KF-VUB 한국학 석좌교수는 미 외교 전문지 포린폴리시 기고문(2023년 3월 16일)에서 "이스라엘은 공개적인 핵실험을 자제했음에도 불구하고 핵무기를 보유하고 있는 것으로 널리 인정받고 있다"고 했다. 그러면서 "한국 군은 (핵무장과 관련한) 귀중한 자료를 수집하기 위해 최소한 한 번의 (공개) 핵실험을 하는 것이 이상적일 것"이라면서도 "(핵실험) 대신 이스라엘의 선례를 따라 민간 핵 에너지 노하우, 컴퓨터 모델링, 그리고 북한을 포함한 다른 나라들의 핵실험으로부터 수집된 자료들에 의존해 자체 (핵) 프로그램을 개발할 수 있을 것"이라고 했다. 그는 "이는(핵실험 없는 비밀 핵무장) 한국이 받을 평판의 타격을 확실히 줄일 것"이라고도 했다. 조선일보, 3월 17일 "'한국 核무장 많은 사람들 이해할 것…이스라엘 선례 따르면 타격 줄일 수 있어' 워싱턴=이민석 특파원.

라는 점을 부각시키는 것이다. 이는 국제비확산체제의 유지, 즉 NPT 체제의 미래와도 직결되는 문제로 미국 이외의 P5 국자들(영국과 프랑스 등)의 입장도 고려한 것이다.

필자는 확장억제에 대한 한국내 불신 여론이 고조되고, 전술핵재배치 방안도 현실화될 수 없을 경우 한국내 독자 핵무장 여론은 시간이 갈수록 고조될 것이라고 본다. 북한의 다탄두 대륙간 탄도미사일 개발이 완료되는 향후 수년 이후에는 걷잡을 수 없는 상황이 올 수도 있다.

따라서 독자 핵무장 방안도 한반도 내 핵균형 구축 차원에서 정교한 논리를 개발해 놓아야 할 것이라고 생각한다. 미국의 예민한 반응을 감안해 이 과정은 철저하게 비공개로 진행해야 하며, 미국과의 NCG 채널 등을 통해 최대한 '외교적 용어'로 포장해야 할 것이다.

거듭 강조했듯 중국 견제에 외교정책의 최우선 가치를 부여하는 미국인만큼 한국의 잠재적 핵능력의 보유는 중국은 물론 북한과 중국의 동맹관계를 흔들 수 있다는 논리를 마련하는 것이 필요할 것이다.

미국은 쉽사리 한국의 독자 핵무장과 관련된 프로젝트를 허용하지 않을 것이다. 이럴 때 우회할 다른 카드도 준비해야 한다. 그것이 바로 '핵잠재력 구축' 방안이다. 그 구체적인 내용은 앞에서 살펴봤다. 지금부터 내부적으로 착실하게 잠재적 핵능력 개발을 위한 투자에 나서야 한다.

2) 한반도 핵균형론과 2050년 한반도 비핵화 목표

따라서 미래에 대비한 정교한 전략을 수립해야 한다. 만일 독자적 핵무장을 추진해야할 절박한 상황이 된다면 한국의 핵무장이 북한을 압박하는 '비핵화 카드'로 활용할 수 있다는 논리를 제시해야 할 것이다. 비핵화 협상의 설계도를 이제는 사실상 '핵군축 협상' 설계도로 확장하는 것이다. 남북 핵감축 협상을 통해 이처럼 북한의 핵무기가 줄어들게 되면, 그에 맞춰 유엔안보리의 대북 제재도 완화될 수 있다. 이 공간에서 한국 정부는 단계적으로 남북교류협력을 복원하고 확대하는 방향으로 나아갈 수 있을 것이다. 남북관계 측면에서도 한국의 위상이 제고되는 방안이 되는 것이다.

북·미·중 전략적 삼각관계에 한국이 적극 개입하려면 북한에 대한 레버리지가 강화돼야한다. 남북 간의 협상공간이 존재할 경우 한국의 입지는 그만큼 커지는 것이다. 1990년대 남북 핵공동통제위가 활동하던 시기를 생각하면 쉽게 이해된다. 한국이 한반도 문제의 직접 당사자로서 위치할 경우 한국은 북한에 대한 확실한 수단을 가질 수 있다.

주요 비핵화 방안

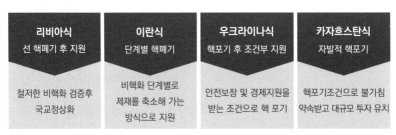

리비아식	이란식	우크라이나식	카자흐스탄식
선 핵폐기 후 지원	단계별 핵폐기	핵포기 후 조건부 지원	자발적 핵포기
철저한 비핵화 검증후 국교정상화	비핵화 단계별로 제재를 축소해 가는 방식으로 지원	안전보장 및 경제지원을 받는 조건으로 핵 포기	핵포기조건으로 불가침 약속받고 대규모 투자 유치

한국형 핵군축이라는 관점에서 볼 때 북한이 하노이 북미 정상회담에서 제안했던 '영변 핵폐기' 방안은 향후 국면에서 정교하게 분석해야할 것이다. 북한 스스로 제안했던 방안인 만큼 앞으로 국면이 전환되면다시 제기될 사안이기 때문이다.

영변 핵시설 폐기를 위해 현지에 IAEA 사찰단이 접근하면 북한의 핵활동 과거에 대한 정보를 상세히 파악할 수 있다. 영변 외에 비밀리에 운영되고 있는 것으로 알려진 핵시설은 다음 단계의 '폐기 대상'으로 설정하고 단계적 비핵화 접근법을 강구하는 것도 필요하면 옵션에 넣어야 한다. 이는 북한이 원하는 대북제재와도 깊은 연계성이 있다.

그 과정을 한국이 미국과 중국 사이에서 주도할 경우 전략적 삼각관계 또는 사각관계에서 한국의 역할이 강화되는 것이다. 결국 미중전략경쟁의 추이를 정확하게 포착해 이에 맞는 핵정책을 구사해야 한다 .과거의 미소 냉전과 달리 미국과 중국은 상호 연계성이 강한 구도하에서 전략경쟁을 벌이고 있다. 이런 속성을 한국도 중시해야 하는 그런 국면이다.[21]

미중전략경쟁이 어떤 양상으로 진행되든 그 과정은 단기간에 끝나지 않을 것이다. 과거 미소 냉전을 경험을 떠올려보면 최소한 수십년의 시간이 소요될 것으로 전문가들은 보고 있다. 그 기간 동안 북한은 핵보유국으로 한국과 일본을 향한 핵위협을 서슴지 않을 것이고, 양국의 국민들의 불안은 커질 것이다.

따라서 한반도 핵균형 정책을 시기별로 구분해 미국의 확장억제 강

---

21 이우탁, "공존 배워라" 키신저의 '미중관계 제언'과 G7 공동성명", 연합뉴스, 2023년 5월 22일.

화 뿐 아니라 미국의 전술핵 재배치, 한국식 핵공유나 무기급 핵물질의 한국내 배치(최소억제 확보), 궁극적으로는 자체 핵개발(미국의 동의 전제) 등의 정책 옵션들을 상정해놓는 것이 반드시 필요하다.

미국과 중국의 전략경쟁이 결국 현재의 패권국 미국이 승리하는 방향으로 정리될 경우 적극적으로 미국과 함께 '한반도형 비핵화'를 추진할 수 있다. 이 경우 완성된 북한의 핵무력은 과거 남아공이나 우크라이나가 선택했던 핵폐기와 유사하게 핵폐기로 유도할 적극적인 정책을 펼쳐야할 것이다.

향후 미국과 중국의 패권 경쟁의 양상에 따라 북한의 안보 환경도 달라질 것이고, 최고지도자의 결단에 의해 보유하고 있는 핵무기를 스스로 폐기하는 상황을 현실화해야 한다.

미국도 중국의 도전을 물리치는 상황이 되면 북한핵에 대한 더 이상의 활용 전략에서 벗어나 적극적으로 한반도(남북한 모두의) 비핵화 정책을 추진할 수 있게 된다.

이를 위해 다시 '한반도 비핵화 실현'이라는 최종 목표를 제시해야 한다. '한반도형 핵균형' 정책의 목표 시한을 '2045년이나 2050년'으로 제시하는 것도 고려할만 하다.

2045년과 2050년은 한반도의 해방과 한국전쟁의 100주년이 되는 해이다. 이는 남북한의 특수한 상황을 염두에 둔 정책 시간표라 할 수 있는데, 남북한이 함께 핵폐기에 나서든, 아니면 제4의 사실상의 핵보유국으로 존재하든 한반도의 특수한 지정학적 가치를 상정한 정책이라 할 수 있다.

중국에게도 1992년 한중 수교 당시 한국이 중국과 수교한 중요한 이유 중 하나가 북한의 비핵화를 유도하기 위한 것이었음을 상기시키면서 중국이 북한의 비핵화를 위해 노력하지 않는다면 한국도 자위적 차원에서 독자적 핵개발 또는 미국의 확장억제력을 증강시킬 수밖에 없다는 논리로 대응해야 한다. 북한의 핵무력 보유로 인해 한국, 나아가 일본과 대만까지 핵확산의 여파가 미치는 것을 중국은 가장 경계할 것이다. 전략경쟁을 벌이고 있는 미국과 중국에게 모두 핵균형을 향한 한국 국민의 절박한 의지를 외교적 수단으로 활용해야 한다.

넓게 보면 미국이 한국전쟁이후 전술핵을 한반도 배치했던 1957년부터 전술핵을 철수했던 1991년이라는 30여 년간의 역사, 그리고 북한의 핵개발과 이를 저지하려했던 지난 30년의 역사를 뒤로 하고, 북한의 핵무력 완성(2017년) 이후 향후 30년의 시간을 다시 한반도 비핵화로 돌아가는 목표를 실현하는 기간으로 제시하는 의미가 있다.

마지막으로 북핵 문제와 깊게 연계돼 있지만 남북한의 특수한 관계에서 추진할 수 있는 경제협력이나 대북 지원 정책은 적극적으로 추진해 한국의 북한에 대한 레버리지를 강화해야 한다. 북한이 호응할 수 있는 방안이 일시적으로 추진될 경우에는 그것대로 추진해 한국이 한반도 정책의 주요한 행위자로서의 위상을 강화해야 할 것이다.

'한반도형 핵균형' 패러다임에는 과거 한반도(북한) 비핵화 정책 때와 마찬가지로 '협상 목표와 전략', 그리고 '기본 접근법' '단기 → 중기 → 장기 시간표' 등이 망라해서 정리돼야 한다. 한반도내 무너진 핵균형에 실효적으로 대응하면서 어떤 상황에서도 한국민의 생존과 안전을 도모하는 시대적 과제를 실천해야 한다.

서울 상공에 핵폭탄이 떨어지는 상상하기도 싫은 악몽에서 벗어나

한 세대 내에 '핵없는 한반도', 나아가 평화와 번영의 한반도를 실현하는 것은 현재를 살아가는 우리들의 절박한 과제인 것이다.

맺음 말

　대학에서 중국 현대사를 공부한 필자는 학부 졸업 이후 중국 쪽으로 유학해 중국사 전공 학자가 되고 싶었다. 그러나 당시 한국과 중국은 외교관계가 없었고, 베이징대학이나 칭화대학으로 유학 간다는 일은 상상하기 어려웠다. 그래서 홍콩과 대만 주요 대학으로의 유학 방법을 찾아보다가 여의치 않아 결국 미국 시애틀 소재 워싱턴 주립대학교 잭슨스쿨 국제관계대학원을 선택지로 했다.

　이 대학은 미국 내 대학에서 동양학 연구수준이 최정상인 학교였고, 미국 내 한국학의 태두로 여겨지던 제임스 팔레 교수(지도교수)가 계신 곳이었다. 또 당시 한국전쟁과 한국 근현대사의 연구에 새로운 시각을 던진 『한국전쟁의 기원』이라는 책으로 한국의 젊은 세대에 큰 인기를 끌었던 브루스 커밍스 교수가 있던 곳이기도 했다.

　그때가 1989년 6월이었다. 직선제 개헌과 88 서울올림픽이 끝난 직후였고, 마침 그때 평양에서 열릴 예정인 세계청년학생축전을 앞두고 있었다. 미국 대학 중에서도 아름답기로 유명한 워싱턴주립대(UW)의 눈부신

캠퍼스를 가로질러 팔레 교수님의 연구실을 처음 찾아갔을 때 그의 방문에 걸려있던 '김대중 연설 사진'이 지금도 눈에 선하다.

철옹성 같을 줄 알았던 동서 냉전이 한순간에 붕괴되고, 소련 연방이 해체되고 공산주의 국가들이 스스로 자본주의 진영으로 '귀화(?)'하는 장면을 미국 현지에서 지켜본 것은 충격이었다. 1980년대에 대학을 다닌 사람이라면 이 감정을 충분히 이해하리라고 생각한다.

석사학위를 받고 박사 과정 입학을 하려다 일단 군대 문제를 해결하기 위해 1991년 봄 귀국했다. 그런데 일이 꼬였다. 다시 학교로 돌아가지 못했다. 제대와 함께 "국제부 기자 경험을 쌓아봐야겠다"며 얼떨결에 시험을 본 것이 연합통신 입사로 이어졌다.

1994년 봄은 1차 북핵 위기가 최고조의 위기상황으로 치닫고 있던 때였다. 그때 지미 카터 전 미국 대통령이 전격적으로 평양을 방문해 김일성 주석과 만났다. 갑자기 평화와 화해의 기류가 퍼져갔다. 미국과 북한 간 고위급 회담이 급물살을 탔고, 남북한 간에는 역사적인 정상회담이 합의됐다. 그러다가 갑자기 7월 8일 김일성 주석이 사망한다. 그때 '변화와 개혁'을 기치로 내걸고 국정운영에 큰 자신감을 갖고 있던 김영삼 대통령과 김일성 주석간 정상회담이 성사됐다면 역사는 어찌됐을까. 지금도 아쉽고 궁금한 대목이다.

'기자의 맛'을 본 뒤부터 학문의 꿈이 희미해졌다. 첫 경험이 중요하다고 했던가. 필자는 첫 출입처였던 외교부의 최대이슈였던 북핵 문제에 천착해갔다. 북핵 문제는 한국 외교의 지평을 글로벌화시킨 이슈라고 생각한다. 필자는 북핵 문제 해결과 통일 과정이 함께 오기를 염원했다.

제네바 핵합의의 도출, 그러다가 미국의 네오콘을 앞세운 아들 부시 대통령 등장 이후 전개된 2차 북핵 위기, 이어진 북핵 6자회담(2003~2008)이 진행됐다. 외교부 출입기자와 중국 특파원을 하면서 대부분 취재현장을 지켰다. 오바마 미국 대통령으로 등장으로 '전략적 인내'로 북한을 사실상 방치할 때는 미국 워싱턴 특파원으로 있었다. 그때 미국은 북핵 이슈는 물론이지만 서서히 미국의 패권도전국으로 성장하는 중국이 더 큰 관심대상이었다.

그렇게 기자로 30년의 세월이 흘러갔다. 현역 기자생활을 마치기 전에 반드시 박사학위를 마치겠다는 자신과의 약속을 석사 학위 이후 32년 만에 지켰다. 소박하나마 성취감을 느낀다.

제국주의 열강의 제물로, 곧이어 세계 동서냉전의 희생양으로 동족상잔의 큰 전쟁까지 치르고, 치열한 체제경쟁을 하고도 여전히 분단도 해소하지 못한 한반도의 현실을 기록하는 것은 학자든 기자든 이 시대를 살아가는 사람들이 해야 할 일이라고 믿는다. 형태는 다르지만 역사학도로서 마지막 할 일이 남아있다면 주저하지 않고 할 것이다.

참고문헌

1. 북한문헌

가. 단행본

조선중앙통신사.『조선중앙년감 1973』. 평양: 조선중앙통신사, 1973.

조선중앙통신사.『조선중앙년감 1981』. 평양: 조선중앙통신사, 1981.

나. 기타

『노동신문』,『조선중앙통신』등 북한 공식 매체 보도

2. 국내문헌

가. 단행본

권태영 외.『북한 핵·미사일 위협과 대응』. 서울: 북코리아, 2014.

김운태.『정치지리학 원론』. 서울: 박영사, 1983.

김흥규 외.『미국 바이든 행정부 시대 미중 전략경쟁과 한국의 선택 연구』.
　　　　세종: 대외경제정책연구원, 2021.

대한민국 국방부.『2020 국방백서』. 서울: 다니기획, 2020.

러쉬 도시. 박민희·황준범 역.『롱 게임: 미국을 대체하려는 중국의 대전략』.
　　　　서울: 생각의 힘, 2022.

로베르트 융크 저. 이충호 역, 『천개의 태양보다 밝은 우리가 몰랐던 원자과 학자들의 개인적 역사』. 서울: 다산사이언스, 2018.

마이클 돕스 저, 홍희범 역 『1945 -20세기를 뒤흔든 제2차 세계대전의 마지막 6개월』 서울: 모던아카이브, 2018.

박기덕·이상현. 『북핵문제와 한반도 평화체제』. 성남: 세종연구소, 2008.

박영준. 『미중 간 해양경쟁관 아태지역 안보질서 전망』. 서울: 동아시아연구원, 2016.

밥 우드워드. 『공포: 백악관의 트럼프(Fear: Trump in the White House)』. 서울: 딥인사이드, 2019.

백학순. 『제2기 오바마정부 시기의 북미관계 2013~2014: 핵무기 사용위협과 관계의 파탄』. 성남: 세종연구소, 2014.

브루스 W. 베넷·최강·고명현·브루스 E. 백톨·박지영·브루스 크링너·차두현. 『북핵 위협, 어떻게 대응할 것인가』. 서울: 아산정책연구원-미국 랜드연구소, 2021.

서재진·이수훈·신상진·조한범·양문수. 『세계체제이론으로 본 북한의 미래』. 서울: 황금알, 2004.

신욱희. 『삼각관계의 국제정치: 중국, 일본과 한반도』. 서울: 서울대학교 출판문화원, 2017.

이강덕. 『한미저널 10호』. 서울: 한미클럽, 2022.

이용준. 『대한민국의 위험한 선택』. 서울: 기파랑, 2018.

이용준. 『북핵 30년의 허상과 진실』. 파주: 한울아카데미, 2018.

이우탁. 『오바마와 김정일의 생존게임-6자회담 현장의 기록』. 서울: 창해, 2009.

이우탁·박한진.『프레너미: 한국의 신좌표, 미국인가, 중국인가』. 서울: 틔움, 2016.

전병서.『중국 100년의 꿈, 한국 10년의 부』. 서울: 참돌, 2016.

전현준·김국신·정영태·최수영·김진환.『북한의 국력 평가 연구』. 서울: 통일연구원, 2009.

정규섭.『북한외교의 어제와 오늘』. 서울: 일신사, 1995.

정진위.『북방삼각관계: 북한의 미중소 관계를 중심으로』. 파주: 법문사, 1987.

조너선 페터봄. 이상국 역『천 개의 태양보다 밝은』. 서울: 서해문집·2013.

조성렬.『전략공간의 국제정치』. 서울: 서강대학교 출판부, 2017.

카이 버드, 마틴 셔윈, 최형섭 역.『아메리칸 프로메테우스:로버트 오펜하이머 평전』. 서울:사이언스북스, 2010

한스 모겐스. 이호재 역.『현대국제정치론』. 서울: 법문사, 1993.

나. 논문

구갑우.“북한 핵담론의 국제정치: 북한적 핵 개발의 이유와 김정은 정권의 핵 담론.”『동향과 전망』제99권(한국사회과학연구회, 2017).

구갑우.“제2차 북미 핵협상의 담론적 기원: 2002년 10월 3일~11월 26일, 말의 공방과 담론의 생태계.”『한국과 국제정치』제30권 4호(경남대학교 극동문제연구소, 2014).

권운영 외.“시진핑 제19차 당대회 보고 주해.”『중국학논총』제58권 58호(고려대학교 중국학연구소, 2017).

김갑식.“북한 경제·핵무력 병진노선의 특징과 평가.”『현안보고서』제203

호(국회입법조사처, 2013).

김남성. "중국의 對 패권국 관계와 북·중동맹 변화: 비대칭동맹과 동맹안보 딜레마 중심으로." 고려대학교대학원 박사학위논문, 2019.

김용현. "선군정치와 김정일 국방위원장 체제의 정치변화." 『현대북한연구』 제8권 3호(북한대학원대학교, 2005).

김우상. "세력전이와 동아시아 안보질서에 관한 경험적 연구." 『한국정치학회보』 제35집 4호(한국정치학회, 2002).

김일한. "북한의 경제개혁 논쟁: 가치법칙의 재해석 -중국과의 비교-." 『통일정책연구』 제21권 1호(통일연구원, 2012).

김진하. "김정은 북핵(北核)외교 담론분석: 대미전략을 중심으로." 『전략연구』 제28권 2호(한국전략문제연구소, 2021).

김태우. "핵확산 이론과 한국 핵무장의 이론적 당위성." 『국방정책연구』 제11호(한국국방연구원, 1990).

김흥규. "미국의 대중 정책 변환과 새로운 냉전의 시작?." 『국제정치논총』 제58권 3호(한국국제정치학회, 2018).

김흥규. "21세기 변화 중의 미중관계와 북핵문제." 『한국과 국제정치』 제27권 1호(경남대학교 극동문제연구소, 2011).

나호선·차창훈. "제재이론과 대북제재 효과에 대한 비판적 검토: 피제재국의 대응을 중심으로." 『동북아연구』 35권 1호(조선대학교 동북아연구소, 2020).

라운도. "핵보유 선언이후 인도-파키스탄의 갈등해소 노력 고찰." 『남아시아연구』 제15권 제3호(한국외국어대학교 인도연구소).

박민·원재천·전은주. "핵확산금지조약(NPT) 실효성 강화를 위한 국제법적

고찰-NPT 제10조 및 탈퇴국의 의무와 책임을 중심으로."『국제법
학회논총』제66권 1호(대한국제법학회, 2021).

박순성. "1960-70년대 남북한의 체제경쟁과 북한의 경제성장전략."『북한
학연구』제15권 2호(동국대학교 북한학연구소, 2019).

박원곤. "연속된 '균형'(balancing): 김정은 시기 대미전략 10년."『한국국가
전략』제7권 2호(한국국가전략연구원, 2022).

박홍서. "북핵위기시 중국의 대북 동맹안보딜레마 관리 연구: 대미관계 변
화를 주요 동인으로."『국제정치논총』제46집 1호(한국국제정치
학회, 2006).

박휘락. "북핵 고도화 상황에서 미 확장억제의 이행 가능성 평가."『국제관
계연구』제22권 2호(고려대학교 일민국제관계연구원, 2017).

박휘락. "'핵무력 완성'이후 북한의 한미동맹 무력화 전략-최소억제와 평
화협정."『통일전략』제18권 3호(한국통일전략학회, 2018).

박휘락. "협상이론에 의한 미북 하노이 회담의 분석과 함의."『아태연구』
제26권 3호(경희대학교 국제지역연구원, 2019).

변창구. "북한의 제6차 핵실험에 대한 인식과 대응: 현실주의적 관점에서."
『통일전략』제17권 4호(한국통일전략학회, 2017).

서보혁. "김정은 정권의 혼합외교: 선군인가, 선경인가." 북한연구학회
기획, 우승지 편저.『김정은 시대의 정치와 외교』서울: 한울,
2014.

서보혁. "탈냉전기 한반도 안보질서 변화에 관한 연구: 남·북·미 전략적 삼
각관계를 중심으로."『국가전략』제14권 2호(세종연구소, 2008).

서보혁·안소연. "김정은 정권의 핵정책 10년의 패턴과 특징: 남북미 전략적

삼각관계를 중심으로." 『담론201』 제25권 3호(한국사회역사학회, 2022).

서진영. "부강한 중국의 등장과 중국 위협론." 『한국과 국제정치』 제18권 3호(경남대학교 극동문제연구소, 2002).

손문수. "북한 핵정책의 지속성과 변화에 대한 연구(1991~2018): 실존적 억지에서 최소억지로." 영남대학교 박사학위논문, 2019.

손용우. "신현실주의 관점에서 본 북한의 핵정책: 생존과 안보를 위한 핵무장 추구." 『국제정치논총』 제52집 3호(한국국제정치학회, 2012).

신범철. "2018~2019 비핵화 프로세스를 통해 본 북한의 전략적 의도 분석." 『전략연구』 제26권 2호(한국전략문제연구소, 2019).

신상진. "미·중 전면적 전략 경쟁시대 중국의 대북정책과 북·중관계: 미·중관계와 북·중관계의 연관성." 『국방연구』 제63권 4호(국방대학교 안보문제연구소, 2020).

신욱희. "다자주의의 동아시아 적용의 문제." 『한국과 국제정치』 제25집 1호(경남대학교 극동문제연구소, 1997).

신욱희. "북미관계와 한반도 평화체제: 역사적 고찰." 『한국정치외교사논총』 제33권 2호(한국정치외교사학회, 2012).

엄상윤. "북한의 핵보유국 지위 획득은 가능한가? -인도·파키스탄·이스라엘의 사례 분석을 토대로." 한국평화연구학회 학술회의, 2014.

오용현. "이스라엘 핵 위협 인식과 전략선택의 메커니즘." 경기대학교 박사학위논문, 2019.

유기홍. "김정은의 정상회담 전략 연구." 『현대북한연구』 제22권 2호(북한

대학원대학교, 2019).

유성욱. "北韓의 核政策 動學에 관한 理論的 考察." 고려대학교 대학원 박사학위논문, 1996.

유진석. "케네스 월츠의 핵확산 낙관론과 북한 핵문제." 『한국과 국제정치』 제34권 2호(경남대학교 극동문제연구소, 2018).

이근욱. "핵무장 이후의 도발과 경쟁: 인도/파키스탄 분쟁의 이해." 『전략연구』 제27권 1호(한국전략문제연구소, 2020).

이병철. "한국 핵무장 담론의 새로운 방향 모색." 『국방연구』 제63권 2호(한국국방연구원, 2020).

이상만·김동찬. "미국 미사일 방어 시스템 구축에 대한 중국의 인식과 대응: 사드 문제에 대한 시사점." 『현대중국연구』 제19권 2호(현대중국학회, 2017).

이상숙. "김정일-후진타오 시대의 북중관계: 불안정한 북한과 부강한 중국의 비대칭 협력 강화." 『한국과 국제정치』 제26권 4호(경남대학교 극동문제연구소, 2010).

이상숙. "북-미-중 전략적 삼각관계와 제2차 북핵위기: 북한의 위기조성 전략을 중심으로." 『국제정치논총』 제49권 5호(한국국제정치학회, 2009).

이상현·정재흥. "사드 배치 발표 이후 중국의 인식과 한국의 대응." 『세종정책브리프』 정책브리핑 2016-18(세종연구소, 2016).

이상환. "인도-파키스탄과 브라질-아르헨티나의 핵정책 비교연구: 핵무장 강행 및 포기 사례의 분석." 『남아시아연구』 제10권 2호(한국외국어대학교 인도연구소, 2004).

이수형. "미국의 미사일방어정책: 역사적 고찰과 전략적 함의."『한국과국 제정치』제32권 3호(경남대학교 극동문제연구소, 2016).

이승렬. "북핵 해결을 위한 '제재'와 '협상'의 실패 요인 분석: 북·미·중의 전략적 삼각관계론을 중심으로."『평화학연구』제11권 3호(한국 평화연구학회, 2010).

이영종. "북한 김정은 정권의 국가목표와 군사정책 방향: 새로운 위협요소 의 등장과 한국의 대응전략."『전략연구』제27권 1호(한국전략문 제연구소, 2020).

이우탁. "미중 전략경쟁과 북·미·중 전략적 삼각관계의 변화-제3차 북핵 위기를 중심으로."『북한학연구』제17권 1호(동국대학교 북한학 연구소, 2021).

이우탁. "미중전략경쟁과 북한의 '사실상' 핵보유국화 상관성 연구."『한국 과 국제사회』제6권 2호(한국정치사회연구소, 2022).

이장욱. "북한의 '사실상 핵보유국' 지위획득 가능성 연구: 기존 사실상 핵 보유국 사례를 토대로."제10권 2호(한국외국어대학교 글로벌정 치연구, 2017).

이정남. "냉전기 중국의 대북정책과 북중 동맹관계의 동학."『평화연구』제 19권 1호(고려대학교 평화연구소, 2011).

이정철. "미국의 재균형화와 북한의 수정주의 국가화."『유라시아 연구』제 10권 4호(아시아·유럽미래학회, 2013).

이종주. "북한 핵정책의 변동성 연구(1991~2016): '제한적 편승'에서 '전면 적 내부균형'으로." 북한대학원대학교 박사학위논문, 2018.

임수호. "대북 경제제재와 북한의 적응력."『이슈브리프』384호(국가안보

전략연구원, 2022).

임수호. "북한의 대미 실존적 억지·강제의 이론적 기반."『전략연구』제40
　　호(한국전략문제연구소, 2007).

장노순. "사이버 무기와 국제안보."『JPI 정책포럼』104호(제주평화연구원,
　　2012).

장노순. "약소국의 갈등적 편승외교정책: 북한의 통미봉남 정책."『한국정
　　치학회보』제33집 1호(한국정치학회, 1999).

장석준. "북한·인도·파키스탄의 핵무장 정책 동인을 통해 본 북한의 핵보유
　　국 지위 가능성."『Journal of North Korea Studies Journal of North
　　Korea Studies』제4권 2호(고려대학교 공공정책연구소, 2018).

장시영·남궁영. "미중갈등 속 바이든 행정부의 대북정책 전망."『세계지역
　　연구논총』제39집 4호(한국세계지역학회, 2021).

전봉근. "북한 '핵보유국법'과 '핵무력정책법'의 비교 평가와 한국의 대응
　　책 모색."『주요국제문제분석』2022권 28호(국립외교원 외교안보
　　연구소, 2022).

전성훈. "북한의 核 독점 시대에 우리의 대응: 미국 전술핵의 한반도 재배
　　치."『이슈브리프』2017~23(아산정책연구원, 2017).

정성장. "북한의 핵지위통제체계와 핵무기 사용 조건의 변화 평가: 9.8 핵
　　무력정책 법령을 중심으로."『세종논평』2022-06(세종연구소,
　　2022).

조병제. "북한–미국–중국의 전략적 삼각관계 형성과정: 1989~1994년간 북
　　한의 대중 및 대미정책 변화를 중심으로." 북한대학원대학교 박사
　　학위논문, 2019.

주동진. "한국의 대북정책과 북-미-중 전략적 삼각관계." 『국제정치논총』 제58집 4호(한국국제정치학회, 2018).

최용환. "북한의 대미 비대칭 억지·강압 전략: 핵과 미사일 사례를 중심으로." 서강대학교 정치외교학과 박사학위논문, 2003.

최용환. "북한의 연이은 군사적 도발, 원인과 전망." 『이슈브리프』 408호(국가안보전략연구원, 2022).

최우길. "중국의 동아시아 전략과 한반도의 미래: 북핵문제와 대북정책을 중심으로." 『전략연구』 제10권 2호(국가안보전략연구원, 2010).

한관수. "북중관계의 지속과 변화-시진핑-김정은 시대를 중심으로." 『통일전략』 제17권 2호(한국통일전략학회, 2017).

함택영. "북핵문제 해결과 한반도 평화체제의 모색-미중관계와 북한의 안보위협 인식." 『현대북한연구』 제17권 2호(북한대학원대학교, 2014).

함형필. "3차 핵실험 이후 북한 핵능력 평가: 사실상의 핵보유국인가." 동북아안보정세분석한국국방연구원, 2013.

홍석훈. "김정은 정권의 신대외전략 분석." 『정치정보연구』 제18권 2호(한국정치정보학회, 2015).

다. 기타

강영두. "트럼프 "김정은과 관계 훌륭, 3차 정상회담 좋을 것"…金에 '화답'." 『연합뉴스』. 2019년 4월 13일.

권경복, "〈페리 前조정관, 北核위기 회고〉," 『연합뉴스』, 2001년 8월 16일.

김경희. "美 "국가안보 최대위협 中, 당면위협 러…北 핵·미사일 주시"." 『연합뉴스』. 2022년 10월 28일.

김남권. "바이든 "美 반대편에 베팅 안좋아…美는 한국에 베팅"." 『연합뉴스』. 2013년 12월 6일.

김서영. "볼턴, 회고록서 "트럼프 'DMZ 회동' 제안, 트윗으로 알고 경악"." 『연합뉴스』. 2020년 6월 19일.

김세진. "갈루치 "美, 한국과 상의없이 北에 당근 제시 말아야"." 『연합뉴스』. 2016년 10월 5일.

김승욱. "북한, 中시진핑 3연임 하루도 안 돼 '대서특필'." 『연합뉴스』. 2022년 10월 24일.

김진방. "中매체들, 중국·러시아 정상회담 극찬…"국제관계 새시대 열어"." 『연합뉴스』. 2022년 2월 5일.

김토일. "[그래픽] 북한 ICBM·IRBM 최대 사거리." 『연합뉴스』. 2022년 11월 18일.

김현기·임주리. "트럼프 "김정은, 시진핑 만난 뒤 강경 모드" 중국 배후 의심." 『중앙일보』. 2018년 5월 19일.

김호준. "김정은 "북남대화·관계개선 노력"…신년사서 '핵' 언급 자제." 『연합뉴스』. 2016년 1월 1일.

김호준. "北미사일 열도 통과에 日 '충격'…대피령에 열차운행 중단도." 『연합뉴스』. 2022년 10월 4일.

김화영. "NYT "한반도 전쟁은 '3차원 체스'…멈추기가 더 어렵다"." 『연합뉴스』. 2017년 7월 6일.

김황록. ""北, 이미 이겼다"…핵 3단계 전략 2년뒤 완성, 곧 '충격적 행동'

[Focus 인사이드]."『중앙일보』. 2022년 10월 15일.

김효정. "김정은 "국가핵무력 완성의 역사적 대업 실현"."『연합뉴스』. 2017년 11월 29일.

김효정. [하노이 담판 결렬] '좋은 결과' 공언 4시간 만에 분위기 '급반전'."『연합뉴스』. 2019년 2월 28일.

김효정. "[한미정상회담] '가치동맹' 행동으로 옮긴다…한중관계 관리는 과제."『연합뉴스』. 2022년 5월 21일.

김효정. "北, 핵실험장 폐기·ICBM 발사 중지에 경제 총력 노선 선언."『연합뉴스』. 2018년 4월 21일.

남성준. "'반역과 영웅' 두 얼굴의 바누누: 이스라엘 핵 보유 폭로 18년 복역후 출소."『주간동아』. 2004년 5월 13일.

노석조, "서울 시청 상공 800m서 핵폭발땐… 시뮬레이션 해보니."『조선일보』. 2023년 3월 22일

류미나. "北, 文대통령 경축사 비난…"南과 다시 마주 앉을 생각없어"."『연합뉴스』. 2019년 8월 16일.

류지복. "한미 국방, 전작권전환 시각차…"조건 조기 구비" vs "시간걸려"."『연합뉴스』. 2020년 10월 15일.

민명권, "북한, 10kt 핵 공격 땐…"서울 상공 폭발시 최대 31만 명 사상.""『서울경제』, 2022년 9월 13일.

박경준. "[전문] 한반도의 평화와 번영, 통일을 위한 판문점 선언."『연합뉴스』. 2018년 4월 27일.

박수찬. "김정은, 시진핑 만나 '북핵 판' 흔들다."『조선일보』. 2018년 3월 29일.

배영경. "北김여정, 尹담대한 구상에 "어리석음 극치⋯절대 상대 않을 것"."
　　『연합뉴스』. 2022년 8월 19일.

송수경. "[남북미 판문점 회동] 극적 드라마 만든 북미정상 '톱다운 케미'."
　　『연합뉴스』. 2019년 6월 30일.

심재훈. "유엔 제재 동참한 中에 불만 큰 北⋯북중관계 악화 불가피."『연합
　　뉴스』. 2017년 9월 12일.

예영준. "[뉴스분석]차이나패싱 우려하는 중국의 속마음은."『중앙일보』.
　　2018년 3월 13일.

옥철. "美언론 '관계개선·훈련중단' 초점⋯공동성명엔 대체로 인색."『연합
　　뉴스』. 2018년 6월 13일.

유영준. "WP "미 INF 파기, 강력한 대북 비핵화 경고 메시지"."『연합뉴스』.
　　2018년 10월 26일.

유용원. "이런 핵무기가 서울서 터지면⋯반경 2.5km내엔 모두 사망."『조선
　　일보』. 2017년 9월 4일.

유철종. "중·러 "나토 확장 중단하라"⋯중 "러 안전보장 요구지지"."『연합
　　뉴스』. 2022년 2월 4일.

이상헌. "김정은 '대표단 파견 용의'에 문 대통령 '평창구상' 탄력받나."『연
　　합뉴스』. 2018년 1월 1일.

이상헌. "김정은, 특사단에 6개항 거론하며 "어려움 잘 안다⋯이해한다"."
　　『연합뉴스』. 2018년 3월 8일.

이윤영. "트럼프 "중국에 美농산품에 대한 관세 즉각 없애라 요구"."『연합
　　뉴스』. 2019년 3월 2일.

이정진. "北최선희 "회담 계속해야하나"⋯'작심 인터뷰'로 미국 압박."『연

합뉴스』. 2019년 3월 1일.

이정진. "北美 '스톡홀름 담판' 노딜…비핵화협상 하노이회담前으로 후퇴." 『연합뉴스』. 2019년 10월 6일.

이준삼. "美전략폭격기 B-52, 동해상공 작전…북중러 동시겨냥."『연합뉴스』. 2019년 10월 27일.

이철재. "북한, 6년 뒤 핵무기 최대 242개… 핵 선제 공격 위협 커졌다."『중앙일보』. 2021년 4월 14일.

이충원. "北, 개정 헌법에 '핵보유국' 명기."『연합뉴스』. 2012년 5월 30일.

인교진·홍제성. "〈김정일訪中〉 북·중 연대 과시."『연합뉴스』. 2010년 5월 6일.

임주영. "美당국자 "北 말장난…무기 제외 모든 제재해제 요구".『연합뉴스』. 2019년 3월 12일.

장용훈. "고비마다 백두산 찾은 김정은, 이번엔 어떤 결단할까."『연합뉴스』. 2017년 12월 9일.

장용훈. "北, 유엔결의 맞서 우라늄 농축 선언."『연합뉴스』. 2009년 6월 13일.

정우진, "'용산 상공 800m서 핵타격'… 막가는 北, 모의 훈련,"『국민일보』, 2023년 3월 21일.

정빛나. "北 '새로운 길'은 "정면돌파전"…사실상 '경제·핵 병진' 회귀."『연합뉴스』. 2020년 1월 1일.

조일준. "이란 핵 과학자 암살에 드리운 '모사드의 그림자'."『한겨레신문』. 2012년 1월 12일.

조준형. "北美정상, 완전한 비핵화·北안전보장 공약…공동성명 채택."『연합뉴스』. 2018년 6월 12일.

최선영. "北최선희 "트럼프, 하노이서 스냅백 전제 제재완화에 긍정적"."
『연합뉴스』. 2019년 3월 25일.

하채림. "北, 15일만에 ICBM 재발사⋯美본토 타격권 '화성-17형'."『연합뉴
스』. 2022년 11월 18일.

현혜란. "北, 북미회담 보도⋯"새 상봉 약속·생산적 대화 이어가기로"."『연
합뉴스』. 2019년 3월 1일.

3. 외국문헌

가. 단행본

A. F. Kenneth Organski. *World Politics*. New York: Alfred A. Knopf, 1958.

A. F. Kenneth Organski and Jacek Kugler. *The War Ledger*. Chicago:
University of Chicago Press, 1981.

Graham Allison. *Destined for War: Can America and China Escape Thucydides's
Trap?* New York: Houghton Mifflin Harcourt, 2017.

Gregory S. Jones. From Testing to Deploying Nuclear Forces: *The Hard
Choices Facing India and Pakistan*. Santa Monica: RAND Corporation,
2000.

Henk Houweling and Jan G. Siccama. *Studies of War*. Dordrecht: Martinus
Nijhoff Publishers, 1988.

Henry Kissinger. On China. New York: Penguin Press, 2012.

Kenneth N. Waltz. *Theory of International Politics*. Boston: Addison-Wesley
Pub. Co., 1979.

Jeffrey Lewis, The 2020 Commission *Report On The North Korean Nuclear*

Attacks Against The U.s.: A Speculative Novel. London: WH Allen. 2018.

Robert Gilpin. *The Political Economy of International Relations*. Princeton: Princeton University Press, 2016.

Stephan M. Meyer. *The Dynamics of Nuclear Proliferation*. Chicago: University of Chicago Press, 1984.

William C. Potter. *Nuclear Power and Nonproliferation: An Interdisciplinary Perspective*. Connecticut: Greenwood Press, 1981.

Zbigniew Brzezinski. *Strategic Vision: American and the Global Power*. New York: Basic Books, 2012.

나. 논문

Alexander Flax. "Ballistic Missile Defense: Concept and History." *Daedalus*. 114-2(Spring 1985).

John. J. Mearsheimer. "China's Unpeaceful Rise." *Current History*. 105-690(April 2006).

Joseph Nye. Jr.. "Our Pacific Predicament." *The American Interest*. 8-4(March/ April 2013).

Kenneth Waltz. "The Spread of Nuclear Weapons: More May be Better." *Addelphi Paper*. 91-4(Spring 2012).

Lowell Dittmer. "The Strategic Triangle: An Elementary Game-Theoretical Analysis." *World Politics*. 33-4(July 1981).

Scott D. Segan. "Perils of Proliferation, Organization Theory, Deterrence

Theory and the Spread of Nuclear Proliferation." *International Security*. 18-4(Spring 1994).

Scott D. Segan. "Why Do States Build Nuclear Weapons?: Three Models in Search of a Bomb." *International Security*. 21-3(Winter 1996).

Stephen M. Walt. "Alliance: Balancing and Bandwagoning." in Robert J. Art and Robert Jervis, eds.. *International Politics*, 13th edition. New York: Pearson, 2017.

Theodore Caplow. "A Theory of Coalitions in the Triad." *American Sociological Review*. 21-4(August 1956).

Victor Cha and Katrin Fraser Katz. "The Right Way to Coerce North Korea-Ending the Threat Without Going to War." *Foreign Affairs*. 97-3(May/June 2018).

Woosang Kim. "Alliance Transitions and Great Power War." *American Journal of Political Science*. 35-4(November 1991).

Woosang Kim. "Power, alliance, and major wars, 1816-1975." *Journal of Conflict Resolution*. 33-2(Jun 1989).

時殷弘. "美國國家導彈防御計劃與中國的對策." 『太平洋學報』 第4期(2000年).

다. 기타

『人民日報』 등 중국 매체 보도.

IMF 〈www.imf.org〉.

JCER(Japan Center for Economic Research) 〈www.jcer.or〉.

World Bank 〈www.worldbank.org〉.

백악관 〈www.nps.gov〉.

통일부 북한정포포털 북중무역통계 〈www.nkinfo.unikorea.go.kr〉.

긴급 프로젝트 한반도 핵균형론

북한의 핵보유국화와 미중 패권경쟁

2023년 07월 6일 초판 1쇄 인쇄
2023년 07월 17일 초판 1쇄 발행

지 은 이 이우탁
펴 낸 이 한정희

편 집 부 김윤진 김지선 유지혜 한주연 이다빈
마 케 팅 전병관 유인순 하재일

펴 낸 곳 역사인
출판신고 제406-2010-000060호

주   소 경기도 파주시 회동길 445-1 경인빌딩 B동 4층
대표전화 031-955-9300 | 팩스 031-955-9310
홈페이지 www.kyunginp.co.kr | 이메일 kyungin@kyunginp.co.kr

ISBN 979-11-86828-31-1 03300
값 20,000원

역사인은 경인문화사의 자매 브랜드입니다.
이 도서는 한국출판문화산업진흥원의 '2023년 우수출판콘텐츠 제작 지원' 사업 선정작입니다.